MÚSICA E MISTÉRIO

O DIVINO, O PROFANO E A BUSCA PELA VERDADE ALÉM DAS NOTAS.

Marcio Teixeira

ISBN: 9798324585792

Zion Legacy LLC, Orlando FL USA. 2024

Dedicatória

Dedico essa obra ao Senhor Jesus que morreu na cruz por mim para perdão dos meus pecados e caminhou, caminha e sempre caminhará ao meu lado.

Dedico em amor ao meu amado Pai Celestial, YHWY meu Supremo Senhor na presença de quem me derramo por causa do seu infinito amor por alguém como eu.

Dedico ao meu amado Espírito Santo que me inspira e fala comigo. Obrigado por vocês três serem um em mim. Obrigado pela Sua Palavra. Obrigado por sonhar minha existência. Obrigado por trabalharem em uníssono para que um dia eu pudesse digitar essas palavras que agora, devolvo em Suas Poderosas mãos para tocar a vida daqueles que lerem este livro.

Me faltam palavras para lhe dizer o que sinto...por essa razão, deixo que o marejar dos meus olhos, e a testa colada ao chão falem por si diante do Teu Santo Trono. Anseio um dia me encontrar face a face.

Dedico esse livro a minha amada esposa Carol que apoia esse que vos escreve mesmo que às vezes aos seus olhos, eu seja meio doido! Realmente, a voz do Espírito Santo se assemelha muito com a sua voz pois Deus é cirúrgico em minha vida através de você. Que orgulho de você minha esposa! Meus queridos filhos Samuel,

Lucas e Sarah que zoam com o pai YouTuber, mas que demonstram em cada sorriso que acreditaram e me aturaram durante o processo de escrever esse livro.

Agradeço à minha mãe Letícia que orou por mim nos meus anos de loucura longe de Jesus e também pela ajuda na correção do texto desse livro junto com minha irmã Raquel. Agradeço a Deus pela minha avó Onilha (In Memorian) que orava por mim desde minha infância e me disse antes de partir *"Marcinho, meu filho, nunca pare de louvar a Deus"* e que nesse exato momento, sei que ela desfruta da Presença do nosso Senhor face a face. Dela herdei sua Bíblia que continha minha foto recém-nascido, na página de Mateus 5 onde consta o versículo 16 grifado: *"Assim brilhe também a vossa luz diante dos homens, para que vejam as vossas boas obrase glorifiquem a vosso Pai que está nos céus"*. (ARA)

Gratidão ao meu pai Descartes Teixeira por ter sido um pai que sempre trabalhou para prover para nossa família e fez o que esteve ao seu alcance para nos ensinar na jornada da vida.

Dedico com profunda gratidão ao meu amigo e mentor Lamartine Posella por sua amizade, incansável pastoreio, pelos incontáveis sábios conselhos, por acreditar e nunca desistir de mim.

Gratidão ao meu irmão, amigo e mentor em Adoração Dr. Ron Kenoly que me inspirou na jornada ministerial me levando a um patamar de entedimento que jamais sonhei.

Pr. Haroldo Maranhão, por ter sido instrumento em minha libertação.

Luciana Trípoli, por ter expressado o amor de Deus em palavras e gestos na minha conversão.

Pastor Edu e Pra. Paula Boff, por suas orações, amizade, encorajamento e palavras de sabedoria.

Agradeço imensamente aos irmãos e amigos mais próximos que Deus usou para me encorajar quando eu estava abatido ao longo da jornada como o Pipo que trouxe conselhos profundos e sábios dignos de um verdadeiro servo do Senhor. Gratidão ao Felipe Pinheiro que topou a idéia maluca desse autor e fez os QR Codes do livro. Gratidão ao meu companheiro de viagens Dudu que sempre me ergueu em oração e trazia uma palavra amiga e encorajadora regada a muitas gargalhadas santas! Obrigado Lucas Colosio, tremendo músico que me inspira e que sempre sorrindo dizia "Mano, segue, vai dar certo!". Profunda gratidão ao meu irmão amado Renato Teixeira (Teixeirinha) por tantos whatsapps entusiasmado com sua nova vida em Cristo e o conteúdo que posto e escrevo aqui. Gratidão a Deus por me reconectar com o precioso irmão Artur Cândido que lá da Austrália, sempre me encorajou, sua mana Adriana Cândido que trabalhou incansavelmente na tradução para o Inglês dessa obra. Gratidão ao meu irmão Marcelo Ledes por sempre me encorajar e revisar a obra que agora chega em suas mãos.

Eu dedico a cada pessoa inscrita nas minhas redes sociais que juntos, me encorajam na caminhada em compartilhar Jesus a cada postagem, cada comentário e a cada testemunho do que Deus tem realizado ao longo dessa jornada.

E dedico a você, leitor, que busca conhecer mais profundamente o universo espiritual da música seja qual for o seu background espiritual. Eu não conheço a sua história e muito menos sei onde você vive, mas Deus sabe e, esteja certo de que se esse livro chegou até você, é porque Deus tem uma razão especial para isso!

Convido você a ler esse livro com o seu coração e mente abertos e desde já, saiba que tudo nesse livro foi escrito com muito carinho, respeito e dedicação.

Gratidão aos primeiros leitores do E-Book gratuito que foram tão amorosos e gentis em me escrever apontando erros e aspectos que pude melhorar em toda versão final. Eu sei que possivelmente, não estarei isento de erros, mas fiz o que foi possível para esse livro chegar na versão final em que está em suas mãos.

Dedico a você que tem a plena convicção de que entrará pela porta perolada da Nova Jerusalém Eterna, diante do Cordeiro e do Trono do Deus vivo.

Que Deus abençoe a sua leitura. MT.

Table of Contents

Prefácio

Quase todas as atividades que realizamos quando nos reunimos em nossos cultos de adoração corporativos são para as pessoas da congregação. A pregação, o ensino, a comunhão, a dedicação das crianças, as ofertas, os anúncios e, muitas vezes, a música especial são para a congregação, mas o que nosso Pai Celestial está recebendo de nossa assembléia? Tudo o que fazemos em nossos cultos na igreja é para nós, exceto orações, louvor e adoração. Muitas vezes até nossas orações estão focadas em pedidos para que Yah (Deus) intervenha divinamente em situações que estão além de nossa capacidade de resolução no reino natura.

A prioridade máxima em todos os nossos cultos da igreja deve ser o louvor e a adoração ao nosso Pai Celestial. É através do nosso louvor e da nossa adoração que desenvolvemos o nosso relacionamento com o nosso Criador, e não há substituto que possa ocupar o seu lugar.

Êxodo 3:18 "Então eles ouvirão a tua voz; e ireis, tu e os anciãos de Israel, ao rei do Egito; e você lhe dirá: 'O Senhor Deus dos hebreus encontrou-se conosco; e agora, por favor, façamos uma jornada de três dias para o deserto, para que possamos oferecer sacrifícios ao Senhor nosso Deus.'

Deus ouviu os clamores do Seu povo que esteve em cativeiro por mais de quatrocentos anos. Seu desejo era dar liberdade ao Seu povo em uma terra que manava leite e mel. Contudo, vemos no versículo 18, que fazer sacrifícios a Ele era a primeira prioridade do nosso Deus. Em outras palavras, Yah (Deus) queria que Seu povo soubesse como serví-Lo e honrá-Lo antes de receber as bênçãos que Ele estava preparando para eles.

Louvor e adoração são mais do que apenas boas idéias ou sugestões; eles são ordenanças. Quando honramos o nosso Criador com ofertas de louvor e adoração, revelamos a atitude dos nossos corações.

João 4:24 *"Deus é Espírito, e aqueles que O adoram devem adorá-lo em espírito e em verdade."* Deus chamou tudo à existência e devemos declarar (espírito/pneuma =movimento do ar) com nossas bocas nosso amor e devoção a Ele. Quando Jesus disse que devemos adorar em verdade, Ele está se referindo à pureza ou à atitude de nossos corações.

Ao contrário dos anjos, aos humanos foi dada a escolha de honrar o nosso Criador com o nosso louvor e adoração. Nosso amor por Ele deve ser confessado com a boca e demonstrado pelas nossas ações. Nosso louvor e adoração são expressões de nossa gratidão e carinho pelo Deus da nossa salvação.

Não há amor maior do que o amor que Cristo demonstrou ao dar a Sua vida para nos libertar da condenação dos nossos pecados. Deus nos amou tanto que deu o que tinha de mais precioso, Seu filho, para que pudéssemos realizar um relacionamento com Ele. Aqueles de nós que somos chamados pelo Seu nome somos obrigados a honrar Yah (Deus) com nossos sacrifícios, nosso louvor e nossa adoração. Já que nosso Salvador Yahushua (Jesus) fez o sacrifício final pelos nossos pecados, a coisa mais importante que devemos fazer como servos e filhos do Reino de Deus é louvá-Lo e adorá-Lo com todo o nosso coração, mente e força.

Marcio nos dá uma excelente visão da história, das etimologias e dos resultados do louvor e da adoração eficazes. Ao longo das escrituras você descobrirá que todos os personagens da Bíblia que fizeram algo significativo para o Reino de Deus louvaram e adoraram nosso Deus de maneira única e extraordinária. Esses personagens bíblicos e suas histórias não devem ser menosprezados ou subestimados. Eles são um exemplo de como nosso Pai Celestial intervirá em nossas situações terrenas e transformará em boas coisas que deveriam ser ruins.

Saúdo o Marcio pela profundidade da pesquisa que ele fez para apresentar esta propriedade intelectual ao corpo de Cristo. Oro para que você, como leitor, seja enriquecido espiritualmente e, pela graça do Espírito Santo, seja elevado a um nível superior, em sua experiência de louvor e adoração.

Dr Ron Kenoly, Ministério Ron Kenoly

Introdução

"O deus deste mundo cegou a mente dos que não creem, para que não consigam ver a luz das boas-novas, não entendendo esta mensagem a respeito da glória de Cristo, que é a imagem de Deus." 2 Corintios 4:4 (NVT)

Esse livro nasceu do meu ardente desejo de compartilhar com o leitor os anos de estudo e experiência no campo espiritual da música. Talvez o leitor nunca tenha sequer ouvido falar da minha pessoa ou talvez, seja um inscrito no meu canal do YouTube, onde o Senhor começou uma revolução no meu coração.

Confesso que a idéia de escrever um livro sempre me foi muito intimidadora, afinal, é justamente no processo de organização das páginas a seguir que eu me deparei com a dificuldade de ordenar a multidão de informação que acumulei ao longo dos anos e é como seu eu tentasse esvaziar uma caixa d'agua de 100,000 litros usando um canudo de refrigerante...

Então precisei iniciar, e reiniciar um monte de vezes para chegar num modelo de literatura adequado, na esperança de que ela possa ser não só informativa e reveladora, mas principalmente, transformadora na sua vida.

A Bíblia é a minha principal fonte de revelação e inspiração ao escrever esse livro, mas não obstante, muitos outros livros foram usados para embasar toda a argumentação que aqui apresento, além da minha experiência de vida como músico e ávido consumidor de música.

Como sempre gosto de deixar bastante claro nos meus vídeos no meu canal do YouTube.com/MarcioTeixeira, *"Eu não sou pastor de uma igreja e muito menos estou interessado em converter ninguém a nada. O meu papel, é descortinar o mundo espiritual por detrás da música e apresentar Jesus Cristo e os princípios da Palavra de Deus em relação a essas músicas que refletem o coração dos seus artistas. A partir dessa informação revelada, você continua sendo livre para fazer o que desejar com sua vida, mas ciente do impacto eterno em você."*

Sim, sou Cristão e congrego em uma igreja local na minha cidade, mas, não pastoreio um rebanho! Por isso afirmo que, no presente momento, não sou pastor.

Devo lhe dizer que existem dezenas de livros escritos sobre o poder da música na mente humana, o mistério da influência do som no mundo físico e o misticismo por detrás da arte que como um rio caudaloso, desagua nas milhões de vidas no mundo ao longo de anos e anos. Entretanto, nunca encontrei um livro que combinasse em um só compêndio de texto diferentes áreas do conhecimento humano além da Bíblia como, Arqueologia, Antropologia, História, Neurociêcia, Ocultismo analisado sobre a ótica bíblica e obviamente, o impacto espiritual que tudo isso causa no homem. Por isso, escrevi esse livro para ser uma ferramenta de aprendizado, revelação e transformação na sua vida.

O advento do smartphone e a tecnologia de comunicação social, mudaram não só a velocidade e acessibilidade com que a música é consumida no mundo, mas também a possibilidade que o artista tem de ter um contato diário com os seus fãs via mídia social. Isso amplifica astronomicamente a potencialidade da influência da mensagem propagada por qualquer artista sobre a sua audiência. Basta uma postagem com milhões de fãs nas suas redes e a música desse artista em poucos segundos de lançamento, pode atingir milhões e milhões de plays a nível global. Isso era absolutamente impensável na minha adolescência nos anos 80.

O poder de manipulação de massa na indústria da música não só trocou de mão, mas também, aumentou o seu poder de alcance e domínio. Em 2019 viajei para o Nepal e visitei um lugarejo absolutamente inóspito e pobre, sem infraestrutura sanitária, mas, 90% das pessoas com quem interagi tinha um smartphone, acessavam o YouTube e as mesmas plataformas digitais que qualquer pessoa acessa no lado Ocidental do planeta. Ali no meio daquela favela, tinha um outdoor gigantesco do mais novo lançamento de smartphone da Samsung naquela época! Isso é simplesmente assombroso de se pensar! Nos lugares menos desenvolvidos a tecnologia de informação segue firme conquistando consumidores e aumentando vertiginosamente a audiência mundial!

Segundo o livro de Apocalipse, o surgimento de uma audiência global é absolutamente vital para o surgimento do governo do Anticristo, mas principalmente para o cumprimento da profecia de Apocalipse 1:7: *"Eis que vem com as nuvens, e TODO OLHO O VERÁ, até mesmo aqueles que o transpassaram; e todas as tribos da terra se lamentarão sobre ele. Sim. Amém."* (ARC)

Toda essa plataforma tecnológica mundial se torna um campo minado de uma batalha espiritual invisível. Isso mesmo! Talvez, o leitor mais desavisado pode não perceber (leia-me: acreditar), mas existe uma guerra voraz pela conquista do controle da mente da humanidade e a música tem sido ao longo dos séculos um poderoso instrumento nessa guerra invisível.

A mensagem outrora oculta, hoje em dia é absolutamente escancarada nas diversas áreas de arte e conhecimento humano. A mídia atual exalta a arte, a cultura, a moda que ditam comportamentos que mais e mais são adotados pelas multidões através da idolatria dos seus ícones sociais sejam eles, cantores, artistas, filósofos, escritores, youtubers, coaches, pastores, padres, gurus espirituais, empresários deslumbrados com suas riquezas e por aí vai.

A estrutura do modelo de Comunicação Social: conteúdo, emissor, mensagem, canal, veículo e receptor permanecem absolutamente a mesma, mas a tecnologia dos nossos dias potencializa a velocidade de propagação de maneiras nunca vistas e que em breve, também serão obsoletas dando lugar a algo ainda mais revolucionário.

Talvez alguns leitores sejam avessos a qualquer idéia do cristianismo e por isso, desprezem a Bíblia Sagrada, e, se esse for o seu caso, obviamente muito do que estará contido nesse livro, aos seus olhos serão uma loucura de um "fanático religioso" como costumam me xingar no YouTube...mas, se você apenas abrir a mente e o seu coração, refreando-se de pré-conceitos, e genuinamente abrir seu coração e mente para o Senhor, eu tenho fé de que DEUS se revelará a você, assim como o fez comigo um dia.

Em se tratando de Bíblia, um de seus maiores autores, o apóstolo Paulo, nos deixou uma revelação muito profunda contida em Colossenses 1:13-14. Esse é um poderoso segredo espiritual que norteia todo esse livro.

"Ele (Jesus) nos libertou do império das trevas e nos transportou para o reino do Filho do seu amor, no qual temos a redenção, a remissão dos pecados." Col 1:13-14 ARA

Com calma, leia e releia esse versículo com extrema atenção. Note a enormidade de informações nele condensadas.

1. Existe um contexto espiritual no qual a humanidade está submersa. Existem dois reinos espirituais e dois lados apenas.

Existe o império das trevas, e existe O Reino de Deus. Trevas na Bíblia, não é somente a ausência de luz, mas um símbolo do governo do diabo. O homem pode andar à luz do dia, mas estar mergulhado em profundas trevas espirituais preso nas garras do diabo, e ali cativas dentro de um Sistema malígno.

2. O pronome "Ele" que inicia esse versículo, se refere à pessoa de Jesus Cristo que veio para LIBERTAR quem está preso no império das trevas.

3. Só Jesus Cristo pode transportar alguém que está cativo como prisioneiro dentro do império das Trevas, para o Reino de Deus. Note que esse Reino, pertence ao FILHO do seu amor... ou seja, o resultado do amor de Deus está expresso em seu Filho Jesus que possui um Reino. Falarei sobre isso mais profundamente nesse livro.

4. Como disse acima, quem vive no Império das Trevas está PRESO. Ali, essa pessoa é um prisioneiro do Sistema de governo daquele império. Esse império das trevas, é governado por satanás (o diabo) e seus súditos que são anjos caídos (os demônios) e são aqueles que trabalham para perpetuar a obra das trevas na terra e por consequência, perpetuam o controle das vidas presas em seu reino.

5. "Remissão dos Pecados" significa PERDÃO. Uma vez transportado para o Reino de Deus, ali, existe cura, restauração

e vida eterna com Deus mesmo após a morte terrena.

6. Entenda, Paulo não usou o termo "país". Ele usou o termo IMPÉRIO que era bastante comum ao leitor daquela época que leria aquela carta que ele escrevia. O império Romano era regido por déspotas, tiranos, sanguinários que perseguiam os Cristãos matando-os em nome de um "Imperador" regente. Assim, Paulo traçou um paralelo entre o império romano e o Império das trevas, governado por satanás.

7. Não existe zona desmilitarizada no reino do espírito. Ou você está preso no império das trevas e, portanto, escravo do diabo, ou você é um servo do Deus Altíssimo na expansão do Seu Reino na Terra. Simples assim.

Em nenhuma linha desse livro, eu falarei mal de nenhum artista ou de qualquer obra musical. Ao contrário, é justamente através da beleza da obra musical ou da beleza do artista que acontece um grande encantamento das multidões atraídas pela beleza e prazer do consumo de seus "produtos" e no caso, a música. Muito embora não esteja em mim o desígnio de definir "beleza musical", entendamos que cada "tribo" se identificará com seu estilo independente de qual seja a sua percepção do conceito de beleza musical.

Então, será inevitável para você, leitor, se deparar com elementos espirituais ligados à música, sobre os quais talvez nunca tenha parado para pensar! Todos os fatos e evidências desse livro agora em suas mãos, estão embasados em experiências pessoais e em profunda análise baseando-me na Bíblia e em diversos livros. Jamais me colocarei na posição de "dono da verdade" pois eu sei que não o sou. Porém, eu conheço e usufruo do convívio da Verdade pois Ele me chama de filho. Jesus disse: "EU sou o caminho, a VERDADE e a vida, ninguém vem ao Pai senão por mim." João 14:6.

Pondere...

Em 1687, Isaac Newton revelou ao mundo Científico a Lei da Gravidade. Ele descortinou uma verdade da natureza que já existia há muito tempo, porém, nunca ninguém havia verbalizado, decodificado, calculado esse fenômeno ou sequer mensurado o poder de suas implicações para a humanidade no modelo científico que hoje é o nosso cotidiano. Embora o princípio e as consequências da LEI DA GRAVIDADE fizessem parte do cotidiano do homem desde a criação de Gênesis, tal Lei estava parcialmente encoberta aos olhos do homem. Por exemplo, Jó citou um exemplo interessante do que sua mente podia conceber (leia Jó 26:7), até que Isaac Newton a desvendou. Não é o objetivo aqui me aprofundar no aspecto técnico e científico dessa lei, mas chamar a sua atenção, meu querido leitor(a), para o fato de que essa lei não está interessada em se submeter à fé, e nem sequer, pondera a nossa opinião a seu respeito. Ela sempre atuou, e sempre atuará a despeito da nossa opinião e ponto final. Por isso, se chama LEI. Essa Lei foi outorgada por alguém e é uma ORDENANÇA FÍSICA na Criação do universo à qual eu e você estamos sujeitos. Quebrar essa lei de forma despreparada e sem estudo, potencialmente pode acarretar perigosos resultados para quem o fizer! Fato.

Independente da sua fé ou até mesmo, se você é uma pessoa que simplesmente não acredita na existência de Deus, provavelmente, a Bíblia lhe é algo distante e sem o menor sentido; existem elementos ao nosso redor que transcendem a sua ou a minha fé. Por exemplo, a sua fé ou a ausência dela jamais mudará o fato de que um dia a sua vida chegará ao fim. O fim da vida terrena independe de fé. Todos chegarão ao fim. Fato. Ausência de vida, se chama morte.

A LEI DA GRAVIDADE, assim como outras dezenas de princípios físicos existem, tiveram um ponto de origem e têm um propósito de existir. Música não é diferente e ela é regida por uma lei espiritual atrelada a sua fonte de inspiração e origem.

O universo é regido por leis. Isso aprendemos desde cedo na escola, muito embora as escolas simplesmente não nos contêm quem as criou. Isso parece que passa absolutamente desapercebido e nossas crianças, vão crescendo em um mundo aparentemente sem dono. Entretanto, a maturidade nos leva a descobrir que tudo existe sob uma "jurisdição de governo". Embora sendo um termo comum na advocacia, esse termo é real e aplicável em praticamente todas as áreas da nossa vida. Ou exercemos o comando, ou obedecemos a ordens. Ou dominamos juridicamente determinado contexto, ou estamos sujeitos juridicamente a alguém. Por exemplo, o local onde você mora. Se você possui e mora em um imóvel quitado, você comanda a sua habilidade de morar ali e você não está sujeito a nada exceto ao fato de que você é obrigado a pagar pelo seu imposto... se você aluga o seu imóvel ou se paga uma mensalidade do financiamento, você está juridicamente debaixo do controle de quem tem o poder de posse daquele imóvel. Simples assim. Isso é um princípio indiscutível e inquestionável.

Assim é a humanidade que está sob uma jurisdição de comando. A Bíblia nos revela em Salmos 24:1 que *"Do Senhor é a terra e a sua plenitude, o mundo e todos que nele habitam"* (ACF). Ou seja, DEUS é dono de tudo. Essa é uma afirmação extremamente poderosa e confesso que por muitos anos, estive confuso com isso. Como pode o mundo pertencer a Deus e se encontrar no caos do jeito que está? Essa pergunta me atormentou durante um bom tempo, até que entendi a pequenina frase dita por João, o irmão de Jesus *"Sabemos que somos de Deus e que o mundo todo está sob o poder do Malígno."* 1 Joao 5:19. (NVI)

Minha próxima pergunta foi *"o que vem a ser 'estar sob o poder do malígno'"* e foi pesquisando esse princípio desse pequeno versículo, que eu fui aos poucos desenrolando um novelo de descobertas na Bíblia que me levou à profunda compreensão de que a JURISDIÇÃO DA TERRA está nas mãos de Satanás legalmente. Isso mesmo, juridicamente, ele tem autoridade legal para trafegar e implementar os seus esquemas malígnos para fazer de tudo que ele puder para destruir a mim, você, e se possível a humanidade inteira.

Sabe por quê? Por causa do fato acontecido no Éden...quando Adão e Eva desobedeceram a Deus, eles perderam o GOVERNO na criação. Falarei mais profundamente sobre isso no transcorrer do livro.

A principal estratégia do diabo para implementar o seu controle sobre a humanidade foi revelada a nós por Paulo em 2 Coríntios 4:4 "*O **deus** deste mundo **cegou a mente** dos que não creem, para que não consigam ver a luz das boas-novas, não entendendo esta mensagem a respeito da glória de Cristo, que é a imagem de **Deus**.*" (NVT).

Note que nesse versículo, a palavra Deus aparece com d minúsculo e D maiúsculo. Na Bíblia, sempre que há deus com d minúsculo, se refere ao diabo, entidades espirituais que governam nas trevas representadas for estátuas ou símbolos. Deus com D maiúsculo se refere ao Criador, Deus Pai. Por isso, Deus (ou deus) não é um Nome próprio, mas um cargo. O nome de Deus é YHWY. O nome ou seus respectivos apelidos quando lemos deus com d minusculo é satanás, diabo, enganador, inimigo de nossas almas, o pai da mentira, Lúcifer ou, a Bíblia se referirá a um ídolo de igual modo, abominável aos olhos de Deus.

Continuando...

Se o "deus desse século", o diabo, conseguir cegar o ser humano para evitar que esse ser humano não enxergue a verdadeira luz desse mundo que é Jesus, ele o diabo terá posto uma venda nos olhos da pessoa e conseguido encobrir a verdade de mais uma alma que permanecerá presa no seu reino. Dessa forma, a vida dessa pessoa, jamais refletirá o que Deus sonhou para sua existência. O desejo e objetivo do diabo, é destruir o ser humano que Deus criou, ofender Deus e zombar da obra da redenção da cruz ao conseguir levar mais uma alma consigo para o abismo do inferno eterno.

O intuito desse livro, é ser um instrumento de DEUS para levantar a venda dos olhos daqueles que de peito aberto, queiram conhecer a verdade por detrás da música que ouvem. Parece uma pretensão arrogante desse autor, não? Não, não é. Jesus um dia disse *"Conhecereis a VERDADE, e a verdade, vos libertará"*. Então...nas páginas a seguir, lhe apresentarei profundas verdades espirituais sobre a música de alguns dos artistas que talvez você mais ame...e também, princīpios espirituais suas músicas estão submersas.

Com esse livro, almejo descortinar a mentira do diabo através da música que funciona em seu ouvinte como um instrumento para perpetuar a cegueira espiritual e apresentar ao leitor Jesus Cristo como aquele enviado de Deus para libertar as almas dos cativos do diabo em seu Império das Trevas. Com essa informação, almejo proporcionar e confrontar você, leitor, a julgar e discernir o que a música que você ouve faz em sua alma e suas consequências.

A fonte da música que você ouve muito tem a ver com a saúde da alma e da personalidade do ser humano e embora esse tema seja talvez menos explorado do que eu pude perceber, talvez para muitos, o conteúdo desse livro será uma loucura pois tentarão julgá-lo e julgar-me pela sua ótica humana muito embora, eu creio que mesmo dessa forma, Deus pode conceder a compreensão dos fatos e revelar-se a esse perfil de leitor. Esse é um motivo pessoal de oração.

Para outros, esse livro será uma revelação chocante que mudará sua forma de consumir música para sempre. Para o leitor mais curioso, deixo a seguinte dica: leia lentamente esse livro com uma Bíblia, para sua consulta pessoal, e também para verificação daquilo que aqui eu coloco.

Para a turma do "*não é bem assim*" que povoam aos milhares as igrejas mundo afora, lhe afirmo: a consolidação dessa mentalidade em você (se esse for o seu caso) tem o grande potencial de te deixar do lado de fora dos 12 portões da Nova Jerusalém. Pondere muito bem o que lhe escrevo em humildade, contrição e temor de Deus. Esse livro é principalmente, um aviso do Senhor.

Para os músicos que tocam na igreja, lhes digo: usem esse livro para ponderar sua atitude e escolhas na música no contexto do seu chamado no reino de Deus e, ensinem os mais jovens. Para os músicos ou simplesmente amantes da música que não são Cristãos: Deus está querendo falar com você durante a leitura desse livro por isso, convido você a ler esse livro com o seu coração e mente abertos...

No final o que importa não é de fato a música, ou qual o melhor cantor, ou qual estilo mais sensacional, ou a banda de maior sucesso… no final, a pergunta que fica é: quem controla a sua mente, e por consequência, onde você passará a sua eternidade?

Erra quem pensa que aqui eu defenderei a tola tese de que "rock é do diabo e música gospel é de Deus". Vi roqueiros com genuína intenção de comunicar o bem e presenciei artistas "gospel" com o hediondo e diabólico comportamento ganancioso e manipulador.

A proposta central desse livro é ajudar você a "discernir a fonte da música e seus efeitos em sua vida". O resto, é você com Deus! A mim, me cabe a importante tarefa de compartilhar o que sei e apontar você a Jesus…

Que Deus abra os seus olhos como um dia abriu os meus.

Marcio Teixeira

Capítulo 1
O Segredo na Capela Silenciosa

Em 1980, minha família se mudou de Niterói (RJ) para Capital, Brasília (DF) e ali, no processo do meu crescimento, naturalmente eu despertava para a vida e o mundo ao meu redor que era completamente diferente do local onde morava antes, que tanto eu amava, a cidade de Niterói, RJ.

Deixei para trás uma história de inúmeras idas à praia, bicicleta e futebol na rua com os amigos, almoços e festas em família, meus avós que tanto amava, e as poucas amizades da igreja. Naquela época, mudamos para Brasília que era uma cidade completamente diferente e estranha. Tudo era longe...não dava para fazer nada de bicicleta. Ali o isolamento social geográfico nutriu também um isolamento existencial que iniciou um processo emocional de profundas consequências na minha vida. Hoje classifico essas consequências entre boas e más.

Eu tinha uma profunda raiva de tudo o que se relacionava com igreja muito embora achasse Jesus "um cara legal", mas ele lá e eu cá! Igreja era um lugar para onde eu era levado sem a exata compreensão do porquê! Odiava saber que no Domingo, meus amigos da escola estavam jogando bola e eu, ia lá para a tal Escola Bíblica Dominical encontrar com a doce D.Nevinha que, sempre com um sorriso no rosto, me acolhia em sua classe.

Capítulo 1: O Segredo na Capela Silenciosa

Algumas lembranças daquela época são bem vívidas como por exemplo quando a banda Blitz estourou no Brasil com a música Você Não Soube Me Amar - no mês de julho de 1982. Honestamente eu fazia questão de esconder o fato de que eu achava muito legal essa música! Eu ocultava isso porque afinal de contas, não caía muito bem um adolescente rebelde cantar sobre a temática do amor mesmo que por zoeira, como era o caso dessa música!

Meu irmão tocava violão e cantava com o seu grupo de amigos na igreja e eu tinha muita vontade de tocar com ele, mas além de eu não tocar nenhum instrumento eu ainda era o irmão menor. Aí, já viu, né? não tinha espaço, oportunidade e nem era convidado para nada.

Em algum sábado daquela época em 1982, eu apronteі uma arte das boas o que me rendeu um belo castigo dado pelo meu pai! Fiquei trancado no quarto cuja janela dava para o lado da casa do meu vizinho. Naquela tarde, caí no sono e acordei no meio da noite com o som da festa no meu vizinho tocando músicas com o som num volume super alto!

Eu lembro que ele repetidamente intercalava as mesmas duas músicas e uma delas era a da Blitz. A outra música era em inglês que eu não entendia a letra, mas a batida daquela música era tão incrível que aquele som me enfeitiçou! Quanto mais o meu vizinho repetia aquela música em inglês, mais eu ficava enlouquecido para escutá-la novamente! Então troquei de roupa, pulei a janela, pulei o muro e entrei na festa! Fui até a sala da casa dele onde estava o som e, lá estava o meu amigo mais uma vez repetindo a tal música!

Cara, que som é esse?? Que música incrível!! O que é isso??

Ele pegou um disco com capa azul com quatro caras com umas pinturas no rosto! Era o recém- lançado sucesso mundial de uma banda americana chamada KISS. A capa desse álbum era alucinante, o título do álbum era CREATURES OF THE NIGHT também lançado em 1982 e a música em questão era a principal faixa entitulada I LOVE IT LOUD. Essa música inicia com uma batida ensurdecedora de bateria como numa marcha e logo em seguida, um urro gutural do cantor seguido do riff de guitarra! A energia daquele som mexeu tanto comigo naquela noite e eu decidi que iria conhecer essa banda em profundidade. Custasse o que custasse, eu queria saber quem era o KISS.

Em um curioso paralelo com o título do álbum, a criatura da noite que embalou a rebeldia da fuga do meu castigo, fez nascer o meu amor pelo rock e mais precisamente naquele instante, nasceu o meu intenso amor pelo KISS. Ali, iniciou-se um processo de uma profunda viagem sonora que ecoou nos mais sombrios vales da minha alma por anos. De alguma forma, a rebeldia e a raiva que eu sentia quanto às coisas de Deus, encontrou no KISS um perfeito álibi para expressão da dor escondida no profundo calabouço onde minha alma mais e mais se aninhava. Aquela música era a fonte da resposta da minha alma para eu conseguir externar a minha raiva e agressividade a todas as pessoas que me rodeavam. No fundo, hoje eu sei que essa agressividade nada mais era do que um grito do vazio da minha alma que "buscava" algo ou alguém para preencher esse vazio. Suprema falta do maior amor supremo de Deus. Hoje eu também sei que o KISS e sua música não foram a resposta que eu buscava. Jamais poderiam ser.

Logo comecei a colecionar os álbuns do KISS. Sempre que dava, pegava uns trocados com meu pai e de ônibus, ia até o Conjunto Nacional em Brasília, garimpando nas lojas de disco os LPs do KISS. Ao longo de meses, fui aos poucos construindo minha coleção. O KISS era tudo o que eu queria ouvir. Nada mais me interessava. Para frustração do meu pai que sempre foi um ávido colecionador e conhecedor de música clássica, o KISS passou a estar ao lado de seus amados LPs de Bach, Beethoven, Brahms, Mozart e outros compositores clássicos!

Nas férias escolares de 1983, viajamos de Brasília para visitar meus avós em Niterói. Lembro que ao chegarmos na cidade, vi um outdoor gigantesco anunciando o show do KISS no Maracanã naquela semana!! Não acreditei!!! Wow... tinha que ir nesse show de qualquer jeito! Imperdível!

Pai, mãe, estamos aqui no Rio e o KISS vai estar no

Maracanã! Por favor, deixa eu ir!!?? Me leva!!!

Minha mãe prontamente respondeu:

Nem pensar menino! Você tem 12 anos e não tem idade para ir nisso! Não vai e pronto.

As palavras da minha mãe foram uma bomba atômica no meu entusiasmo por aquela música que fazia brotar no meu coração os meus instintos selvagens presos na limitação de depender de alguém. Lembro bem de assistir as entrevistas nos bastidores do show da banda que passavam na tv. Entrevistas ao vivo do Maracanã com a banda, sobre os bastidores do show que levou 200,000 espectadores ao estádio naquele 18 de junho de 1983. Que tristeza profunda para mim era não estar naquele show e ao mesmo tempo, que raiva eu senti contra a atitude dos meus pais! Hoje como pai, entendo perfeitamente a atitude da minha mãe e eu teria feito o mesmo com meus filhos... (relaxa, mãe, se você ler isso!...dou graças a Deus porque você não permitiu que eu fosse).

Daquela época em diante, passei a colecionar tudo que saía na mídia sobre a banda! A extinta Revista Manchete fez uma edição de capa maravilhosa que guardei por anos, jornais e revistas de rock underground mostravam as fotos da banda com aquelas máscaras! Isso me alucinava! O integrante que eu mais gostava era o baixista Gene Simmons! Ele se tornou o meu ídolo. O mais louco! O linguarudo com a máscara mais excêntrica e mais agressivo! Sua roupa com ombreiras pontiagudas como um guerreiro medieval, a bota plataforma com o design de um dragão com escamas e olhos vermelhos esbugalhados, o baixo em forma de machado ensanguentado como um carrasco implacável. Para mim, ele sempre foi a figura mais icônica da banda e ainda por cima, cuspia sangue e fogo! Aquilo era incrível… e quanto mais eu ouvia KISS, mais rebeldia, mais raiva e mais ódio de Deus eu acumulava. Sem saber, eu mergulhava cegamente no mais profundo do mundo espiritual que me sugava rapidamente como uma areia movediça.

Cheguei a colecionar quase todos os discos do KISS inclusive o original do primeiro álbum da banda lançado em 1974 que era (e ainda é) uma raridade. Quando eu tinha 14 anos de idade, um dia cheguei do Conjunto Nacional com o segundo álbum da banda cujo título é Hotter Than Hell (Mais Quente Que o Inferno) e lembro do meu pai me perguntar se eu sabia o significado do título daquele álbum que orgulhosamente exibia na minha coleção. Claro que eu sabia a tradução do inglês, mas o significado espiritual pouco me importava. Confesso que nem gostei tanto assim das músicas daquele álbum, mas o que mais me importava era que eu queria deixar clara a "etiqueta espiritual" do tipo de som que eu curtia e ponto final. Coincidentemente, foi mais ou menos nessa época, que ocorreu o primeiro Rock N Rio I (1985) do qual, também recebi um redondo não da minha mãe, quanto ao meu desejo de ir assistir aos shows! Novamente, a minha idade era o endosso da negativa! No fundo eu sabia que os princípios Cristãos da minha mãe, eram a muralha intransponível que eu não conseguia vencer para ir aos shows...então, já que eu era proibido pelos meus pais de ir aos shows, a rebeldia me deu uma bela idéia: se não posso ir aos shows, também não vou mais para a igreja! Perfeita resposta da minha rebeldia. A última vez que pedi para ir a um show de rock foi em Brasília com o Robertinho do Recife que excursionava pelo Brasil por causa do lançamento do seu disco chamado Metal Mania, no ano anterior, 1984. Não, não fui ao show com meus amigos, mas memorizei os versos da música principal "Bate o pé, bate a mão, a cabeça e o coração". Embora fosse rock nacional, essa frase desse álbum do Robertinho, estava em perfeita sintonia com a personalidade que eu estava me tornando onde o ritmo alucinante do KISS mexia com meu corpo, tomava conta do meu coração e principalmente, da minha mente.

Por causa da minha admiração pelo Gene Simmons, baixista da banda, decidi que queria aprender a tocar baixo! Ficava horas e horas tentando aprender para acompanhar todas as músicas do KISS! Eu não tinha nenhuma noção das notas musicais no braço do instrumento. Meu pai comprou um baixo usado de um amigo, o famoso e terrível "Rei Tonante" (quem toca sabe do que digo). Não deu para comprar um amplificador então, a solução era afinar aquela coisa e colocar meu ouvido na madeira para tentar acompanhar o som do KISS. Isso sim que foi "aprender música de ouvido"!!

Capítulo 1: O Segredo na Capela Silenciosa

Eu compilava a minha coletânea das melhores músicas gravando nas fitas K7, e ouvia no meu quarto tentando acompanhá-las ao contrabaixo! Para onde quer que eu fosse, eu tinha que levar minhas fitas k-7 e, ouvir o KISS, se tornou literalmente uma necessidade fisiológica! Era como se o meu cérebro disparasse uma descarga elétrica na minha alma que gritava com "fome" de consumir aquela música e saciar a emoção da minha alma ao ouvi-las! Eu queria mais e mais. Era insaciável e de certa forma, incontrolável! Quase posso dizer que aquilo era como se fosse uma "droga sonora".

As raras vezes que ia à igreja, claramente percebia a turma me olhando de "rabo de olho" como se eu fosse um ser estranho de outro planeta! Achava aquilo o máximo porque agora, eu não era visto mais como o moleque mais novo...agora eu era o menino-estranho da igreja que ouvia KISS e a galera ficava meio ressabiada, olhando de longe com um certo receio! Eu fazia questão de deixar bem claro estampado no meu semblante: "não chegue perto!" e quem chegava perto, certamente tomava uma patada verbal das boas! Não queria papo com crente. Não queria papo sobre Igreja, Jesus, Deus... Bíblia então, nem pensar.

Até que em algum momento de 1985 ou 1986, não lembro exatamente bem, a igreja da qual meus pais eram membros, Terceira Igreja Batista do Plano Piloto em Brasília do Pr. Julio Macedo, enviava os jovens e adolescentes para um acampamento no meio do mato em algum lugar próximo de Brasília! Luziânia talvez...não lembro! Óbvio que a condição para eu concordar em ir nesses acampamentos era eu poder levar minhas fitas do KISS!! Sim, KISS era o principal e único alimento para a minha vazia alma!

Embora eu fizesse cara de quem não queria ir, no fundo, eu gostava muito porque era uma oportunidade de estar com aquelas pessoas que eu realmente apreciava, mas tinha receio de expor quem de fato eu era por medo de não ser (mais uma vez) aceito. Na verdade, era sempre muito legal viajar com os jovens porque a bagunça era certa... muito esporte, comida boa, lazer, meninas bonitinhas e sempre tinha o ensino da tal da Bíblia! Eu gostava de me voluntariar para lavar as panelas depois do almoço e do jantar porque era a forma certeira de escapar do período de ensino bíblico! Ufa...nada de Bíblia! Lavava panela ouvindo KISS no Walkman! Nada de pastor! Nada de cantoria de crente...música, só as do KISS na minha orelha enquanto o bom-bril na minha mão atuava no fundo da panela de arroz queimado me embrulhando o estômago! Mas preferia estar ali do que ouvindo o blá-blá-blá do preletor! Quão tolo eu era...

O acampamento tinha geradores a diesel utilizados para suprir a necessidade de luz ali no meio do mato e depois do jantar e da reunião bíblica no auditório principal, era a hora da galera ir dormir pois, acabaria a eletricidade após o desligamento desses geradores.

Capítulo 1: O Segredo na Capela Silenciosa

Apesar do cerrado dos arredores de Brasília geralmente exibir um céu magnificamente estrelado lembro que nesse acampamento estava bastante frio e na última noite ali, o céu estava bastante nublado! Ao lado do salão principal onde eram ministradas as palestras bíblicas, havia uma pequena sala de uns 5m de comprimento por 4m de largura. Ali havia dois bancos de madeira bem rústicos posicionados nas paredes laterais, um oposto ao outro. Aquela salinha era carinhosamente chamada de Capela de Oração! Parecia um depósito velho, mas ali, alguém teve a idéia de transformar em um local de oração. Detalhe, oração silenciosa. Nada de barulho! Nada de expressões vocais perturbando a cortina do silêncio!

Depois que os geradores de eletricidade foram desligados na última noite, eu confesso que fiquei constrangido de estar ali no tal acampamento com minhas fitas do KISS e nem se quer, tivesse parado um minuto para dar um singelo "Oi" para Deus...

Embora nublado, a luz da lua perfurava as densas nuvens no céu e o local escuro era iluminado pela luz do luar. O acampamento ficava em um denso bosque e durante a noite, uma névoa era formada e a molecada brincava de assombração! Mas naquela noite...estavam todos cedo na cama...exceto eu. Então, chamei um amigo para juntos, irmos orar naquela capela! Deixei minhas fitas do KISS no quarto. Estávamos só nós dois, sem lanterna e tateando, entramos na capela. Ele se sentou no banco da direita e eu, no da esquerda. Estava tudo absolutamente escuro e eu só conseguia enxergar o vulto do meu amigo no banco oposto na penumbra da noite sob a preguiçosa luz do luar que entrava pela porta daquela salinha ao lado da capela.

Abaixei minha cabeça, cruzei os dedos e apoiei minhas mãos na testa em posição de reverência para fazer minha oração. Ali, do meu jeito, comecei a falar com Deus silenciosamente em meu coração. Nenhuma palavra audível. Era eu e Deus. Lembro que orei mais ou menos assim:

Oi, Deus, tudo bem? Olha, eu vim aqui falar com o Senhor. Faz tempo que não faço isso e eu quis vir aqui porque afinal de contas, estou no seu acampamento da igreja e não poderia ir embora sem falar com o Senhor. Desculpa se não falo tanto assim ultimamente, mas eu gostaria de te agradecer pela minha vida...

Naquele momento, não sei explicar bem, veio um pensamento na minha mente e, no silêncio do meu coração, verbalizei na minha oração a Deus dizendo:

Deus, eu sei que o KISS não é bom para mim. Tira isso do meu coração.

No mesmo instante que orei isso em silêncio, senti um alívio no meu corpo. O mesmo tipo de alívio que temos quando estamos super cansados de carregar um peso e após dormir longas horas, acordamos descansados e aliviados. Essa foi a sensação! Mas o estranho é que eu não havia feito nenhuma atividade física intensa que pudesse me causar um estado de cansaço físico! O estranho era que a sensação era física e senti durante a oração.

Então abri os meus olhos naquela escuridão e ainda na mesma posição de oração em que eu me encontrava, eu vi um vulto negro sair de dentro do meu corpo exatamente na mesma posição de oração que eu estava, no meu lado esquerdo. Eu consegui ver que aquele vulto negro tinha uma pele como se fossem as escamas da bota do Gene Simmons e os seus olhos, eram vermelhos, também semelhantes ao dragão esculpido na bota dele. Aquele vulto olhava prá mim com um ódio como eu nunca havia visto antes, mas eu entendi que aquele ódio era em função dele estar saindo de dentro de mim. Parecia que aquele ódio em seus olhos era o mesmo ódio que sentia de Deus!

Aquele vulto gritava para mim, mas eu não ouvia o seu som. Era como se eu estivesse dentro de uma redoma invisível gigantesca e o tal vulto, do lado de fora. O vulto emitia em seu gestual uma clara sensação de ódio como se eu fosse um traidor. Fechei os meus olhos de medo e continuei orando:

É isso aí mesmo Deus! Tira esse KISS da minha vida porque isso não me faz bem! Manda isso aí embora!!

Esse "isso aí" me referia ao tal vulto negro que vi sair de dentro de mim! Abri novamente os olhos na escuridão apenas para me certificar se aquele vulto continuava ali ao meu lado. Então, com o mesmo olhar de ódio dirigido a mim, aquele vulto foi sugado por um buraco negro que se abriu no chão da capela e desapareceu! O buraco negro no chão se fechou e tudo cessou. Aquela capela se encheu de uma paz tão incrível que me envolvia como um cobertor que caía sobre mim naquela noite de frio. Eu sentia um alívio físico no meu corpo indescritível e na minha alma, uma sensação de calma, paz, tranqüilidade e harmonia. Parecia que eu tinha tomado um banho tão maravilhoso como eu nunca tinha experimentado. Sim...eu nunca havia experimentado aquela paz. Chorei sem saber muito bem por que, mas algo tinha acontecido. Ainda bem que estava escuro porque assim o meu amigo não podia ver minhas lágrimas!

Embora estivesse sentindo paz, eu estava muito assustado e contei para o meu amigo que estava comigo na capela. Ele imediatamente me disse:

Cara, vamos embora dessa capela! Eu vi tudo isso que você me contou!

Saí dali correndo e fui dormir. No dia seguinte meu amigo fofoqueiro espalhou o fato e aquilo virou notícia no acampamento, mas ninguém foi falar comigo. Eu sabia muito bem o que havia acontecido porque lembrava de algumas histórias da Bíblia de Jesus expulsando demônios e eu tinha a absoluta convicção de que a experiência de orar na Capela não fora nada da minha cabeça, aquilo fora uma experiência espiritual sobrenatural e verdadeira e de alguma forma, intuitivamente, eu sabia que aquilo tinha uma ligação direta com a música do KISS e com a maneira de eu ouvir a música daquela banda como eu ouvia. Eu fui engolido pelo pecado da idolatria musical fruto do vazio na minha alma e aquilo foi a porta de entrada que eu concedi ao inferno entrar na minha vida e no meu corpo! Eu tinha plena convicção e sentia muita vergonha disso, e o diabo se aproveitou desse aspecto para eu me calar e não falar nada para ninguém!

No primeiro domingo após o incidente, de volta na igreja, D Nevinha, minha professora da escola dominical, com o sorriso mais amoroso do mundo me chamou em uma sala. Ela me colocou em seu colo, me abraçando carinhosamente começou a orar comigo. Ao término da oração, ela me disse:

Marcinho, meu filho! Eu sei o que aconteceu com você naquela capela lá no acampamento. Não tenha vergonha pois Deus tem uma grande obra a realizar na sua vida. Deus fará de você um servo dEle, e um dia, muitas vidas virão a Cristo por causa da sua experiência. Meu filho, Deus te ama. Nunca se esqueça disso.

Essas foram as últimas palavras que ouvi da D. Nevinha desse lado da eternidade. Ela está com o Senhor hoje.

Passaram-se os anos, e aos 23 anos, no dia 25 de setembro

de 1993, me entreguei definitivamente a Jesus e a música continuou a ser algo muito central na minha vida!

Hoje, na maturidade da minha fé, entendo que naquela noite na capela, Deus expulsou um demônio que habitava em mim! O abraço daquela paz e alívio que senti, era Jesus com sua doce e suave presença.

Mas restavam muitas dúvidas profundas no meu coração que passaram a ser uma busca quase que compulsiva. Eu perguntava pra Deus em minhas orações porque aquele demônio veio achar morada em mim? Será que o fato de eu ouvir o KISS como eu ouvia, poderia ser uma porta de entrada na minha alma? O que é a música de fato? Como a música pode influenciar na minha alma de maneira tão profunda? O que existe por trás da música que não conseguimos ver com nossos olhos? Existe alguma influência espiritual através da música? O problema foi a música do KISS ou a música de outras bandas também tinha comprometimento espiritual? E hoje? Isso pode ainda acontecer na audiência dos artistas atuais?

Certamente, a minha experiência na Capela de Oração me levou a descobrir que o fato de nascer em um lar Cristão e frequentar uma igreja evangélica com meus pais não foram sinônimos de blindagem espiritual contra as forças espirituais das trevas! Como alguns podem vir a pensar, essa experiência não foi um estado psicótico da minha mente ou um problema psicológico de um adolescente rebelde! Eu não tomava remédio nenhum. Aquela foi uma experiência real do mundo espiritual! Algo sobrenatural que além de mim, o meu amigo na capela viu com os seus olhos. Hoje eu sei muito bem o que aconteceu ali. Eu dei jurisdição ao mundo espiritual ao idolatrar o KISS através de sua música (audição) e visão (video clips e fotos) as portas de entrada do meu corpo, escancararam-se para aquele demônio entrar. A repetição de ouvir, concedeu jurisdição e permitiu a permanência daquele demônio ali.

Foram anos e anos de busca, oração e estudo na Palavra que me levaram ás respostas que eu tanto buscava e que agora, estão nesse livro como um testemunho e revelação das trevas por detrás da música!! É muito absurdamente mais profundo do que um simples "sim" ou "não" para respostas de tais perguntas sobre a música, bandas e sua real influência!

Por essas razões, o versículo de 1 Coríntios 2:14 é tão importante no contexto desse livro:

"Ora, o homem natural não compreende as coisas do Espírito de Deus, porque lhe parecem loucura; e não pode entendê-las, porque elas se discernem espiritualmente." (ARC)

Paulo aqui nos alerta que a mente humana tem limites para

compreender as coisas espirituais! Por isso, só o Espírito de Deus pode abrir os olhos da mente para compreendermos o Reino do Espírito. Esse versículo foi o início do meu entendimento de que somente Deus poderia me dar as respostas e por essa razão, descobri que esse princípio espiritual de discernir as coisas do reino espiritual, também se aplica em música.

Compreender uma parcela do mundo espiritual que a Bíblia nos revela, é o primeiro grande desafio que eu me propus nesse livro porque, a música nasceu no mundo espiritual! Mas como? Quando? Quem? Qual o seu propósito? Qual a relação com a eternidade?

A resposta virá nos capítulos a seguir, mas primeiro é absolutamente imperativo entender a pré-existência de Jesus antes da criação do universo!

Detalhe importante: se essa experiência espiritual aconteceu comigo, pode acontecer também com qualquer pessoa que abra as portas espirituais de suas vidas através nao só da música, mas de tudo o que lida com os nossos cinco sentidos: visão, olfato, audição, tato e paladar. Não é sem sentido que Jesus nos ensinou sobre as janelas da mente em Mateus 6:22 *"Se, porém, os teus olhos forem maus, o teu corpo será tenebroso. Se, portanto, a luz que em ti há são trevas, quão grandes serão tais trevas"* (ACF). Vivi isso na pele.

Ah...quanto aos discos do KISS? Quebrei todos na marreta e

foram para o lixo.

O sentimento de **rejeição** pode ser uma porta de entrada para o diabo na vida de uma pessoa. Aconteceu comigo.

Capítulo 2
A Pré-Existência de Jesus

Você deve estar se perguntando: qual a razão para um capítulo inteiro dedicado ao tema da pré-existência de Jesus em um livro que se propõe a falar do poder oculto da música?

Aliás, muitas pessoas de maneira sincera, questionam-se sobre "quem criou Deus" o que claramente aponta para o fato de que ou não creem na Bíblia e por consequência, no Deus da Bíblia, ou sua perspectiva esteja baseada somente em suas análises interpretativas e convicções pessoais sobre a existência do que seja um Criador e o conceito metafísico de um Ser Eterno.

No meu modo de ver, há um grande equívoco na raíz desse questionamento porque geralmente, tal indagação nasce quando a pessoa busca argumentos que justifiquem a compreensão do Deus da Bíblia na diminuta dimensão humana que em si é limitada e finita Afinal de contas, como explicar um Deus imortal e infinito com nossa mente mortal e finita? A grande verdade é que Deus não se explica, se experimenta.

Certa vez conversando com um amigo em uma mesa de restaurante, ele questionava de maneira bastante sincera e genuína sobre sua dificuldade em aceitar a veracidade e inerrância das Escrituras, baseando-se exatamente nas suas convicções pessoais e por ser influenciado profundamente pela sua leitura contínua de péssimos testemunhos de cristãos proeminentes ambos, evangélicos e/ou católicos nas redes sociais. Então, nossa discussão sobre esse tema mudou totalmente de rumo quando fiz uma pergunta muito simples: *"Quantas vezes você leu a Bíblia e qual foi o último trecho que você leu?"* o silêncio de seus lábios foram quebrados depois de alguns segundos refletindo, ele confessou dizendo *"Cara, eu nunca li a Bíblia!"* Sua perspectiva sobre a Bíblia estava completamente distorcida em função de testemunhos não condizentes à luz dos olhos daqueles que não pertencem ao Reino de Deus pelos quais Jesus também morreu!

O autor Gerald L. Schoroeder no livro "The Science of God" escreveu o seguinte *"Dizem-nos que dois aspectos de um (Ser) infinito transcendente rotulado como Deus foram "condensados" e projetados em nosso universo espacial e temporariamente finito. Um é uma revelação, palavras escritas, que chamamos de Bíblia. O outro se revela nas maravilhas da natureza e nas leis pelas quais a natureza funciona. Isso é tudo o que sabemos deste Criador. O mundo é apenas a silhueta ou imagem do Criador (Gênesis 1:27). A essência completa do infinito está além do nosso alcance (Êxodo 33:23)."*

O que o autor da frase acima explanou de forma brilhante é que nossa mente finita foi presenteada com duas grandes possibilidades para descobrirmos um pouquinho de quem seja Deus: a Palavra Revelada (Bíblia) e a Natureza. Quanto à Bíblia, há quem a ignore e conteste e por isso se julgue no direito de desautorizá-la como um conteúdo capaz de ajudar seu leitor a desvendar uma pequena parcela da infinidade de quem seja Deus. Óbvio que não corroboro com essa perspectiva. Quanto à Natureza, embora para muitos esteja claro e indiscutível que precise existir uma mente superior para criar tamanha complexidade e beleza em exuberância. Por outro lado, embora muitas pessoas facilmente associem a grandiosidade e beleza dessa mesma natureza a algo divino, o alvo dessa associação não está necessariamente vinculado ao Deus da Bíblia. Basta para isso perceber a quantidade de ídolos ligados a elementos da Natureza. Por exemplo, observa-se isso nos deuses do Egito onde desde a antiguidade, entidades espirituais são representadas por elementos da natureza tais como animais, o Nilo, o sol etc... da mesma forma, deuses da Babilônia, Maias, Incas, Astecas, vários deuses no Hinduísmo, cultos religiosos por exemplo dentro de florestas, praias, montanhas, sol, raízes de plantas etc. Nenhum desses deuses está vinculado ao Deus Triuno Bíblico que ordenou ao homem *"Não terás outros deuses diante de mim. Não farás para ti imagem de escultura, nem semelhança alguma do que há em cima nos céus, nem embaixo na terra, nem nas águas debaixo da terra. Não as adorarás, nem lhes darás culto*". Êxodo 20:3-5 (ARC).

Por isso, para entendermos sobre a criação da Música, primeiro, precisamos entender um pouquinho do Seu Criador que nas palavras do Apóstolo João, nos introduz a esse grande e maravilhoso mistério da seguinte forma: *"Todas as coisas foram feitas por intermédio dele, e, sem ele, nada do que foi feito se fez"* João 1:3 (ARA). Em "todas as coisas", tambem está a arte de combinar os sons que impacta a nossa alma!

O Criador do Universo, o Deus da Bíblia, precisa existir antes de sua criação e obviamente jamais estar limitado dentro do contexto do objeto de sua criação.

Alegoricamente, seria semelhante dizer que, Steve Jobs jamais poderia estar dentro de um iPhone para então criar o iPhone. Foi exatamente o fato dele existir antes e fora do meio ambiente tecnológico do iPhone, que o possibilitou controlar o ecossistema eletrônico no qual a estrutura de hardware, software bem como o modelo de negócio em termos de desenvolvimento, distribuição e consumo de conteúdo, existiria dentro desse pequeno aparelho que caberia na palma da mão de seu usuário e que fosse financeiramente viável para o consumidor final adquiri-lo.

O interessante dessa analogia é evidenciarmos o fato de que muito antes do iPhone se materializar no mercado global, ele já existia dentro da mente de Steve Jobs e através de muito investimento financeiro, tempo, extenso planejamento, milhares de testes de engenharia, pesquisa de materiais para desenvolvimento de chip, tecnologia de toque na tela, design e outras inúmeras facetas por detrás da criação do iPhone, é que a idéia que havia em sua mente brilhante veio a existir e trouxe à humanidade a possibilidade de revolucionar para sempre várias indústrias como a distribuição de software, a forma de nos comunicar, distribuição de música, de livros etc. O modelo de negócio do iPhone revolucionou a forma como as pessoas do mundo inteiro consomem música, mas Steve Jobs estava fora do ecossistema de música e por isso através do iPhone controlou a maneira de como a música chegou até os seus ouvidos. Não importa qual o tipo de smartphone você usa, é fato comum associarmos a Steve Jobs essa invenção.

Na realidade, essa ingênua alegoria sobre Steve Jobs e o iPhone é uma tentativa didática de minha parte para tentar explicar o versículo de João 1:3

"*Todas as coisas foram feitas por intermédio dele, e, sem ele, nada do que foi feito se fez*", ou seja, o universo criado e a humanidade, estavam na mente de Deus e pelo poder de Sua Palavra, vieram a existir e Deus sempre esteve no controle, acima de todas as coisas, fora do ecossistema criado em uma dimensão eterna. A única diferença é que ninguém poderá jamais chegar aos pés da grandiosidade da mente de Deus.

Capítulo 2: A Pré-Existência de Jesus

Romanos 4:17 "*...o Deus que vivifica os mortos e chama à existência as coisas que não existem.*" (ARA)

Agora, pondere o que ELE, DEUS, disse através do profeta Isaías;

"*Assim diz o Senhor: O céu é o meu trono...Porque a minha mão fez todas estas coisas, e todas vieram a existir, diz o Senhor...*" Isaías 66:1,2 (ARA)

Deus exerce seu governo a partir do seu trono que está no "céu". Esse céu, não é figurativo ou mesmo o céu azul que vemos quando o sol brilha. Esse é o plano espiritual que a Bíblia nos revela como sendo o "terceiro céu" onde existe o Trono do Altíssimo.

Exatamente por isso, Deus jamais poderá estar limitado ao nosso tempo, espaço e matéria ou seja, ele sempre governará Sua Criação de fora do contexto dimensional em que vivemos, mas com a sua Soberania, poder e autoridade suprema, controla e governa o Universo no qual estamos inseridos. A grande maravilha da obra divina foi que Ele se esvaziou de Sua forma divina, tornou-se humano como eu e você e habitou entre nós, para nos revelar o amor de Deus. Jesus é a Palavra de Deus encarnada e revelada a nós. Ele saiu da eternidade e entrou na nossa dimensão de tempo, espaço e matéria. Jesus é Deus na forma humana, e entrou dentro da nossa dimensão para nos reconectar com Deus e trouxe a dimensão divina dele para dentro do nosso coração. Isso é maravilhoso demais...

Capítulo 2: A Pré-Existência de Jesus

Paulo nos escreve em Colossenses 1:15-16 "*Ele (Jesus) é a imagem do Deus invisível, o primogênito sobre toda a criação; porquanto nele foram criadas todas as coisas nos céus e na terra, as visíveis e as invisíveis, sejam tronos ou dominações, sejam governos ou poderes, tudo foi criado por Ele e para Ele. Ele existe antes de tudo o que há, e nele todas as coisas subsistem.*" (KJA). A Criação "subsiste" no alicerce que é Jesus isso significa que Nele, toda criação encontra a fonte para prover as suas próprias necessidades, Nele se revela o mistério do existir de todas as coisas.

Agora, pondere a profundidade da declaração que Jesus fez aos seus discípulos em Lucas 10:18.

"Eu vi Satanás, como raio, cair do céu."

Essa declaração não pode ser minimizada e é necessário entender o que Ele quis dizer com essa afirmação tão forte e ao mesmo tempo, nos revelando um tremendo mistério de sua pré-existência.

E para entendermos essa declaração de Jesus, é imperativo analisarmos outros trechos da Palavra como por exemplo, a oração do próprio Jesus ao Pai que o Evangelista João registrou, durante a ceia pouco antes de Ele sair para o Getsêmane e ser preso. Lemos essa oração em João 17, mas preciso destacar especificamente os versículos 4 e 5 *"Eu te glorifiquei na terra, Ele completando a obra que me deste para fazer. E agora, Pai, glorifica-me junto a ti, com a glória que eu tinha contigo* ***antes que o mundo existisse****."* (NVI)

Observe com atenção o final dessa declaração pois embora Jesus estivesse dirigindo sua oração ao Pai, parece fazer questão de que essa oração fosse ouvida pelos discípulos e então, nessa oração Jesus declara abertamente sobre a sua pré-existência antes da Criação do Universo. Devo reiterar a você a importância do contexto pois Jesus estava prestes a passar pelo momento mais difícil e crucial de toda sua existência terrena, aliás, essa foi a razão pela qual Ele viera ao mundo! Jesus estava prestes a enfrentar o desprezo e ódio dos homens com suas sórdidas intrigas no seu infame julgamento. Ele sabia que seria humilhado publicamente e morreria na cruz para o perdão dos pecados da humanidade. Depois disso, a ressurreição dentre os mortos, sua ascensão aos céus e só então, aconteceria a sua glorificação que foi o fato que Ele citou na oração pedindo a Deus que fosse glorificado com o tipo de "*glorificação que ele tinha junto ao Pai ANTES do mundo existir*".

Você já teve a curiosidade de saber qual era essa Glorificação? A Bíblia não nos fala muito sobre o passado na eternidade, mas muito nos revela sobre o futuro após a ascensão de Jesus. É certo de que nessa oração, Jesus estava se referindo ao local onde Ele fora colocado pelo próprio DEUS! A Palavra nos revela esse magnifico mistério em Jó 38:6 *"Sobre que estão fundadas as suas bases, ou quem assentou a sua pedra de esquina"*. Pedra de esquina é a principal pedra no projeto de construção de um prédio. Ela é o alicerce do prédio. Sobre ela, são erguidas as colunas de um prédio e sobre ela, toda estrutura está firme e sólida. Assim como

Paulo escreveu em Colossenses 1:16 "nele (Jesus) todas as coisas subsistem."

Em diversas passagens, a Bíblia usa essa metáfora de "pedra de esquina" para a pessoa de Jesus; por exemplo, Atos 4:11 *"Ele (Jesus) é a pedra que foi rejeitada por vós, os edificadores, a qual foi posta por cabeça da esquina"* por essa razão, o versículo de Jó, é uma direta alusão à pessoa de Jesus antes da Criação e Deus usou uma metáfora naquele diálogo com Jó. É muito possível que Jó talvez não tenha entendido a profundidade do que lhe foi perguntado, mas hoje, nós sabemos que o que DEUS está afirmando ali é que todas as coisas criadas estão solidamente firmadas na pessoa de Jesus, subsistindo em Jesus, e que Ele Jesus, foi assentado por DEUS, à sua destra antes da Criação do Universo para o governo de tudo.

Por isso, quando Jesus se refere em ser glorificado de volta àquele lugar, é porque Ele sabia de onde veio e abertamente disse isso aos fariseus em João 8:14 *"porque sei de onde vim e para onde vou; mas vós não sabeis de onde vim, nem para onde vou."* Jesus saiu da dimensão eterna, e adentrou a dimensão finita onde vivemos, ressurgiu, para lá retornou e de lá, voltará a terra! Por isso lemos em Filipenses 2:5-7 *"De sorte que haja em vós o mesmo sentimento que houve também em Cristo Jesus, Que, sendo em forma de Deus, não teve por usurpação ser igual a Deus, mas esvaziou-se a si mesmo, tomando a forma de servo, fazendo-se semelhante aos homens;"* (ACF)

Jesus sabia que voltaria para o Pai, mas não antes de passar pelo calvário e pela ressureição na tumba e só depois disso, voltaria a assentar-se ao lado do trono de DEUS-PAI, exercendo a autoridade de governar o universo.

Essas duas declarações do próprio Jesus (Lucas 10:18 e João 17:4-5) nos descortinam a realidade de duas profundas verdades sobre a sua divindade. Primeiro quanto a sua pré-existência antes da criação do mundo e segundo a sua posição de autoridade suprema à destra de Deus. Após a sua ascensão, a Bíblia registra em diversas passagens o fato de que Jesus está assentado à destra de Deus, mas na minha opinião, o maior e mais contundente testemunho dado por terceiros desse fato nos foi deixado por Estêvão na hora de sua morte pois ele fez menção de um detalhe simplesmente extraordinário relatando ver Jesus de pé à destra do Pai! Lucas registrou isso em Atos 7:55-56 "*Mas Estêvão, cheio do Espírito Santo, levantou os olhos para o céu e viu a glória de Deus, e Jesus em pé, à direita de Deus, e disse: "Vejo os céus abertos e o Filho do homem em pé, à direita de Deus"*. (NVI)

Você já esteve em um concerto de música onde a platéia se levanta ovacionando pela superior qualidade da apresentação? Esse é um gesto de honra que coroa o resultado do artista que dedicou anos de estudo até aquele momento de execução pública da obra, certo? Esse é o exato sentido de Jesus estar de pé pois assistiu o estupendo testemunho público de Estêvão perante o Sumo Sacerdote, provavelmente a velha raposa Caifás mancomunado novamente com o povo de Jerusalém contra a tenra pregação do Evangelho do Messias morto há pouco tempo! No momento em que Estêvão era apedrejado publicamente e justamente, antes de morrer como o primeiro mártir da história da fé Cristã. Leia Atos 7 e entenda.

Caso você desejar ler mais a respeito de Jesus à destra de Deus, posso indicar as seguintes passagens: 1 Pedro 3:22, Lucas 22:69 e Hebreus 12:2.

Por essas diversas razões, se Jesus em sua oração ao Pai aponta para sua posição futura depois da ascensão como sendo a mesma posição no passado antes da Criação, então a afirmação de que Jesus de fato foi testemunha ocular da queda de satanás é absolutamente verdadeira e ninguém poderia ser melhor testemunha do que o próprio Jesus para nos evidenciar os fatos que antecederam ao julgamento e a sentença do juízo de Deus trazido sobre Lúcifer na sua queda!

Jesus disse aos fariseus: *"Em verdade, em verdade vos digo que antes que Abraão existisse, eu sou."* Joao 8:58. "Eu Sou" foi o termo do qual Deus se utilizou para se apresentar a Moisés na Sarça Ardente e Jesus foi absolutamente cirúrgico no uso desse termo nesse contexto e isso enfureceu os religiosos que recusaram a assertiva porque nessa declaração de Jesus, permita-me parafraseá-lo pois ele estava dizendo querendo dizer o seguinte *"Ali na Sarça, o Eu Sou, sou eu e sou pré-existente antes de Abraão, mesmo que eu seja descendente genealogicamente, EU SOU existo antes de todas as coisas. Eu SOU Deus encarnado aqui na sua frente".*

Por isso o ódio mortal daqueles religiosos contra aquele jovem de trinta e poucos anos que curava e trazia uma palavra de esperança a um povo oprimido pelo sistema de Roma e pela própria governança religiosa de Jerusalém.

Sabe por que a pré-existência de Jesus é tão importante ao estudarmos sobre música? Porque DEUS PAI, criou a música através dele e sem ele, Jesus, música não poderia existir. Ele a criou com um propósito eterno e esse propósito se manifestou em primeira instância na Eternidade passada, antes da criação do Mundo.

Capítulo 3
A Criação do som e o Reino de Deus

"Todas as coisas foram feitas por ele, e sem ele nada do que foi feito se fez" - João 1:3 (ACF)

Imagino que você deva estar sedento para eu chegar logo em música...mas não é possível falar de música sem antes falar no PODER DO SOM na Criação divina pois o som, é a matéria prima da música. Sem a compreensão desse aspecto, o leitor estará se privando de conhecer a real profundidade do tema desse livro pois tudo começa com o **som**.

Isso mesmo, há um estranho e enigmático poder nas propriedades do som que causam diferentes sensações em nosso meio ambiente e no nosso corpo.

Confesso que já perdi a conta de quantas vezes li Gênesis 1 e, os diversos livros sobre esse mesmo tema: a Criação de Deus. Dentre esses livros, destaco a obra "The Science of God" de Gerald L. Schroeder, onde o autor cita Maimônides, filósofo medieval, em um interessantíssimo princípio da dualidade entre ciência e Bíblia. *"Os conflitos entre ciência e a Bíblia surgem ambos da falta de conhecimento científico ou uma compreensão defeituosa da Bíblia."*

O que Maimônides quer dizer é que as pessoas que desprezam um dos lados (Ciência e/ou Bíblia) erram. Erra aquele que despreza a Bíblia e tem a Ciência como verdade absoluta e, vice-versa. Entenda aqui como "verdade absoluta" sobre os preceitos científicos não explicados na Bíblia como por exemplo, a Lei da Gravidade que citei no início do livro. O termo e conceito por detrás da Lei da Gravidade não aparece na Bíblia, embora leiamos o efeito da mesma em várias passagens; porém, lemos no Evangelho de João 1:3 *"Todas as coisas foram feitas por ele, e sem ele nada do que foi feito se fez"*. Todas as coisas, inclusive, a Lei da Gravidade. Inclusive a música.

As primeiras sentenças da Bíblia mostram aparentemente uma Criação silenciosa, quando lemos que "No Princípio, Deus CRIOU os céus e a terra. E a terra era sem forma e vazia; e havia trevas sobre a face do abismo; e o Espírito de Deus se movia sobre a face das águas".

Quantas vezes li esse trecho e nunca havia ponderado o fato de que naquele momento de Gênesis 1:1-2, a Bíblia não revela "como" Deus trouxe à existência os céus e a terra e, muito embora nesse trecho específico a Bíblia se reserve o direito de não nos revelar isso, um leitor mais atento, percebe que a partir do versículo 3, o silêncio da eternidade é propositalmente quebrado em cada dia da Criação quando Deus emite sua voz de comando para executar sua vontade. Ele "fala", e o objeto da Criação vem a existir. Por analogia, creio que o mesmo tenha acontecido em Gênesis 1:1-2. Por isso lemos em Salmos 33:6 "Pela palavra do SENHOR foram feitos os céus; e todo o exército deles, pelo espírito da sua boca".

Observe atentamente Gênesis 1:3, onde lemos "E DISSE Deus: haja luz. E houve luz". Simples assim, Deus falou, está falado: aquilo que Ele disse, veio à existência. A luz com todas as suas propriedades físicas veio a existir e muitos anos depois, o homem conseguiria não só desvendar seus mistérios, mas também organizar em um aspecto da Física, que é a Ótica. Que poder incrível é esse escondido nas ondas sonoras da voz de Deus? Que magnífico pensar que o Criador na sua grandeza tem tamanho poder de trazer à existência o que não há!

"*o Deus que dá vida aos mortos e chama à existência coisas que não existem, como se existissem.*" Romanos 4:17 (NVI)

A terra e os céus criados por Deus, foram precedidos pela criação de um elemento: o som. Ao som da voz de Deus, tudo o que vemos ao nosso redor na natureza, foi criado. A ciência hoje nos mostra que os elementos do som podem ser medidos e estudamos em Física que suas propriedades são frequência, intensidade e timbre. Som é o deslocamento da vibração das partículas do ar. O som jamais carregará matéria, mas ele pode transformar matéria. O som tem uma velocidade de deslocamento e o mesmo, utiliza da vibração de suas ondas que impactam partículas do ar, e assim, de impacto em impacto, o som viaja de sua origem ao seu destino. Acústica é o nome da ciência que estuda o som.

Na dimensão do mundo espiritual, o som carrega um elemento extra que a ciência nunca, jamais explicará: o som carrega PODER ESPIRITUAL de transformar. Isso mesmo, o som carrega "poder espiritual".

Entretanto, lembremos que o som pode carregar um poder destrutivo enorme como por exemplo, em uma explosão de uma bomba!

Lembremos do terrível acidente em 4 de agosto de 2020 na região portuária de Beirute, capital do Líbano, em um incêndio num galpão com nitrato de amônia. A terrível explosão gerou uma rápida variação na pressão do ar ao redor daquela área que gerou uma poderosa onda de choque cujas partículas sonoras navegaram com tamanha violência que causou a morte de 218 pessoas, mais de 7.000 feridos, danos que excederam 15 bilhões de dólares e mais de 300.000 pessoas perderam suas casas!

No contexto espiritual, o efeito é ainda mais assombroso. Envelopado na frequência sonora divina do som da voz de Deus, existia um componente tão infinitamente poderoso tendo ele cumprido uma ordem que DEUS deu de criar LUZ e todo o resto do universo. A Bíblia explica com 3 palavrinhas esse mistério: Poder de Deus.

Quando Deus criou o som, ele o criou com a capacidade de envelopar em suas frequências um componente transformador de matéria. O conteúdo principal do poder de Deus se chama "PALAVRA". Na Palavra falada reside o poder, por isso, a Criação veio a existir depois que o som que navegou da boca do Criador no espaço, causou o milagre de criar matéria e transformá-la. Deus é o único capaz de emitir PALAVRA e criar matéria na natureza e ainda por cima, transformá-la conforme assim determinar. Isso é um dos muitos mistérios magníficos do primeiro capítulo do livro de Gênesis.

Ele nos deu a capacidade de utilizar esse mesmo poder para transformar matéria, mas jamais, criar nada, somente transformar. Antoine-Laurent de Lavoisier que viveu no século 18 declarou a célebre frase "Na Natureza, nada se cria, nada se perde, tudo se transforma", porém essa frase não se aplica ao Criador pois Ele é o autor supremo e Ele pode Criar todas as coisas. Sim, Lavoisier está certo quando diz que "tudo se transforma".

Na Medicina, o som pode ser utilizado em exames médicos como por exemplo, ultrassonografia que é a emissão e reflexão das ondas sonoras no corpo humano que uma vez decodificadas eletronicamente, geram imagem no computador que auxiliam os médicos nos exames aos quais as pessoas se submetem. Exames de ultrassonografia são extremamente importantes no período gestacional da futura mãe, por exemplo!

O mesmo princípio de reflexão de ondas sonoras também é utilizado no contexto de radares subaquáticos para identificar a topografia do solo do oceano e aos adeptos da pescaria, o sonar, emite ondas sonoras que uma vez refletidas nos cardumes de peixes, informam onde as redes devem ser jogadas!

Outro exemplo do nosso cotidiano em que o som e o poder de suas palavras podem transformar a matéria... imagine a seguinte situação do trânsito do final do dia de uma grande metrópole onde acidentalmente, você na direção do seu carro, comete uma infração que faz com que o motorista de outro carro quase se envolva em um acidente. O motorista alheio abre o vidro, enche os pulmões e com a veia saltando no pescoço e olhos esbugalhados de raiva profere o maior dos impropérios destinados a destruir a honra da Senhora sua mãe e lhe convida a visitar o local onde moças que ganham a vida na prostituição dão à luz seus bebês! Naquele instante de intensa emoção e nervosismo, você recebe aquela energia sonora que é absorvida e decodificada no seu cérebro causando uma reação quase que imediata em você. Dependendo do seu estado emocional ao receber essa mensagem, isso pode produzir em você ódio, profunda tristeza ou consternação. Seja qual for o resultado da decodificação da palavra em você, o estado da sua matéria, o seu emocional foi alterado. Onde nasceu isso? Nos lábios do emissor da mensagem.

Quer outro exemplo? Você encontra uma pessoa que está profundamente entristecida por um fato que lhe ocorreu. Você, com o maior tato do mundo, procura proferir palavras de afeto e consolo com o propósito de externar pessoa, a sua compaixão e solidariedade naquele momento. Essa Palavra se recebida e acolhida, pode alterar o estado da alma daquela pessoa. Pode enxugar lágrimas. Podem semear esperança e causar a abertura de um sorriso seguido de um fraterno e aconchegante abraço.

Percebe o poder da Palavra em simples exemplos? Esse poder é carregado no som contido nas Palavras que são emitidas. A fonte de emissão que é o local da origem dessas Palavras, vai inicialmente determinar o desejo de transformação no receptor de destino. Isso parece meio óbvio, mas, no entanto, quantas vezes mesmo com a maior das boas intenções, as Palavras chegam distorcidas ou ininteligíveis no seu destino? Por isso, existe um grande segredo espiritual por detrás de Provérbios 15:1..." A resposta branda desvia o furor, mas a palavra dura suscita a ira."

Aliás em se tratando de Som, você já notou que a vasta maioria dos elementos criados por Deus, tem a sua "assinatura sonora"? Desde as baleias no profundo do oceano, as águas que quebram suas ondas orgulhosas, o barulho da chuva, o vento uivando nas montanhas, o farfalhar das folhas ao vento, o som de cada animal, o choro de um bebê... leia o Salmo 148 e se deleite! Nesse Salmo existe uma ORDEM para que TODA Criação junta, louve ao Senhor! Como farão isso? Através do som que emitem! O som da criação retorna louvor ao seu Criador! Na próxima vez que você ouvir o som da natureza, saiba que, a natureza está louvando o Criador naquele momento!

Nesse momento que escrevo esse parágrafo estou no alto de uma montanha no interior da Costa Rica, em um hotel que fica no meio de uma densa floresta! A diversidade de sons aqui é de tirar o fôlego. É simplesmente maravilhoso ouvir o som do riacho que corta a floresta, os diversos pássaros cantando, as cigarras anunciando o sol, o barulho das folhas ao vento... wow, um tucano acabou de sobrevoar o lugar onde estou! Que magnífico é contemplar a obra das mãos do Criador.

Em se tratando de música, Deus colocou um misterioso código secreto nos animais. Observe os pássaros. Tantas são as variedades e cada uma delas exibe orgulhosamente suas cores, formas e tamanhos, e cada um deles, carrega em si, uma MELODIA única que os identifica e diferenciando-se um do outro. Assim, Deus colocou nos pássaros uma sequência de notas musicais e neles o homem se deparou com algo assombroso: a MELODIA.

Capítulo 3: A Criação do som e o Reino de Deus

Melodia é a sequência de notas musicais que forma uma idéia musical. Isso mesmo, Deus colocou um código secreto em cada tipo de pássaro que na nossa percepção, cantam! A razão disso é simples, Eles devolvem ao Criador em música, a honra de sua existência. Salmo 150:6.

Você já notou como os animais, principalmente as aves, ficam absolutamente alvorossados no entardecer? As cigarras cantam mais alto! Os pássaros fazem a sua revoada e cantam? Por quê? Porque no fim do dia, o Criador descia para estar com Adão e Eva no jardim do Éden, e ali, acontecia o maior evento do dia quando o próprio Criador em pessoa, vinha à Terra se encontrar com a sua Criação. Deveria ser um concerto divino da natureza! Onde lemos isso? Genesis 3:8 *"Ouvindo o homem e sua mulher os passos do Senhor Deus, que andava pelo jardim quando soprava a brisa do dia, esconderam-se da presença do Senhor Deus entre as árvores do jardim."* (NVI) Até hoje, os animais e insetos no fim do dia, cantam com antecipação da espera pela chegada do Criador no fim do dia. Até hoje a natureza assim expressa ao entardecer.

Naquele momento do encontro com o Criador, era como se a Criação em uma explosão de alegria e vibração se utilizava de suas capacidades intrínsecas herdadas do seu Criador gerando sons em melodia de música ofertados sem reservas à honra, louvor, dignidade, magnificência dos atributos do seu Criador diante da majestade de sua Presença no Éden.

Lembro vividamente na minha infância que o meu Avô Scila era um criador de passarinhos de canto, Bicudo e Curió, e ele viajava para participar de campeonatos interestaduais onde a habilidade do canto dos passarinhos era medido pelos juízes. Para o desespero da minha avó (rindo aqui só de lembrar) ele sempre voltava para casa com inúmeros troféus que orgulhsamente, expunha em seu apartamento entulhando-os sobre as cômodas! Até hoje, aos meus 52 anos de idade (qdo escrevo esse livro) o som do canto dessas duas espécies de pássaros ecoa na minha mente e me remonta à minha infância quando eu visitava meu avô que tanto amava! Como é magnífico pensar que Deus criou um mecanismo de armazenamento de som associado à lembrança no cérebro humano! Isso tem um propósito maravilhoso no contexto de música.

É absolutamente inegável, o fato de que cada espécie de pássaro possui uma habilidade de emitir a sua melodia única.

Tenho a convicção de que Deus escolheu introduzir inicialmente a música no mundo através da melodia dos pássaros para encher de alegria o espaço em que vivem, e de quebra, nos deu a chance de sermos apreciadores de tamanha beleza.

É fato que a ciência tem descoberto os diferentes tipos de som que diferentes animais emitem na natureza para comunicar diferentes estados emocionais ou mesmo, para se comunicarem entre si. Isso é inegável mesmo que uma pessoa não creia na Bíblia ou em Deus.

O som é tão importante para Deus que Ele revelou um mistério para o Apóstolo Paulo em 1Coríntios 2:9 onde lemos que *"Nem olhos viram, nem* ***ouvidos ouviram****, nem jamais penetrou em coração humano o que Deus tem preparado para aqueles que o amam."* (ARA). Note que é através desses dois sentidos visão e audição, que chega ao Coração do homem o sentimento de êxtase sublime da esperança que vem do céu!

Sim! A Bíblia é inequívoca ao nos ensinar que o cérebro humano através da audição e da visão, é profundamente impactado pelas mensagens externas com sentimentos que outrora não existiam no homem, mas brotam e transbordam em si após os sentidos da visão e audição serem acionados. Essas são 2 das cinco portas espirituais da alma: visão, audição, olfato, paladar e tato.

Esse é um segredo espiritual profundo que aprendemos com Jesus.

"Porque o coração deste povo está endurecido, e ouviu de mau grado com seus ouvidos e fechou os olhos, para que não veja com os olhos, e ouça com os ouvidos, e compreenda com o coração, e se converta, e eu o cure." Mateus 13:15 (ARA)

Capítulo 3: A Criação do som e o Reino de Deus

Leia esse versículo do final para o início e perceba que, a cura de Jesus ao homem, só acontece após a sua conversão. Observe que Jesus apresentou uma ordem de acontecimentos que antecedem a cura da alma de uma pessoa. Antes da cura, é preciso haver a conversão que significa arrependimento de pecados. Esse arrependimento só acontece com um coração que compreenda a mensagem transmitida, mas em primeiro lugar, o coração não pode estar endurecido. Em outras palavras a conversão genuína acontece quando o homem entende e aceita a mensagem com o coração aberto e receptivo. Nesse contexto todo, está o poder imbuído no som com a Palavra divina do evangelho!

Agora, imagine o som na Nova Jerusalém!? As pessoas ali glorificando a Deus, a Música, o farfalhar das folhas da árvore da vida, o som do rio da vida, o som da música, os anjos ao redor do trono de Deus e a voz do Criador chamando o seu nome?

Será que Deus não tem dezenas senão milhares de segredos guardados? Claro que tem..., mas esses mesmos segredos só serão revelados para aqueles que amam a Deus e que um dia, entrarão pelas portas da Nova Jerusalém.

"Aquele que tem os meus mandamentos e obedece a eles, esse é o que me ama; e aquele que me ama será amado por meu Pai, e Eu também o amarei e me revelarei a ele." João 14:21 (KJA)

Capítulo 3: A Criação do som e o Reino de Deus

Se você não ama a Deus, esses segredos estarão escondidos de você. Deus jamais lhe revelará os segredos do céu, se não houver em você o amor genuíno através de Jesus. Ponto final. Não tem negociação aqui. Mas...do contrário, se prepare para desvendar as maravilhas do Senhor...

Eu acredito que na eternidade haverão nações espalhadas na terra de outro modo, não leríamos em Apocalipse 22:2 que as folhas das árvores da vida servirão para curar as nações.

Imagine o som dos diferentes povos adorando o criador! Mas existe uma palavra comum a todas as línguas da terra!

Seja sincero(a): Você ja parou para notar que a palavra ALELUIA é pronunciada da mesma forma em todas as culturas, povos e nações. A articulação sonora pode ter uma pequena variação fonética, mas qualquer pessoa de qualquer lugar no mundo, pode entender quando a outra pessoa está pronunciando a palavra ALELUIA.

A palavra ALELUIA no hebraico é composta pela junção de duas palavras diferentes. A palavra HALLEL que significa um comando ou ordem de conferir honra a alguém, ou seja, “Expresse Louvor a EL” todo sufixo EL se refere ao Senhor Deus. E a segunda palavra é Yah que é a forma reduzida do nome sagrado de Deus. YHWH

A palavra Aleluia significa uma ordem de comando para que você "expresse louvor ao Senhor Deus!"

Toda vez que você pronuncia essa palavra, você deveria estar conscientemente dando louvor a Deus e nunca, jamais, utilizando para qualquer outra finalidade. Toda criação diz ALELUIA de volta ao seu Criador. O único digno de receber de volta essa honra é o Criador através de Jesus e Ninguém mais.

O propósito original do Som é carregar em si o devido louvor proveniente da Criação, de volta ao seu Criador.

O livro de Salmos por diversas vezes exibe a definição da Palavra Aleluia quando Lemos "louvai ao Senhor" ou "louvai ao nosso Deus", porém, o único lugar em toda Bíblia onde aparece a Palavra Aleluia, está registrada na visão de João da Adoração no céu em Apocalipse 19. Algumas traduções exibem essa palavra em Salmos, mas se trata de uma liberdade poética de interpretação e se você ler no original hebraico verá que essa palavra não aparece em Salmos e sim, o seu significado "louve ao Senhor".

Em Apocalipse, ele, João, OUVE o som de multidões declarando para o Criador a palavra Aleluia. Por quatro vezes, as multidões ali repetem! Inclusive, Jesus (19:5), lidera essa multidão, e convida todos a louvarem "nosso Deus"!

Isso me emociona só de pensar, pois um dia, eu quero estar ali naquela multidão. E você?

O som, deve carregar o louvor do homem, de volta para Deus! Que esse som seja cheio do seu amor e gratidão, pela sincera consciência da condição de perdoado pelo sangue do cordeiro. Não há no mundo maior amor do que o amor de Deus.

A música predileta do Senhor é a música que emana de um coração lavado pelo sangue do cordeiro, seu filho Jesus. Um dia, ainda vou gravar essa música do Brooklyn Tabernacle…

Capítulo 4
Deus Criou a Música, Sua função e propósito no céu

Geralmente quando lemos a Bíblia, naturalmente procuramos entender a sua história conforme fomos acostumados no nosso processo de leitura e interpretação de texto que é cronologicamente e de forma linear, pois é a maneira como nosso cérebro foi acostumado a aprender! É provável que um leitor mais maduro, possivelmente se interesse em levar em consideração elementos adicionais ao texto tais como o contexto da época, cultura, etimologia da palavra no texto original, localização, horário do dia, protagonistas (diretos ou indiretos), aspectos emocionais, psicológicos etc.

Porém, é preciso em primeiro lugar estar em paz com o fato de que o autor supremo das Escrituras, Deus, nunca esteve "limitado" na nossa dimensão de espaço e tempo. Por essa razão, é muito importante você leitor aceitar a realidade inequívoca de que a mente humana é limitada em relação à realidade da grandeza do Criador e Sua Criação, seja ela o cosmos, a biodiversidade da natureza e tudo aquilo que nossos olhos são capazes de contemplar, mas também daquilo que me atreverei a chamar de "elementos da eternidade". Explico.

Capítulo 4: Deus Criou a Música, Sua função e propósito no céu

Tenho a percepção de que o universo criado por Deus é como se fosse uma grande "bolha em expansão" no que chamo de "dimensão da eternidade". Alguns preferem explicar que a dimensão daquilo que chamamos de eternidade está além das fronteiras da expansão do Universo o que no fim, em ambas as perspectivas, chegaremos exatamente à mesma conclusão; elas apenas diferem entre si sob o ponto de vista sobre um mesmo assunto!

Embora o conceito de Onipresença denote que Deus está em todos os lugares, a Bíblia deixa claro que o Criador governa todas as coisas a partir da dimensão da eternidade. Não me aventurarei a tentar explicar a logística de como a sua onipresença acontece em nosso plano! Confesso que, para mim, é mais fácil descansar a alma na fé de quem Deus é, baseando-me nas minhas experiências pessoais com Ele na jornada da vida.

Lendo João 1:1-3 nosso intelecto é confrontado com uma forte afirmação bíblica que nos força a fazer uma escolha simples perante o embate da fé versus a razão. Diante dos seus olhos, a Bíblia te escancara algo tão extraordinário que qualquer cético não permitirá à razão lhe ocultar a grandiosidade do que a autoestrada da fé pode conduzir. Essa passagem é uma revelação do embrião de Gênesis 1 e apresenta ao leitor a pessoa da Trindade que viria ao mundo, Jesus.

Capítulo 4: Deus Criou a Música, Sua função e propósito no céu

"No princípio era o Verbo, e o Verbo estava com Deus, e o Verbo era Deus. Ele estava no princípio com Deus. Todas as coisas foram feitas por ele, e sem ele nada do que foi feito se fez" João 1:1 (ARA).

Nesse versículo, notamos que está escrito que "Todas as coisas" foram feitas POR ELE. Mas, quem é esse "ele"? Quem é esse "Verbo"? Observe que a Bíblia exibe a letra V maiúscula na palavra Verbo. Observe também que esse Verbo, encarnou-se na forma humana, e esse Verbo, é o próprio Jesus. Também no mesmo contexto desse versículo lemos que "todas as coisas" foram criadas por Ele. No Grego, essa palavra é "pas" que significa tudo aquilo que existe. Então, por essa razão, incluído nesse contexto de "tudo que existe", está o universo da música e toda sua complexidade técnica e estrutural. Complexo e simples assim!

No meu modo de ver, uma das grandes maravilhas sobre o mistério da criação da música está no fato de que a narrativa do capítulo 1 de Gênesis não consta o momento em que Deus diz "haja música" por uma única razão! A resposta é simples: Porque música já existia antes da Criação de Genesis 1 e a narrativa de João 1 não está preocupada em restringir os elementos criados por Deus como lemos em Gênesis 1. Ao contrário, João claramente nos revela de forma inequívoca que TODAS AS COISAS foram criadas por "Ele". Música, foi uma delas.

Aliás, segundo a própria Bíblia, Deus ouvia seus louvores na forma de música, entoada pelos seus anjos antes e durante a Criação! Isso mesmo! Trabalhar ouvindo música nunca foi um privilégio seu! Advinha quem inventou? Deus.

O capítulo 38 do livro de Jó é uma magnífica narrativa expositiva pelo próprio Criador, a respeito de detalhes ocorrendo nos momentos que antecederam Gênesis 1:1, onde Ele colocava os fundamentos da terra. O Criador em pessoa ao responder a Jó, nos faz uma revelação tão extraordinária! Leia com atenção a pergunta que Ele faz a Jó: *"Onde estavas tu quando eu fundava a terra?...quando as estrelas da alva juntas alegremente cantavam, e todos os filhos de Deus rejubilavam?"* (Jó 38: 4 e 7b).

As expressões "estrelas da alva" e "filhos de Deus" no versículo 7, são ambas uma referência metafórica direta aos anjos que havia no céu. Um leitor curioso ao estudar a Bíblia perceberá que existe uma diferença enorme entre a técnica de narração entre o texto de Gênesis 1 e o texto de Jó 38.

Em Gênesis 1, o escritor, Moisés, narra ao leitor como se estivesse contemplando a ação do Criador, executando a Criação. Moisés narra em terceira pessoa! Em Jó 38, o narrador é o próprio Deus e, portanto, o texto exibe o ponto de vista de Deus, no processo de Criação. Em Jó 38, o texto está em primeira pessoa!

Alguns podem ler esse paralelo entre Gênesis 1 e Jó 38 e concluir que Deus poderia estar declamando a Criação em ordem Cronológica, porém, esse não é o ponto em discussão. Em Jó 38, Deus evidencia e amplia detalhes da sua Criação em uma narrativa que descortina aspectos que não aparecem em Gênesis 1. Observe que Gênesis 1:1-2, *"No Princípio, Deus criou..."* mas em Jó 38:4, Ele detalha tarefas que Ele executou **antes** de fundar a terra. Nesse trecho de Jó, lemos que Ele lançava os fundamentos da terra e fazia medidas antes de criar todas as coisas! Deus utiliza uma figura de linguagem associada à engenharia de construção ou a um arquiteto para ajudar nossa mente a entender o que Ele quer dizer. Deus utiliza "fundação" que no hebraico significa estabelecer, determinar, ordenar e na progressão do texto, vemos que Ele dirige sua explanação traçando um paralelo à construção de um prédio.

Jó havia perdido todos os seus filhos em uma tempestade que fez com que sua casa desabasse e todos os seus filhos e filhas morreram nesse desastre. Mas Deus, toca uma ferida profunda na alma de Jó com a intenção de curá-lo e de forma contundente, aponta que Ele, Deus, foi quem colocou os alicerces **ANTES** da Criação e utilizando de uma metáfora similar ao que se faz no início da construção de um edifício onde o alicerce é responsável pelo suporte de todo edifício a ser construído ali.

Nesse trecho de Jó, essa metáfora funciona como um microscópio divino para Jó conseguir em meio a sua tormenta, perceber a grandeza do Poder de Deus, que se inicia antes da criação até os detalhes do seu sofrimento.

Exatamente nessa narrativa do Criador, sobre os detalhes de alguns aspectos fundamentais no preparo do alicerce que foi necessário existir antes da Criação da terra em que vivemos, nos revela que em Sua Presença naquela época ANTES da Criação, os anjos já cantavam para o Seu louvor! Isso mesmo, antes de Gênesis 1:1, havia miríades de anjos e música.

Precisamente nesse trecho de Jó 38:7, que Deus faz uma declaração magnífica *"quando as estrelas da alva juntas alegremente cantavam, e todos os filhos de Deus rejubilavam?"* (versículo 7b - ARC). Deus revela a Jó que durante o procedimento em que Ele, Deus, colocava os fundamentos da terra e suas medidas, o céu bradava em louvor a Ele com Música e, dessa forma, Deus nos revela que a música estava sendo entoada antes da Criação.

Portanto, para haver música ali, é óbvio que a música foi criada na eternidade antes de Gênesis 1 e por essa razão, a Bíblia não relata a criação da música no contexto da Criação desse Universo contido dentro dessa "bolha em expansão" que nos foi entregue na narrativa de Gênesis 1. A música já existia antes. Por isso, lhe afirmo sem hesitar que música é, primordialmente, uma experiência espiritual em primeiro lugar porque ela nasceu, no Reino Espiritual, criado por Deus através de Jesus. A Música, foi percebida e decodificada no plano físico pelo homem muito tempo depois dela já existir. Quem discorda dessa idéia, contraria as Escrituras e tal debate, julgo infrutífero.

Da mesma forma, esse trecho também nos revela que os anjos já existiam ANTES da Criação do Universo. Jó 38:7 deixa isso absolutamente inequívoco. Talvez por esse motivo seja mais fácil entendermos a razão pela qual o Salmista organizou o texto de Salmos 148. Leia e comprove que nos versículos de 1 a 3, o texto nos mostra a ordem divina dada à criação no ambiente eterno de louvar a Deus (anjos), depois os elementos criados (sol, lua, animais) e depois, do versículo 11 em diante, a humanidade.

Por isso, reafirmo categoricamente a você que a origem da música é de natureza espiritual e sua manifestação no mundo físico onde vivemos é um milagre sonoro de Deus para nós.

Na minha visão, Deus sabiamente colocou as primeiras melodias na criação no canto dos pássaros e isso é tão sublime! Para quem aprecia como eu, tais melodias emudecem o homem com sua beleza...por isso o som da natureza é tão diverso, pois reflete a diversidade da beleza do Seu Criador.

Outro aspecto magnífico de Jó 38:7, é que as "estrelas da alva", os anjos, cantam JUNTOS, ou seja, em unidade, no mesmo espírito e objetivo. Eles também se apresentam diante do Criador ALEGREMENTE, ou seja, com seus corações repletos do êxtase pela Glória do Senhor e Sua Majestosa Presença e principalmente, pelo indescritível privilégio de contemplar o seu poder em andamento, CANTAVAM enquanto o Criador através do poder de Sua Palavra contido no som de sua voz, dava os seus comandos trazendo à existência o que não existia!

Isso é magnífico demais para minha mente alcançar porque, pondere comigo: se antes da Criação os anjos já cantavam ao Criador, então alguém compôs aquela música que era cantada. É absolutamente plausível que o canto angelical deveria estar sendo acompanhado por instrumentos musicais uma vez que lemos em Apocalipse 5:8 que existem instrumentos musicais na dimensão eterna diante do trono de Deus.

Por essa razão, creio firmemente que alguém orquestrava o arranjo musical no céu antes de acontecer essa avalanche Sonora que o Criador ouvia e relatou a Jó. Quem conhece a parte técnica em música mais profundamente sabe que essa vasta complexidade de vozes, demanda elementos preparatórios tais como arranjo, tonalidade, cadência, ritmo, dinâmica etc. Ouso lhe dizer que acredito, sem sombra de dúvida, que esse contexto musical era comandado pelo tal anjo de luz que Ezequiel, Isaías e Jesus posteriormente revelam ter sido expulso do Céu. Existem duas razões principais que endossam isso muito bem.

A primeira está no fato de que Lúcifer caiu e a segunda, no próprio Jesus afirmar isso.

Se Jó 38:7, descortina música antes de Gênesis 1:1, Lúcifer, o anjo querubim da guarda descrito em Ezequiel 28:14 e Isaías 14 com seus instrumentos e cantigas existia de fato na eternidade e ele só pode ter caído antes de Gênesis 1:2, porque Deus jamais criou o caos que lemos em Gênesis 1:2 como sendo algo "sem forma e vazio". A Bíblia nos responde isso em Isaías 45:18 "Porque assim diz o SENHOR, que criou os céus, o Deus que formou a terra, que a fez e a estabeleceu; que não a criou para ser um caos, mas para ser habitada: Eu sou o SENHOR, e não há outro." O cataclisma na terra Criada em Gênesis 1:1, foi causado pela queda de Lúcifer. Sim, corroboro 100% com a "Teoria do Gap".

Não confunda essa afirmativa com o fato de que no momento quando Deus conversava com Jó, obviamente o diabo já havia caído! Eu creio que na ocasião dos fatos anteriores à Criação, revelados por Deus a Jó em Jó 38:7, esse anjo querubim ainda não havia caído. Isso me leva ao entendimento de que em Jó 38:7, a música era comandada no céu ainda pelo querubim da guarda ungido que não havia caído até aquele momento.

Confesso que demorei anos para entender isso, mas vou detalhar mais à frente no livro os aspectos concernentes ao ambiente de adoração com música próximo ao trono do Criador. Continue lendo.

Aqui em Jó 38:7, descobrimos que DEUS percebe e revela que a MÚSICA era dirigida a Ele como sendo alegre, proveniente de corações cheios de gratidão, em espírito de unidade, mas principalmente, porque aqueles que entoam essa música possuem ACESSO a Deus. Esses são elementos mandatários de quem pretende emitir o som em forma de música de volta ao Criador: Acesso a Deus, unidade, alegria e canto! Nessa ordem. Nunca o reverso. Observe que essa ordem tem a ver com a postura espiritual diante do Criador. Quando transferida para o âmbito humano, essa ordem permanece. Acesso a Deus, unidade, alegria e canto.

O acesso a Deus só existe através de Jesus. Não tome como minhas essas palavras… foi o próprio Jesus quem disse *"Eu sou o caminho, e a verdade, e a vida; ninguém vem ao Pai senão por mim."* João 14:6 (ACF). Se você é músico e diz entoar sua música para Deus, mas nunca nasceu de novo, tenha certeza de algo… sua música não lhe concede acesso à Presença de Deus. Sem dúvida Deus conhece sua música, mas sem aliança com JESUS (não com igreja ou religião), não existe acesso. Basta genuinamente reconhecer em seu coração e aceitar o perdão de seus pecados através do Sangue do Cordeiro, Jesus! Acesso garantido!

Por outro lado, se você faz música e é "da igreja", mas leva uma vida podre, mundana, tenha certeza, Deus abomina sua música. Se arrependa e se acerte com Deus e só depois, ouse apresentar sua música.

Unidade, significa estar em paz com Deus e na coletividade, todos estarem imbuídos do mesmo objetivo que deve ser glorificar a Deus. Mesmo espírito e visão! A música da igreja pode ser maravilhosa, mas será ineficiente, espiritualmente falando, se a equipe de louvor for cheia de intrigas, ciúmes, fofocas, ego inflado etc. Deus abomina música entoada dessa maneira.

Alegria só é real quando estamos em comunhão com o Criador, redimidos pela sua graça e restaurados pela sua misericórdia.

O canto expressa a música que existe dentro de você. Não se preocupe, Deus não se importa se você é ou não afinado! Em todo tempo, cante ao Senhor. Porque quem declama esse trecho a Jó 38:7 é o próprio Deus, percebe-se claramente que aquela música trazia um profundo deleite ao Criador a ponto de o próprio Deus fazer questão de registrar isso a Jó e ainda por cima, dar uma preciosa dica para mim e para você nos dias de hoje.

A música que agrada a Deus causa nele um profundo deleite ao perceber sua criação devolver a Ele o louvor, dignidade e honra que lhe são devidos da forma que lhe é agradável: acesso, unidade, alegria e canto. Lamento informar aos que discordam, mas é somente no contexto da atmosfera da Presença de Deus que qualquer música dirigida a Ele proporcionará prazer ao coração do Criador. Propositalmente em Jó 38:7, Deus deixou de fora elementos de música que costumeiramente são temas de discussões fúteis entre os religiosos de plantão tais como estilo musical, andamento, ritmo, e quais instrumentos estavam acompanhando o cântico dos anjos, se de fato como creio, havia um acompanhamento..., mas a Bíblia deixa claro qual o "espírito e atitude" que Lhe agrada por detrás dessa música que era entoada no céu. Essa é a Vontade do Pai na terra, pois assim era (e ainda é) no céu.

Em Apocalipse 4:11, João viu os anciãos prostrados diante do trono de Deus declararem "Digno és, Senhor, de receber glória, e honra, e poder, porque tu criaste todas as coisas, e por tua vontade são e foram criadas." No meu modo de ver, a tradução desse versículo para o Português fez uma escolha infeliz usando o termo "vontade". No original Grego, lemos que "todas as coisas foram criadas para o seu PRAZER" ... o que denota um "profundo deleite e alegria". Não prazer carnal. Não prazer egoísta, mas profunda alegria em deleitar-se em ver (e ouvir) a obra de suas mãos realizar aquilo para o qual fora criado. Tenho a nítida percepção de que música é a cereja do bolo desse deleite de Deus. Embora esteja biblicamente claro que DEUS não procura musicistas, cantores ou boa música, mas, adoradores em Espírito e em Verdade (João 4:23), note que os anciãos que se prostram diante do Cordeiro próximo ao trono de Deus, todos eles, possuem harpas e estão adorando ao Senhor, muito provavelmente com música, de outro modo, por que a Bíblia mencionaria a presença de harpas?

E, havendo tomado o livro, os quatro animais e os vinte e quatro anciãos prostraram-se diante do Cordeiro, tendo todos eles ***harpas*** *e salvas de ouro cheias de incenso, que são as orações dos santos.* Apocalipse 5:8 (ARC)

Isso me permite afirmar que quando um verdadeiro adorador adiciona música como um adorno de seu relacionamento com Deus, o Pai se deleita em muito nesse relacionamento e atitude de adoração desde que a música não tome o lugar dele no coração desse adorador! Observe que aqui eu não disse que esse adorno é característico somente de quem toca um instrumento ou possua o talento de cantar. Não confunda! Adorador não é sinônimo de musicista/cantor; da mesma forma que musicista/cantor não é sinônimo de adorador; mas Deus sonhou que todo musicista/cantor fosse um adorador! Música deve ser nada mais do que um adorno da sua vida de adoração ao Criador através de Jesus. Nada mais.

Algo está errado se você gosta mais de música do que da Palavra de Deus! Algo está fora de ordem no trono do seu coração e se não for Deus, destrone dali o seu ídolo chamado música ou as coisas que envolvem música...dinheiro, fama, playlist de destaque, agenda etc... etc...

Desde antes da Criação, os anjos continuamente adoram a Deus. Enquanto você lê essas palavras, nesse exato momento existe um som incrível ao redor do trono de Deus! Embora o tema não seja sobre anjos, é sabido que existem tipos de anjos com diferentes funções no Reino de Deus, e é por isso que lemos na Bíblia que eles executam diferentes tarefas nas várias passagens onde lemos sobre a sua atuação em ambos os mundos, físico e espiritual. Um leitor atento da Bíblia perceberá as várias passagens no livro de Apocalipse onde o trono do Senhor aparece envolto em adoração na forma de canto e acompanhada com música.

Por isso reafirmo categoricamente a você que música é uma experiência espiritual em sua essência fundamental. Essa arte esconde em si a habilidade "sobrenatural" de acessar e se comunicar com o reino do espírito.

Música é como se fosse uma chave que abre um portal para o reino do espírito. Uma chave de invocação no reino espiritual que destrava um portal dimensional-espiritual. Não interessam a forma, estilo ou origem da mesma. A música que nasce na alma humana e que é executada, privada ou publicamente, criará um meio ambiente espiritual ao redor de si. Esse ambiente estará carregada de sentimentos e emoções que espelham a alma de quem entoa essa música e principalmente, essa música será a porta de entrada para o mundo espiritual que aquela pessoa pertence. Em nenhum momento toquei na palavra "culto religioso"! Não! Estou me referindo a um ambiente espiritual criado através da música entoada. Esse é a ponta do iceberg no assunto sobre o poder oculto da música! Esse princípio do "portal espiritual" é verdade no Reino de Deus e também, no "Império das trevas". A música entoada por remidos pelo sangue de Cristo, abre o céu e Deus age. Também é verdade o oposto...a música dita "profana", abre um portal espiritual para o reino das trevas, satanás e seus demônios, atuarem no plano físico em que vivemos.

Metaforicamente, música é como um perfume. Quando selado dentro de um frasco, nada acontece à fragrância desse perfume que é apenas um líquido caro com imenso potencial, porém, inutilizado enquanto estiver fechado dentro de um frasco. No momento que o frasco é aberto e uma porção desse perfume é derramada sobre a sua pele, o cheiro daquele perfume cria uma atmosfera ao redor de seu portador. Aquela atmosfera cria um perímetro aromático que invisivelmente envolve o portador e esse aroma possui características químicas em si que são agradáveis e por isso, aquele aroma, é um espelho de aspectos que representam a alma daquele portador.

Você já reparou que as propagandas de perfume por não poderem disseminar o aroma de sua fragrância via mídias de comunicação, sempre apelam para uma promessa visual agregada a aspectos de beleza estética utilizando modelos belíssimas com olhar lânguido justamente para despertar no consumidor a ideia de que ele pode se tornar tão belo quanto aquele modelo, se aquele perfume for utilizado? Esse é um poderoso exemplo do despertar das vontades que invadem a mente humana e seus gatilhos emocionais. Emoção desperta comportamento.

O perímetro aromático que envolve uma pessoa utilizando aquele perfume contém em si elementos inerentes àquele aroma cujas qualidades podem atrair ou repelir qualquer pessoa que adentre aquele perímetro aromático. Uma vez dentro desse perímetro, as substâncias aromáticas são percebidas pelo cérebro daquele que respirou aquele aroma e os impulsos nervosos que chegam no cérebro causarão nessa pessoa dois tipos de sensação: atração ou repulsa. Isso é um fato! O olfato é uma porta de entrada para a alma que aciona gatilhos de emoção que levam a pessoa a responder através de um comportamento.

Capítulo 4: Deus Criou a Música, Sua função e propósito no céu

Música é assim! Como o líquido no frasco de perfume lacrado, se ela estiver guardada no coração do homem ela é absolutamente inútil. Uma vez externada, essa música criará uma atmosfera sonora espiritual ao redor de si que atrairá ou repelirá as pessoas pelo poder do ambiente espiritual gerado e, através do impacto das frequências sonoras no cérebro de quem ouve, tem o poder de acionar gatilhos na mente dessa pessoa que se refletirão na sua alma e por consequência, no seu comportamento, forma de pensar, e principalmente, na sua perspectiva espiritual de mundo.

Essa atmosfera sonora é um portal no mundo espiritual que atrai a audiência pela audição à fonte que emite aquela música. Todo artista que entoa música, deseja que sua audiência seja atraída para si, para dentro de sua atmosfera sonora, para o deleite e prazer da alma no som de sua arte.

É exatamente nesse momento que você, como audiência, tem diante de si esse portal e adentra o perímetro do Reino de Deus ou acessa o perímetro do Império das Trevas do diabo.

Qual reino você acessa, dependerá única e exclusivamente do Reino Espiritual ao qual aquela música, entoada por uma pessoa, pertence.

Deus criou esse mecanismo da atmosfera sonora para que os atributos contidos dentro dessa atmosfera sonora, refletissem nesse ambiente as características de Sua pessoa e tem o objetivo de criar um ambiente de prazer com o intuito dessa experiência pudesse cativar e atrair o ouvinte para a fonte de inspiração que exala o perfume daquela música. Em música, esse contexto metafórico, o aroma-chave, chama-se: melodia. A fonte de inspiração de toda música deveria ser o próprio Deus, mas não é.

Melodia é uma isca para a alma humana. Embora música seja um conjunto de elementos técnicos sonoros que juntos, são interpretados pelo cérebro como música, no meu modo de ver principalmente por eu ser um compositor de música, Melodia é o principal componente espiritual da música e de longe, o aspecto mais poderoso existe no universo de uma música.

A razão disso é que o cérebro humano registra primariamente MELODIA e toda melodia sempre estará associada a emoções, sejam elas boas ou ruins. Músicos experimentados armazenam mais do que isso, mas o ouvinte ou consumidor comum de música, sempre armazenará primariamente a Melodia.

Faça um teste... pense agora em uma música que você mais gosta e cante. O seu cérebro se remeterá a uma MELODIA e você, começará a cantar aquela MELODIA quase que de imediato mesmo que você não se lembre da letra! Por que isso?

Aquela melodia está gravada no seu subconsciente e uma vez que você dá a ordem para o cérebro acessar sua memória cognitiva, o mecanismo de lembrança vai lá no cérebro onde está registrada aquela música e traz os seus elementos para o seu consciente. Então aquela melodia entoada estará associada a uma experiência de sua vida na sua história. Então, esse mecanismo aciona o seu emocional. Sempre!

Observe que essa experiência emocional está ligada a eventos de sua história no transcorrer da vida e esteja certo de que muito do que existe em sua alma, foi plantado para sempre em sua mente através da música.

Esse processo complex, ao qual chamamos simplesmente de "curtir um som", na verdade é a sua memória cognitiva em funcionamento. Por isso, o entoar daquela melodia faz com que você perceba os sentimentos que foram armazenados em seu cérebro por aquela música e esses sentimentos afloram em sua alma, toda vez que você ouve aquela mesma música.

Sejam esses sentimentos bons ou ruins. Deus criou esse processo para que música pudesse ser um veículo para ajudar o homem a ser atraído a Ele. Esse é o propósito eterno da música, criar uma atmosfera de atração do homem para Deus.

Quando Deus criou a música Ele tinha a intenção Original de criar um ambiente sonoro ao redor de si que atraísse a audiência à Sua Pessoa pelos atributos de sua pessoa expressos nessa música. A atmosfera sonora da música gerada em Deus contém em si os elementos capazes de atrair sua audiência a Ele, Deus. Por que ele fez assim? Porque Deus é amor. Amor é o principal atributo da atmosfera ao redor da Pessoa de Deus. Deus é amor (1 João 4:8) e por essa razão, o reflexo de sua pessoa na música entoada por alguém cheio do Espírito de Deus, tem o poder de causar em sua audiência, a única resposta aceitável na Presença do Deus Altíssimo: o derramar-se em Adoração pela grandeza do seu amor por você, demonstrado por Jesus. Por isso lemos os inúmeros casos na Bíblia de pessoas se prostrarem com o rosto no chão na Presença do Rei! Essa é uma experiência transformadora...recomendo o treino contínuo! Será assim na eternidade para os salvos pelo Sangue do Cordeiro...

Dos atributos da atmosfera da música criada na presença de Deus, emana a vida eterna que há na pessoa de Deus. Ele é a fonte da vida, por isso, espere ver cura, alegria, paz, libertação, restauração, conforto e muitos outros aspectos que são manifestos numa atmosfera de louvor banhada pelo Espírito de Deus.

Essa é a expressão exata de tudo aquilo que vemos na pessoa de Jesus. Por quê? A Bíblia nos responde em João 1:3 Todas as coisas foram feitas através dele, e, sem Ele, nada do que existe teria sido feito.

Erra quem conclui que Deus tem um problema de baixa autoestima!! Deus já sabia, desde a antiguidade que Música seria um poderoso instrumento em suas mãos para alcançar o homem que ainda haveria de ser criado.

Ele também sabia que Lúcifer cairia e com ele, o dom da música. Ele sabia da corrupção espiritual que seria introduzida na humanidade através da música. Ele sabia que um dia, o homem seria atraído a adorar seus artistas (ídolos) através da música! Ou você realmente acha que Deus não sabia que a humanidade seria bombardeada pela indústria da música e seus mecanismos de manipulação de massa? Discorrerei isso com profundidade mais à frente no livro porque Deus tem um propósito em tudo!

A próxima pergunta que você deve se fazer é: "se ele sabia que música seria instrumento do inferno, porque então criou ou permitiu?". A resposta é simples! Deus jamais se relaciona com marionetes e fantoches. Deus desejou e ainda deseja que o homem decida livremente buscá-lo e desenvolver um relacionamento genuíno através de Jesus. Deus busca o amor genuíno do homem.

Em Sua infinita sabedoria, eu creio que Deus testou a efetividade da música com os anjos. Jó 38:7 é prova desse teste. Não ouse pensar que Deus utilizou isso como uma marionete em suas mãos! Deus se deleitava ao som da música dos anjos evidenciando o resultado do propósito de sua criação já na eternidade antes de Gênesis 1:1.

Capítulo 4: Deus Criou a Música, Sua função e propósito no céu

Em Jó 38:7, podemos quase que vislumbrar que os anjos de Deus, criados pelo Todo-Poderoso, não podiam se conter ou se calar ao contemplarem a grandeza e o Poder do Criador quando este colocava os fundamentos da Terra a ser criada a seguir... Naquele trecho, Deus nos permite ler a evidência do resultado do poder de influência que a música tinha sobre os anjos porque nesse momento, esses anjos contemplavam a revelação completa de quem é DEUS, o Poder de Sua Palavra no Filho. Deus sabia desde o princípio que a música, mexeria profundamente com o ser humano porque o ser humano seria criado segundo a sua imagem e semelhança. Deus sabia qual seria a resposta imediata desse ser humano ao conhecer a exatidão da revelação da pessoa do Criador na Criação. Creio que a resposta imediata de Adão ao abrir os olhos quando recebeu o sopro de vida foi uma profunda adoração envolta e adornada com músicas inspiradas pelo próprio Deus.

Note que todo campo do conhecimento humano possui uma infinita complexidade que o homem, conforme a ciência avança, vai descobrindo e se aprofundando cada vez mais. Por exemplo, observe a complexidade do ecossistema: é biodiversidade na terra. Quão complexa é a sua infinidade! Ouse estudar uma área de ciências como Biologia por exemplo! Quantos campos do conhecimento humano são desenvolvidos até hoje! O que dizer da medicina então?

Música, é a mesma coisa. Quando Deus criou a música, Ele já a criou com a riqueza de complexidade de seus elementos.

Quem é musicista entenderá com mais facilidade o que escrevo a seguir, porém, vou tentar simplificar ao máximo para o leitor que não seja um conhecedor técnico da arte.

Tente visualizar em sua mente o teclado de um piano. Existem as teclas brancas e as pretas, certo? Se você observar com cautela, notará que existe um padrão de repetição simétrico das teclas e ainda assim, existem apenas 7 notas (dó, ré, mi, fá, sol, lá e si) e 12 campos tonais (7 teclas brancas + 5 teclas pretas = 12) e a combinação delas possibilita ao músico criar infinitas formas de elaborar música. Simplesmente não há limites. Não tem fim. É infinito. Que espécie de mente seria capaz de criar algo tão absurdamente complexo a partir de dois elementos tão simples? Somente Deus com a sua insondável mente!

Na Bíblia, o número 7 tem a conotação de perfeição e 12, simboliza perfeição governamental. Sete foram os dias da Criação. Sete são as lâmpadas do candelabro no tabernáculo, sete são as igrejas do Apocalipse, sete são os espíritos de Deus representados na Menorah no Céu.

Doze são as tribos de Israel, doze foram os discípulos, doze são os meses do ano e 24 são os anciãos diante do trono em Apocalipse, ou seja, duas vezes o número 12.

Por isso o músico tem ao seu dispor as 12 notas e 12 tonalidades com uma possibilidade infinita de combinação de notas musicais o que denota uma qualidade intrínseca da pessoa do Criador. Deus é infinito, imensurável, indescritível, inigualável, inexplicável, mas jamais indecifrável!

A possibilidade de criar música é infinita, imensurável e Deus permitiu ao homem decifrar os elementos da música, mas jamais o homem chegará ao "fim" de todo conhecimento que há na música.

Isso mesmo, Deus PERMITIU à música ser "decifrável" pelo homem para que ele pudesse expressar o seu Louvor de volta ao Criador como todos os outros elementos de sua Criação. Na Bíblia estão registradas as mais antigas experiências musicais...Davi sendo o mais famoso deles! Entretanto, a organização musical como conhecemos hoje, iniciou-se na Grécia antiga 6AC, com Pitágoras que "percebeu" as nuances sonoras e as organizou no Sistema tonal dando o nome aos sons que ele "percebeu" na natureza. Definindo o espaço sonoro entre as notas estabeleceu assim os intervalos musicais. Em música, intervalo é a distância tonal de uma nota para a outra. Lembre-se do teclado do piano...tem uma nota branca e outra preta, mas há dois lugares em que não existe nota preta! Isso tudo, Pitágoras percebeu na natureza e assim organizou! Por isso, ouvimos tanto a nomenclatura de "escala natural". Ele desenvolveu a notação musical mais básica, que depois foi sendo aperfeiçoada ao longo da história. Esse é um panorama bem básico e resumido apenas para contextualizar você. Nosso tema se aprofunda no contexto espiritual da música e não no técnico.

Tudo o que escrevi no parágrafo anterior, Deus criou. Deus criou a idéia de desenvolver a combinação dos sons para criar uma idéia musical. A isso chamamos de melodia. Há quem não entenda a diferença entre melodia e harmonia... então me permita esclarecer. De forma bem simples, ok? Imagine-se tocando violão e cantando uma música. Muito bem... a combinação dos locais nas casas no braço onde você aperta as cordas formam a harmonia musical. Aquilo que você canta ao acompanhamento do violão, chama-se melodia. Simples assim. Os dois podem caminhar separado? SIM! Entretanto, a harmonia sem a melodia, é vazia em si mesma. A harmonia existe para dar sentido à melodia. Observe que na harmonia você executa várias notas juntas ao mesmo tempo; entretanto, na melodia você emite somente uma nota de cada vez. Claro que digo isso num contexto mais simplório, mesmo porque, no canto coral por exemplo, existem diferentes tipos de vozes, o que possibilita a criação de diferentes nuances da melodia principal enriquecendo a ideia melódica, mas isso é tema de discussão em outro momento.

Agora, pensa todo esse contexto técnico no ambiente do céu! Pensa agora no que estava acontecendo em Jó 38:7 quando os anjos cantavam. Se Deus estava realizando a obra de colocar a fundação da terra e suas medidas, ele certamente não era o regente dos anjos naquele momento. Não que Ele em Seu infinito poder não o fizesse, mas, na narrativa de Jó, Deus está focado em expor a obra de sua Criação como um todo enquanto os anjos cantavam.

O Criador revelou e ensinou o conhecimento de música a alguém que fosse o responsável dessa área na Criação. Os mais ortodoxos podem achar isso uma heresia, mas convido você, meu querido (a) leitor(a), a ponderar com muita cautela, e responder à pergunta: Quem escreveu o arranjo que os anjos cantavam? Quem os conduzia? A questão é que DEUS, como Criador, era (e ainda é) a fonte do conhecimento da música. Ao querubim da guarda ensinou como manuseá-la de forma a criar melodias inesquecíveis e compor músicas que, no céu, seriam entoadas por todos os anjos para honrar o Criador! Olha a incrível revelação que lemos em Ezequiel 26.13 *"E farei cessar o arruído das tuas cantigas, e o som das tuas harpas não se ouvirá mais"* (ARC). *Tuas cantigas*...ou seja, o querubim era um mestre em cantar, tocar e compor música. Aliás, goste você ou não, ele ainda é um mestre! Não é à toa que suas mentiras cantadas nas músicas ao longo de eras arrastaram e ainda arrastam multidões.

O querubim de Deus aprendeu música direto da fonte, com o maior dos maiores.... Ele aprendeu como orquestrar um arranjo musical. Como combinar vozes. Como utilizar rítmos. Como utilizar o poder da Palavra em conjunção à melodia. A ele foi determinado um padrão de conduta diante do Criador em um ambiente de música tal qual vemos em Apocalipse 5:8 com os anciãos. Esse Querubim se prostrava diante do Filho do Altíssimo, diante de Jesus, na eternidade passada conduzindo o céu em música diante do Criador, seu Filho e o Espírito Santo.

A esse querubim Deus confiou esse cargo em seu Reino. Deu a ele uma roupa diferente. Ornou-o de tamanha beleza e, principalmente, pôs sobre Ele uma unção (denota capacitação) especial que jamais foi dada a nenhum outro anjo do céu.

Seu nome? Hêlēl.

Quando lemos, Isaías 14:12, lemos uma direta referência do profeta a esse anjo que "caiu do céu" e esse, o chama de "Estrela da Manhã" e "Filha da Alva". O texto hebraico que consta o nome Helel foi traduzido para o Latim como "Lúcifer" que significa, "aquele que porta luz" e ali tambem lemos em outras traduções a associação para a expressão "Estrela da Manhã". Mais tarde na Bíblia, ele é chamado de diabo e/ou satanás que significa adversário, opositor.

Capítulo 4: Deus Criou a Música, Sua função e propósito no céu

Se você for um curioso leitor e gostar de estudar as Escrituras como eu, abra essa passagem em qualquer software da Bíblia que contenha a versão King James (em Inglês) com o Strong's Number e leia em Isaías 14:12. Você lerá ali o termo "Lúcifer" e ao clicar esse termo, você descobre o nome hebraico: Hayllelque deriva de outra palavra hebraica Halall que significa brilhar, celebrar em alto som, louvar... note que a raiz de seu nome, derivou a palavra "Hallel-yah" ou "Aleluia" que significa "Louve a Deus". O nome que ele tinha na eternidade denotava não só quem ele era, mas a função e propósito para o qual fora criado.

Quando estudamos as Sete dimensões do Louvor a Deus (tema para outro livro!!), descobrimos que uma dessas dimensões é justamente atribuída à função de Hallel. Eis uma das boas razões pela qual o diabo odeia quando você louva a Deus!!! Porque toda vez que você faz isso, ele se lembra do lugar para onde ele nunca mais poderá voltar, e de TUDO que perdeu; mas, principalmente porque quando você louva, você cria em torno de si uma atmosfera espiritual carregada dos atributos de Deus que repelem o inferno! Por isso, nunca cesse de louvar, principalmente quando tudo parece estar mal ao seu redor. Lembre-se, Salmo 22:3, Deus habita no meio dos louvores do seu povo.

Essas são algumas das razões pelas quais ele tenta calar sua boca! Por isso o ódio do mundo contra o louvor Cristão. Você nunca ouviu nenhuma música zombar de Allah, Krishna, Confúcio, Buda, Alan Kardec, Exu... já viu? Óbvio que não!!!

O propósito da música existir sempre foi e sempre será Glorificar a Deus. Pegamos uma "carona" em nos deleitar com tamanho presente em nossas vidas, e Deus deseja, que entreguemos a nossa música a Ele.

Entretanto... não foi o que aconteceu no céu. O termo "livre arbítrio" não existe na Bíblia, mas isso não quer dizer que o princípio de exercer esse direito não seja concedido pelo Criador. Ao contrário do que pensei por muito tempo, os anjos foram criados com esse princípio. Eles foram criados com um propósito eterno, numa dimensão diferente da nossa e a eles foi concedida a revelação de quem Deus é. Então, Eles servem a Deus não só por ofício, mas por determinação de um servo que entende o que seja um Exército.

Lúcifer era um General da mais alta patente e no esplendor da honra de sua posição e ofício, ele fez uma escolha consciente. Sua patente e todos os seus atributos não lhe foram suficientes. A grandiosidade da música que ele comandava não bastava.

Mas o que aconteceu então?

Ele tomou uma DECISÃO que impactaria a sua vida hoje…milênios depois.

Ele se rebelou contra Deus.

Capítulo 5

A Glória E Esplendor Do Querubim Estabelecido Por Deus

Leitura mais do que necessária para o entendimento desse capítulo: Ezequiel 1, 10 e 28:11-19 e Isaías 14:11-21.

Antes de mergulhar na revelação de Lúcifer nesse trecho bíblico, permita-me deixar algo bastante claro para você. Tudo o que você ler daqui para frente, não são meras reflexões frutos de conjecturas e opiniões pessoais, mas são fruto de um longo e profundo estudo a partir da minha curiosidade pessoal sobre o tema no decorrer de aproximadamente 30 anos, através de criteriosa análise bíblica utilizando inúmeros livros, diversas traduções da Bíblia (Português e Inglês) tendo o original hebraico como referência. Ao longo dessa jornada, aprendi o valor de não ser um extremista radical nas minhas percepções, embora alguns possam me interpretar como tal! Tolice, não caia nesse engano preconceituoso. Os anos de experiência e estudo me levaram a aprender o valor de permitir que Deus através de livros, amigos e teólogos muito mais conhecedores do que eu, mas principalmente do precioso Espírito Santo, me ajudassem a moldar aquilo que descreverei a seguir.

Não tenho a pretensão de me tornar isento daqueles que

discordem de mim, mesmo porque, estou tranquilo em saber que poderá haver diferenças de perspectiva, mas se esse for o seu caso, antes de pular na mídia social e me atacar, pondere as considerações a seguir. Afirmo a você que a compreensão dos fatos que aqui passarei a narrar, lançará luz em todo o resto do conteúdo desse livro.

Tudo que você leu até aqui serve para lhe alicerçar biblicamente sobre o fato de que Deus criou a música na eternidade antes da criação do mundo, que há poder nas Palavras contidas no som, e agora usando os textos bíblicos, discorrerei detalhadamente sobre o tal anjo querubim identificado na Bíblia com sendo Lúcifer, ou diabo, ou satanás, ou o enganador, pai da mentira, o acusador, etc.

Gostaria também de expor minha opinião bíblica pessoal sobre a forma totalmente questionável que os artistas das escolas de arte clássica e barroca escolheram ao retratarem nas suas pinturas e esculturas o querubim como um anjo na forma de uma criança rechonchuda, pelada, com asas e com uma harpa, voando ao redor de cenas idílicas bíblicas (ou não). Embora o intuito da época não fosse de caráter teológico, mas artístico, no contexto desse livro que agora você lê, obviamente essa liberdade de interpretação artística de um querubim está em completo desacordo com a descrição bíblica do que seja um Querubim de verdade.

A realidade revelada por Deus ao profeta Ezequiel e escrita

na Bíblia é no mínimo aterrorizante e muitos artistas nos nossos dias, tentam retratar com dificuldade o que lemos nos capítulos de Ezequiel 1 e 10. O sufixo "im" que aparece no final da palavra "querubim" denota plural. Se fôssemos usar o singular, o correto seria "querub". Porém, a pluralidade aplicada a esse anjo se deve ao fato de que ele possui uma cabeça com quatro faces: homem, boi, leão e águia! Só nesse detalhe, já percebemos que o anjo gordinho rechonchudo, pelado, com harpa é no mínimo, uma representação errada.

Exceto pela Bíblia, as primeiras literaturas e obras de arte que retratam o querubim identificado como Lúcifer, são de artistas que produziram suas obras entre os anos de 1500 e 1600. A vasta maioria deles o retrata na forma humana e ao longo dos séculos, aparentemente o consenso gravado na imaginação popular persiste sendo um ser avermelhado de chifre, unhas pretas, olhar sádico, rabo pontiagudo com um tridente em mãos.

Talvez essas descrições fantasiosas ajudem a infantilizar sua persona e criar na mente das pessoas uma fortaleza preconceituosa, fruto dessa frágil perspectiva espiritual. Acredito que essa seja uma das razões pelas quais muitas pessoas minimizam, ignoram ou mesmo desacreditam da existência do diabo e se conformam com a ideia de que o "mal" não existe e está apenas refletido nas atitudes erradas das pessoas!

Capítulo 5: A Glória E Esplendor Do Querubim Estabelecido Por Deus

Sendo assim, seria ainda mais plausível para quem não crê na existência do diabo, rejeitar com veemência a ideia de que não exista absolutamente nenhuma interferência espiritual na música, ainda mais na música do artista ou banda que essa pessoa tanto ama e/ou idolatra.

O paradoxo do que proponho confronta essa perspectiva, principalmente porque a Bíblia fez questão de não esconder a figura do diabo, e muito menos minimizar a audácia de seus intentos e personalidade. Basta para isso, ler a tentação de Jesus descrita em Mateus 4:1-11.

Alguém cético à Bíblia dificilmente entenderá ou sequer aceitará o que nesse capítulo passo a descrever. Mas, se esse não é o seu caso, se prepare porque a revelação bíblica é chocante e oro a Deus para que você abra o seu coração e mente, pois tentarei descortinar o fato de que a música mundial, em todas as culturas e ao longo dos séculos esteve, está e estará de alguma forma direta ou indiretamente ligada ao diabo. Não tenho com isso a intenção de exaltar Lúcifer, mas sim de lançar luz ao fato de quem ele foi na eternidade passada e como ele atua na música moderna que muito provavelmente você consome.

A criação de Lúcifer, o propósito do seu ministério no céu e sua expulsão sumária, estão revelados na Bíblia e observando os exemplos de vários daqueles que estiveram ou estão no topo do sucesso mundial na música, é fácil evidenciar a influência venenosa do diabo no conteúdo da música consumida pelas massas.

Entretanto, ao focarmos no texto bíblico, preciso iniciar com uma resposta direta e objetiva a uma típica objeção aos catedráticos armados de seus 'pré-conceitos' teológicos.

Alguns estudiosos rebatem o fato de que ambas as passagens de Ezequiel 28 e Isaías 14 não se referem a um ser espiritual e sim a reis da época, respectivamente das cidades de Tiro e do Reino da Babilônia.

Por exemplo, em Ezequiel 28, sobre o rei de Tiro, onde para endossar esse argumento, eles apontam que esse Rei foi identificado graças ao historiador Flávio Josefo que compilou uma lista dos reis contemporâneos à época de Ezequiel. Dessa maneira, o rei de Tiro é identificado como sendo o Rei Itobaal III, que reinou de 591AC a 573AC, justamente na época da queda de Jerusalém pelos babilônios. Esse rei seria extremamente corrupto, arrogante e abominável em sua conduta. Deus decreta juízo de morte sobre esse rei no versículo 28:9 "*Porventura ainda replicarás: 'Eis que sou um deus!' diante daquele que te chamar à morte? Ora, na mão daquele que te fere de morte, tu és somente um ser* ***humano*** *e não um deus." (KJA) E* eu concordo plenamente que o texto até esse versículo, de fato, aponta para um ser humano. Entretanto no desenrolar da narrativa desse capítulo claramente percebemos que existe uma transição do mundo físico para o mundo espiritual e o texto passa a discorrer sobre eventos e detalhes que só poderiam acontecer no contexto do mundo espiritual e não no mundo físico como conhecemos.

Lembremos que o ofício de um profeta na Bíblia, sempre tinha por função receber uma Palavra de conhecimento proveniente de Deus e então revelar essa Palavra ao povo sobre aquilo que o próprio Deus faria no FUTURO. Vide exemplos de algumas passagens que endossam esse ofício: Êxodo 7:1-2, Deuteronômio 18:15, Atos 3:22-24. Entretanto, diferentemente desse princípio do ofício de um profeta, em Ezequiel 28, do versículo 11 ao 19, Ezequiel, revela fatos que aconteceram na antiguidade, ou seja, NO PASSADO.

Outro aspecto de extrema importância é entender quem era o Profeta Ezequiel. Ele era um jovem aspirante ao cargo de Sacerdote que trabalhava no Templo de Jerusalém quando os babilônios invadiram a cidade no ano de 586AC, destruíram o templo e levaram o povo cativo à Babilônia. Ezequiel foi um desses exilados e todo o conteúdo do livro de Ezequiel, conforme lemos hoje na Bíblia, foi dado por Deus a Ele nesse período do exílio na Babilônia.

Por causa da sua posição hierárquica dentro do sistema religioso de Israel sabemos que Ezequiel conhecia muito bem as áreas do Templo, a Arca da Aliança e conhecia a voz de Deus. Qualquer pessoa em nossos dias que ler o texto de Êxodo 25, terá uma perspectiva clara sobre a descrição da Arca da Aliança, que demonstra a posição em que os dois Querubins entalhados estavam sobre a Tampa da Arca e principalmente, o local em que a Arca deveria ser colocada atrás do véu no Santo dos Santos.

Em Hebreus 8:5, lemos uma incrível revelação de seu autor sobre o ofício dos sacerdotes no Tabernáculo e, por inferência direta, do ofício que Ezequiel exercia no templo, antes de seu exílio.

"Esses (sacerdotes) servem num santuário que é ***representação e sombra*** *daquele que está nos céus, já que Moisés foi avisado quando estava para construir o tabernáculo: "Observai tudo com cautela, para que façais todas as coisas de acordo com o modelo que vos foi revelado no monte". (KJA)*

Nesse trecho, o autor de Hebreus reitera o fato de que Deus revelou todos os elementos do Tabernáculo e que esses elementos são uma representação e sombra do que há no céu!

Agora, pare e pense na projeção da sua sombra quando você é exposto à luz. Imagine ela projetada em uma superfície como o chão ou em uma parede por exemplo.

A sua sombra jamais conterá elementos como o seu peso, cor da pele, temperatura do corpo, textura da pele, roupas, tom de voz, batimento cardíaco, cheiro etc. A sombra na verdade é uma representação do todo, projetada, que de forma limitada, exibe elementos de sua pessoa, ou seja, a sombra exibe apenas uma fração da realidade de quem você é.

Por essa razão quando Deus revela a Arca da Aliança, precisamos entender que a Arca é uma fração da realidade do que existe no céu, ou seja, aquela caixa de madeira de acácia revestida de ouro e a tampa com os querubins entalhados, eram uma "representação" do Criador que se assenta entre os Querubins e o Santo dos Santos, o inacessível ambiente sagrado de Sua Glória no céu ao seu redor.

Em outras palavras, a Arca representava a própria Glória da pessoa do Deus vivo e os dois Querubins, estavam figurativamente representando o fato deles reverenciarem o ambiente onde estavam, a proteção da tampa e a pessoa do Criador e que os mesmos, estavam posicionados no local mais próximo do trono de Deus. Ezequiel 10:20 é categórico em afirmar que os Querubins estavam posicionados abaixo do trono de Deus e isso, é extremamente importante no contexto da revelação da hierarquia angelical no céu. O apóstolo João, viu a cena de Querubins remanescentes, prostrados em Apocalipse 5:14.

Cientes desses princípios, voltemos ao texto de Ezequiel onde lemos:

Capítulo 5: A Glória E Esplendor Do Querubim Estabelecido Por Deus

Eze 28:11 *Então veio a mim a Palavra de **Yahweh**, ordenando*:

O versículo 11 inicia com o fato de que Deus não faz um convite ou sugestão a Ezequiel, ele dá uma ordem dura e explícita que o comanda a trazer uma Palavra de Lamento sobre o "Rei de Tiro". Ezequiel sabe quem o ordena a trazer aquela Palavra, tanto que no texto original hebraico, ali consta o Nome Sagrado de Deus que deixa inequívoco para mim e para qualquer leitor, quem seja o autor dessa revelação, ou seja, o próprio Criador. Aliás, enfaticamente, a Bíblia diz que se trata de um "grande" lamento. Deus não está nem um pouco feliz com o que está para revelar a Ezequiel; ele está demandando que Ezequiel expresse essa revelação com uma profunda tristeza sobre o severo juízo que Ele mesmo **trouxe** sobre o querubim. Observe que usei o verbo trazer no passado! Justamente porque se trata de uma visão profética revelada que aconteceu no passado.

28:12 *"Ó filho do homem, ergue, pois, um grande lamento sobre o **rei** de Tiro e dize-lhe*:

Essa palavra é figurativa e já aponta ao fato de que o lamento era dirigido a alguém de altíssima hierarquia aos olhos de Deus. Ele, Ezequiel, dirige a Palavra ao **rei** de Tiro, mas note como o texto bíblico aos poucos vai descortinando a entidade espiritual desse que começa como rei, e logo, se torna um querubim adiante no texto!

Como pode isso? A resposta está no fato de que nesse trecho do texto o rei de Tiro e o querubim não são o mesmo sujeito! Essa é uma revelação de duplo sentido e que aponta em sua segunda parte para um ser celestial.

28:12 *"Assim declara o SENHOR Deus: Tu eras o modelo da perfeição, repleto de saber e magnífico em beleza!"*

Modelo de perfeição.

Esse querubim foi criado para ter em si um padrão de perfeição que era um modelo no céu. Lemos em Gênesis 17:1, que Deus apareceu a Abraão e disse: *"Eu sou o Deus Todo-Poderoso, anda em minha presença e sê perfeito."* A obediência de Abraão, bem como sua atitude e comportamento diante da Presença de Deus o capacitavam a se tornar perfeito aos olhos de Deus. Porém, esse Querubim, já foi criado perfeito aliás, um **modelo** de perfeição. Em outras traduções lemos aqui que ele era um "cinete de perfeição". Na antiguidade, ao enviar um documento de sua procedência o rei enrolava o manuscrito como um pergaminho e pingava uma cera quente na borda. Usando uma espécie de carimbo, pressionava a cera quente até esta secar, lacrando aquele documento e dessa forma, exibindo nesse lacre, o selo real. Só o rei tinha esse "carimbo" e portar um documento com esse carimbo, conferia autoridade ao portador daquele documento, e dava ao receptor daquela mensagem a tranquilidade de saber da veracidade e autenticidade da mensagem contida em tal documento. Assim era esse Querubim, ele era um "modelo" outorgado pelo próprio Criador que significava que nele, todos o veriam como o padrão de beleza, perfeição para os demais anjos, um exemplo na forma de ser, estar e agir e sua mensagem conferia autenticidade do Criador. Pode imaginar o que isso significava?

Repleto de saber

Ele era "Repleto de saber"; em outras traduções da Bíblia lemos que ele era "cheio de sabedoria". Naturalmente quando nos deparamos com o substantivo "sabedoria" imediatamente associamos à habilidade de dominar as mais diversas áreas do conhecimento humano, certo? Afinal de contas "sábio", segundo o dicionário, é um adjetivo creditado àqueles com excesso de erudição, de conhecimento, de sensatez ou equilíbrio. Entretanto, na Bíblia, aquele que é sábio, adquire esse status quando exercita o "temor do Senhor". É isso que lemos em Provérbios 9:10 *"O temor do Senhor é o princípio da sabedoria, e o conhecimento do Santo a prudência."* Lúcifer iniciou sua existência temendo a Deus e com certeza, ele tinha o conhecimento do Santo pois lidava com Ele, face a face.

Sempre me perguntei de que tipo de sabedoria poderia Lúcifer ser cheio, uma vez que a humanidade não existia ainda? Quais áreas do conhecimento do seu intelecto lhe eram transbordantes e mais ainda, qual ou quem era a sua fonte de sabedoria?

A única resposta cabível é o fato de que a sua sabedoria era totalmente proveniente do Criador, o Todo-Poderoso e, portanto, era uma sabedoria sobrenatural que lhe concedia autoridade e o capacitava para exercer o cargo para o qual fora criado. Sua sabedoria era sobrenatural e é por isso que a Bíblia nos exorta claramente a não minimizarmos o fato de quão astuto e sagaz ele ainda é.

Magnífico em Beleza

Beleza é um atributo estético externo que atrai atenção sobre si. As redes sociais estão cheias de celebridades e subcelebridades disputando a atenção de sua audiência com caras e bocas, exibindo ostensivamente suas formas, com o intuito de acrescer seguidores em suas contas nas mídias sociais e com isso, ganhar poder de barganha seja ela financeira, influência social e porque não dizer, política! Isso se chama comércio da sua identidade e imagem, pois benefícios especiais podem ser barganhados através do poder de influência daquela pessoa. Esse é o modelo atual do culto do ego que vira moeda de troca no mundo virtual e natural.

Agora, tente só imaginar o poder de influência que a posição em que esse querubim se encontrava lhe conferia! Note que é o próprio Deus quem diz que ele era "*perfeito e magnífico em beleza*".

Você pode imaginar o frisson que ele causava na audiência do céu, só pelo fato dele existir? Toda essa beleza também era acrescida pela roupa que ele utilizava.

Você conhece algum artista da música que se orgulha de ser feio? Quantos artistas e/ou músicos buscam ser cada vezes mais belos e influenciadores de tendências e comportamentos de moda? Você acha que isso é novo? Quantas dessas "celebridades" de hoje utilizam sua influência como uma moeda de troca? Não seria incorreto afirmar: todas!

Imagine então Lúcifer...ele era extravagante na sua aparência. Olhe para a diversidade da natureza, na cor das flores, no tom de cor de um pôr do sol, na diversidade de cores dos peixes do mar, pássaros. Agora tente mentalizar esse Querubim ao ponto de o próprio criador mencionar sobre o esplendor de sua beleza!

Ezequiel 28:13 ***(parte A) Estavas no Éden, jardim de Deus;***

Aqui Deus revela onde ele se encontrava. Certamente, o Éden que lemos aqui, não se refere ao Éden de Gênesis 3. A palavra Éden significava, "um local on a Presença de Deus toca e produz um intenso prazer". A palavra "jardim" figurativamente, se refere à Presença de Deus. Aqui, Deus está nos revelando que ele estava no céu, próximo ao trono, onde estão assentados Deus Pai e Seu Filho! Ezequiel 10, posiciona os Querubins remanescentes abaixo do mar transparente cor de esmeralda, mas esse querubim andava no altar que esta a frente do trono de Deus! Pode apenas imaginar isso?

Ezequiel 28:13 (Parte B) "toda pedra preciosa era a tua cobertura: a sardônia, o topázio, o diamante, a turquesa, o ônix, o jaspe, a safira, o carbúnculo, a esmeralda e o ouro;"

A Bíblia aqui traz um detalhe muito impressionante que o leitor precisa estar atento. Nove pedras preciosas e um metal precioso, o ouro! Se você comparar esse versículo de Ezequiel com Êxodo 28, notará que Deus revelou a Moisés o peitoral de pedras preciosas que deveriam estar sobre o peito do Sumo Sacerdote Arão quando ele fosse ministrar na Presença de Deus perante a Arca. Entretanto, em Êxodo, existem 12 pedras que representavam as 12 tribos de Israel. Em Ezequiel, as pedras da roupa de Lúcifer eram 9. O número 9 na Bíblia, é símbolo de juízo e governo. Cada pedra tinha em si um significado e um simbolismo profético. Por que será que Deus escolheu colocar pedras em um peitoral? Tanto Arão como Lúcifer possuíam pedras em suas roupas!

A resposta encontramos em Êxodo 28:2. *"Farás para Arão, teu irmão, vestimentas sagradas que lhe exaltem a dignidade e honra."*

Esses elementos das roupas de ambos, conferiam-lhes a extrema dignidade e honra de seus cargos aos olhos de Deus. No caso de Arão, ele ministrava no Tabernáculo terrestre perante o povo, "sombra" do céu! No caso de Lúcifer, ele ministrava na "realidade" do tabernáculo no céu perante os anjos e perante o próprio Deus.

Outro aspecto muito importante sobre as pedras no peitoral é que elas expressam autoridade ao seu portador! Metaforicamente pondere que a patente de um general de um exército é estampada no peito do seu uniforme através de medalhas coloridas, fruto da honra e conquista na sua atividade militar! Quanto maior o número de medalhas, maior a patente, maior honra e maior a extensão de poder e controle no exército. Isso confere autoridade.

A Bíblia inúmeras vezes se refere aos anjos, como Exército Celestial e ainda revela Deus como Senhor dos Exércitos. São tantas as passagens... por exemplo, Zacarias 1:3, 7:14, 8:1, 8:18, Ageu 1:5, 1:7, 2:9, 2:11! Quem não se lembra do magnífico Salmo 84:1 *Quão amáveis são os teus tabernáculos, SENHOR dos Exércitos!*

Deus sempre foi e sempre será Senhor de Tudo, porém ele delega autoridade a quem Ele confia. Lúcifer desfrutava de Sua confiança pelo cargo de autoridade que ele exercia.

No Exército Celestial, uma das áreas de governo e controle que Lúcifer tinha era certamente o controle do que era ministrado ao Criador através dos anjos utilizando a música como seu principal instrumento. Explico isso em capítulos subsequentes!

Existe uma corrente teológica, da qual honestamente eu

corroboro, que acredita que houve duas criações! A primeira Criação ocorreu em Gênesis 1:1, que foi destruída na queda de Lúcifer durante o período que antecedeu Gênesis 1:2 e a outra Criação como sendo a restauração da Criação destruída depois de Gênesis 1:1, que está resumidamente revelada a nós a partir de Genesis 1:3, e esta, restaura a Criação que se tornou "sem forma e vazia". Devo ressaltar novamente que Deus não faz NADA sem forma e vazio! É isso que lemos no que foi revelado pelo próprio Deus ao profeta em Isaías 45:18 "*Porquanto assim declara Yahweh, que criou os céus, o Deus que formou a terra, que a fez e a estabeleceu; ele não a criou para permanecer vazia, mas para estar habitada: Eu Sou Yahweh, o SENHOR, e não outro!*" (KJA).

Essa mesma corrente teológica acredita que Lúcifer tinha trânsito livre entre o céu e a terra. Eles se baseiam no trecho de Jó 1, que mostra claramente que ele "passeava" pela terra e tinha acesso a Deus, muito embora, nesse capítulo de Jó, Lúcifer já estivesse na condição de excluído do céu, ele estava apenas transitando como um renegado no contexto daquilo que já lhe fora comum em eras passadas. Acredita-se também que a Lúcifer, foi dada a função de exercer um cargo de governo na primeira terra criada. Tal cargo e autoridade foi removido dele como parte do juízo da sua expulsão e esse controle foi outorgado a Adão e Eva na Criação regenerada por Deus.

Não é à toa que lemos em Gênesis 1:28, que a Trindade

confere a Adão e Eva a honra de exercer domínio sobre a Criação que significa: governo e autoridade. Apenas um adendo...embora sendo o nosso acusador (Apocalipse 12:9-10) eu creio que Lúcifer não mais possui acesso no céu e isso lhe foi proibido após a ressurreição de Jesus.

Imagine a grandeza de seu resplendor e a autoridade que a ele foi concedida pelo Criador! Imagine que quando a Luz da Glória de Deus refletia sobre essas pedras que existiam na roupa dele, o reflexo dessa "luz" trazia sobre ele a manifestação da grandeza e tamanho de sua autoridade no Reino de Deus perante a Criação e os anjos. Existe um significado secreto em cada pedra e suas cores e que o reflexo da Glória de Deus ali, revelavam atributos do Criador perante os anjos do céu. Se eu puder exemplificar, mentalize aquele globo suspenso no teto das danceterias com os pequenos espelhos quadriculados em sua superfície que refletem a luz dos canhões de iluminação!! Todo o ambiente fica cheio do reflexo daqueles raios de luz e ao som alucinantes, as pessoas ficam num êxtase de entorpecimento, quase que num encantamento coletivo! Agora considere esse mesmo princípio no céu, porém elevado à máxima potência, pois a luz da Glória de Deus que cega o homem (vide Paulo na estrada de Damasco, por exemplo), emanava do Próprio Deus e refletia em Lúcifer. Tente imaginar a absurda beleza! Cada pedra refletia a Luz da Glória de Deus em uma cor diferente, e elas representavam uma esfera de poder e autoridade que ele tinha na

Criação perante os anjos! Entende como a iluminação em shows de música coincidentemente, intencionalmente ou não, recria essa atmosfera de entorpecimento e beleza?

Apenas para lhe ajudar, procure no Google imagens de diamantes em close up. Note a beleza! Agora considere que ele tinha nove tipos diferentes de pedras preciosas coloridas e sobre si a luz da Glória de Deus que ofusca e apaga o poder da luz do Sol em Apocalipse! É difícil descrever em palavras...

Existe um mistério magnífico no fato dele ter somente 9 pedras, mas aprofundar sobre isso se torna tema de um outro livro! Mas resumidamente, cada pedra possui um significado e simbolismo que representam esferas de autoridade! Comparando com o peitoral de Arão em Êxodo 28:17-20, Deus nunca colocou sobre Lúcifer 3 pedras específicas que representam o ministério e governo que Cristo teria um dia sobre a humanidade. Deus jamais colocaria em Lúcifer esses atributos e "esfera de autoridade" que pertenceriam somente a Jesus. E mesmo já sabendo que um dia Lúcifer cairia, Deus colocou em seu peito um número de pedras (nove) que denotaria o juízo que viria sobre ele caso houvesse desobediência. Deus deu a Lúcifer o poder de escolher...E foi isso exatamente que aconteceu com Lúcifer. Ele escolheu se rebelar e Deus trouxe juízo; sobre isso você poderá ler adiante.

Entende agora por que a Nova Era usa tanto misticismo no uso de pedras? Lúcifer é mestre em corromper o propósito do uso das pedras e reapresenta uma nova aplicação com uma nova embalagem para o "consumidor", mas no fundo isso é um veneno espiritual.

Toda pedra colocada sobre o corpo nos tais "pontos chacra", nada mais são do que um ponto de entrada no corpo daquela pessoa. Porque o "tato" como um dos nossos sentidos, é uma das portas de entrada da alma e o uso místico-espiritual de pedras, abre portas para infestação de demônio na vida de quem o faz. O corpo então fica aberto para ele entrar, assim como Lúcifer fez, tomando posse do corpo de uma serpente no Jardim do Éden.

Agora pondere! Se o Tabernáculo de Moisés é a "sombra" que representava o céu (Hebreus 8:5), ele nos mostra um Sumo Sacerdote que continha em sua roupa 12 pedras preciosas e este era autorizado a entrar no Santo dos Santos diariamente e em especial no Dia do Perdão (Levítico 16), a "realidade" do céu, nos revela um Sacerdote que ministrava diante do trono do Deus altíssimo com 9 pedras em suas vestes. Lúcifer exercia no céu antes da Criação, aquilo que Arão milênios depois, faria na terra dentro do Tabernáculo. Isso é simplesmente assombroso! Sim, sim…Jesus é o Sumo Sacerdote Eterno… tema de outro vídeo no canal!

Fica mais fácil entender por que todo artista gosta de ostentar suas jóias, roupas exóticas e o intenso desejo de estar sob os holofotes do palco e da fama? É público o fato de rappers americanos incrustarem diamantes nos dentes e até um deles que colocou um diamante na testa no valor de vinte e quatro milhões de dólares! Tamanha imbecilidade e arrogância que apenas exibe um adorno fútil de ostentação para sua audiência já acostumada ao conteúdo pútrido de suas músicas. Mal sabem que na Bíblia, diamante é sinônimo de pecado. "*O pecado de Judá está escrito com um ponteiro de ferro, com ponta de diamante, gravado na tábua do seu coração e nos ângulos dos seus altares. Jeremias 17:1*" - porque será que esse versículo menciona Judá, coração e altar? Judá diz respeito a louvor, coração diz respeito ao local de onde sai o louvor e altar o local de entrega desse louvor!

A Bíblia descortina assim o coração daquele que por fora, se comporta como um artista sob os holofotes da fama e negocia sua influência pública. Esse é um dos componentes do tal "sistema do mundo" que infelizmente corrompe alguns expoentes da tão chamada "Música Gospel"! Pobre, tolo e nu. O modelo artístico gospel é tao mundano como o próprio mundo secular. Não há base bíblica qualquer que endosse o comércio da música na igreja e Deus trará juízo sobre isso. Se o primeiro a ser expulso do céu era músico e comercializava na presença de Deus...isso deveria ser uma bandeira mais do que vermelha no contexto atual..., mas isso é assunto para outro livro, talvez!

Percebe a magnitude do paralelo com o mundo espiritual? Entende a importância de compreender os simbolismos da "sombra" revelada a nós, para então, entender a "realidade do céu"?

Se o Tabernáculo nos dá essa magnitude de complexidade, agora pondere que a Jerusalém terrena, é a sombra da Nova Jerusalém e, quantos nem sequer, conhecem sobre a importância dessa cidade, seus portões, seus simbolismos!

Ezequiel 28:13 (Parte C)

a obra dos teus tambores e dos teus pífaros estava em ti; no dia em que foste criado, foram preparados. (JFAC - João Ferreira de Almeida Corrigida)

Se você procurar na Bíblia um versículo dizendo "satanás era o músico chefe no céu", obviamente você não vai encontrar. Deus, em sua infinita grandeza, reservou-se no direito de revelar essa informação de uma forma muito mais sublime e profunda através de Sua Palavra. No meu modo de ver, essa revelação é o versículo 13 do capítulo 28 de Ezequiel e Isaías 14:11.

Dependendo da tradução da Bíblia que você usar, em Ezequiel 28:13, você lerá um termo que foi erroneamente traduzido como "ornamentos" e "engastes"! No texto Hebraico, o autor utiliza aqui outros termos bastante específicos que são "tôph" (tambor) e "neqb" (pífaro ou tubo). A palavra hebraica "tôph" (no Inglés: tabret ou tambor em Português) aparece na Bíblia 17 vezes e explicitamente, na passagem de Miriã após a travessia do Mar Vermelho com o seu instrumento de percussão cuja raiz da palavra, é exatamente a mesma que lemos em Ezequiel 28:13: "tôph", tambor. Erroneamente, alguns estudiosos associam o termo "engaste" nessa passagem ao invés de pífaro. O termo "engaste" se refere a palavra hebraica "millû'ah" que aparece somente, trêz vezes na Bíblia, todas no livro do Exôdo (28:17, 28:20 e 39:13), e sempre associada com o termo "engaste" das pedras do peitoral de Arão mas, essa palavra jamais é encontrada em Ezequiel 28:13. Pense em um anel de diamante que possui pequenas garras para segurar as pedras na circunferência do anel, isso é um "engaste" e a palavra "engaste" no original hebraico, simplesmente não existe em Ezequiel 28:13.

Em Ezequiel, lemos que as pedras "cobriam o seu corpo" pois o termo em hebraico ali é "mesûkkâh que significa uma "cobertura", ou seja, as pedras que existiam sobre o corpo de Lúcifer não eram "engastadas" como no peitoral da roupa de Arão. Não existe uma descrição de uma "garra" que seguravam as pedras sobre Lúcifer.

Por essa razão, é um sério equívoco quem interpreta esse trecho como sendo um egaste e ornamento em Lucifer, e ainda por cima, ignora que o querubim quando expulso do céu, cai consigo os seus instrumentos musicais conforme lemos em Isaías 14:11. Provavelmente quem interpreta dessa forma, muito provavelmente também defenderá a idéia de que a música desse mundo é espiritualmente inofensiva e cria dessa forma alicerce para o discurso de que "não tem nada a ver" ou "não é bem assim!" ou ainda "esse Marcio exagera..."!

Ezequiel 28:13, é no meu entender, o versículo mais central de todos quando estudamos música no contexto da queda de Lúcifer porque aqui, claramente, Deus nos revela que no dia em que Lúcifer foi criado, esses dois instrumentos musicais, pífaro e tambor, foram preparados NELE, em seu corpo, e não em uma roupa como alguns erroneamente interpretam. Lúcifer tinha instrumentos em seu corpo e esses, não eram engastes ou ornamentos! Isso mesmo, no seu corpo haviam tambor e pífaro.

Mas qual a razão desses dois tipos de instrumentos? A resposta para isso é simples e basta lembrar os elementos básicos que compõem a estrutura de qualquer música e que subentende-se que estavam em plena utilização no misterioso versículo de Jó 38:7.

O tambor é responsável pelo rítmo e andamento da música. Para nossa cultura brasileira, isso é mais do que claro e evidente haja visto a extensa aplicação dos mais variados tipos de instrumentos de percussão em nossa gigantesca variedade musical. Basta algo rítmico começar a tocar e logo as pessoas têm o ímpeto de começar a bater o pé no rítmo da música e também, a dançar! É quase que natural para o brasileiro.

E o pífaro? Esse é o mais incrível!!! O que é um pífaro? Pense numa flauta ou o tubo de vento de um órgão daquele de igrejas antigas. Entenda o seu princípio de funcionamento: o ar é soprado em um lado do tubo, e do outro lado, notas musicais são produzidas (É certo que na flauta, o mesmo buraco recebe e expele o ar que forma a melodia) Em música, o pífaro, é responsável pela execução de uma MELODIA que é a sequência de notas que constroem uma idéia musical! No âmbito espiritual, melodia contém um código espiritual e todo e qualquer código, contém em si uma informação a ser recebida, decodificada (ou interpretada) absorvida e respondida, seja através de atitudes ou de emoções (ou ambas). A Neurociência em Música explica de maneira magnífica esse princípio e falarei em um capítulo mais à frente sobre o impacto da música no cérebro humano.

Em se tratando de um "código" embutido na melodia de uma música, permita-me utilizar um exemplo bastante comum em nosso cotidiano. Por exemplo, qual a música que todos cantam por ocasião da celebração do aniversário de alguém? Lembremos que essa música está associada a um ambiente de alegria e celebração e muito provavelmente, você, ao se lembrar dessa música, associará a alguma passagem de sua vida que lhe é significativa! Seja essa passagem boa ou má.

A melodia de "Parabéns Pra Você" está gravada no seu cérebro e está diretamente associada às suas emoções! Talvez você não saiba tocar nenhum instrumento e nem se atreveria a cantar exceto, debaixo do chuveiro, mas, com certeza, você sabe cantar essa música nota a nota.

A associação da melodia às emoções e o seu arquivamento no seu subconsciente é apenas um dos poderes primários da música no cérebro humano. A melodia está 'arquivada' na sua mente. Quando você canta aquela idéia musical, isso causa em você a emoção à qual aquela música está associada, no caso, suponho que na vasta maioria dos casos seja alegria.

O código da melodia de "Parabéns Pra Você" consiste em causar em quem canta e quem ouve, o sentimento de alegria e incitar no seu ouvinte o desejo de expressar essa alegria onde você estiver! Esse sentimento desencadeia expressão física de abraçar e externar o sentimento contido no coração. Isso é o segredo do pífaro: ser um conduite para gerar melodia.

A melodia funciona como um carimbo espiritual na sua alma que imprime uma marca no seu espírito. A tinta desse carimbo se chama "emoções" e fica impressa em sua memória. Toda vez que você revisita aquele carimbo ouvindo aquela mesma música, as sensações e sentimentos associados àquele carimbo são trazidos à superfície da sua mente que dispara gatilhos emocionais ligados àquela experiência auditiva! Isso induz seu cérebro a sentir prazer através dos hormônios liberados após a audição daquela música. Eis a trilha que o diabo usa para te detonar! Eis a trilha que a música do céu utiliza para trazer cura. Isso mesmo, a música, obrigatoriamente dispara o gatilho da emoção que por sua vez, dispara o gatilho de comportamento que está vinculado ao mundo espiritual.

Lúcifer trafegava no céu, na terra, nas áreas a ele dadas para serem governadas e isso tudo, debaixo dos olhos e na presença de Deus... e só dele se mover, ele gerava música e o céu, vinha abaixo louvando o Criador! Por quê? Porque ar entrava em seus múltiplos pífaros, o tambor gerava o rítmo e assim, nele nasciam melodias celestes que ele entoava com seus instrumentos e o céu cantava louvores ao criador. Cético sobre isso? Leia Ezequiel 23:16. Cético ainda dos anjos cantarem? Pergunte aos pastores do campo em Belém quando do nascimento de Jesus, até a letra daquela música foi revelada... Lucas 2:13-14.

Por isso em Jó 38:7, Deus reconhece a alegria dos anjos quando cantavam em unidade! "*quando as estrelas da alva juntas alegremente cantavam, e todos os filhos de Deus rejubilavam?*"

Que magnífica deveria ser aquela música!! Lúcifer era cheio de sabedoria e comandava magnificamente o céu com louvores ao Criador. Ouso lhe afirmar que era Lúcifer quem conduzia os anjos do céu em Jó 38:7!

Capítulo 5: A Glória E Esplendor Do Querubim Estabelecido Por Deus

O mais incrível é saber que da mesma forma, Deus colocou dentro do nosso corpo, um tambor e um pífaro. Nosso coração é o tambor, e o nosso aparelho respiratório, o pífaro! Ambos são necessários para se fazer música em nós. O coração é um músculo que marca o rítmo, mas também, o símbolo do sentimento maior que deveria espelhar Deus: o amor. Da mesma forma, já reparou que a música interfere em seu batimento cardíaco? A frequência do coração é registrada pelo número de batimentos por minuto! Música também! A velocidade da música, é medida pelo seu BPM (Batidas Por Minuto). Quem comanda isso na música? O instrumento responsável pelo ritmo: o tambor. Na música moderna, a bateria e instrumentos de percussão.

Observe que quando você canta, você só consegue produzir um som, ou seja, uma nota musical de cada vez. Deus embutiu no homem a habilidade de fazer música assim como fez em Lúcifer. Por isso a Bíblia diz que *"Todo ser que respira, louve ao Senhor" Salmo 150:6*

Inspiração divina em música nada mais é do que o sopro do Espírito de Deus no pífaro que produz uma melodia que será construída em um contexto rítmico e harmônico. O resultado dessa inspiração atrai o ouvinte à fonte de inspiração. E assim, o ciclo se repete. Lúcifer caiu quando decidiu que a Glória resultante desse ciclo ao invés de ser creditada a Deus, o seu Criador, deveria ser creditada a ele. Esse é o grande engano por detrás da arrogância de um músico/cantor...de achar que o seu talento musical é maior do que aquele quem o presenteou com tal talento. Emburrecemos espiritualmente quando o apreço pela arte ou pelo artista, ofusca o autor que concedeu aquele dom. Simples assim. Complexo assim. Por isso, a melodia é o principal componente espiritual em música.

O ministério musical de Lúcifer na terra ao longo de milênios tem dia e hora marcados para serem trazidos ao juízo de Deus. Apocalipse 20:10 "*E o diabo, que os enganava, foi lançado no lago de fogo e enxofre, onde estão a besta e o falso profeta; e de dia e de noite serão atormentados para todo o sempre.*" O seu destino como lemos em Apocalipse 20:10, tem um profundo impacto na urgência que ele tem de executar os intentos do seu ministério terreno atual através de seus artistas e a sua música, dentro das diversas culturas espalhadas na terra porque isso tem um papel estratégico fundamental na guerra invisível para conquistar a alma das pessoas. Sim, nossos olhos naturais não são capazes de enxergar o mundo espiritual pois Deus removeu essa habilidade do homem como uma das consequências depois da queda de Adão e Eva no Jardim do Éden, como lemos em Gênesis 3.

Esse cenário de guerra espiritual invisível acontece nas regiões celestiais, mas se manifesta no mundo físico em que vivemos nas diversas formas de expressão cultural humana sendo o conteúdo da música, uma das principais armas nas mãos do diabo para ludibriar a humanidade.

É por isso que lemos na Bíblia em 2 Co 4:4, que *"o deus deste século cegou o entendimento dos incrédulos, para que lhes não resplandeça a luz do evangelho da glória de Cristo, o qual é a imagem de Deus."* (ARC)

Observe que nesse versículo a palavra Deus aparece duas vezes. Uma com "d" minúsculo e outra com maiúsculo. Quando lemos deus com "d" minúsculo se refere ao diabo e "D" maiúsculo, se refere ao Criador Todo-Poderoso. A tal cegueira que o "deus desse século" (o diabo) causa é uma cegueira espiritual e uma das formas mais poderosas dele perpetuar esse pacto se dá através dos pactos invisíveis, realizados na responsividade da música consumida. O mundo espiritual é legalista e pactos são oferecidos às massas através das letras que adornam o veneno da melodia de seus artistas!

Como assim??

O mundo espiritual é regido por um princípio extremamente simples: o poder da Palavra.

Em Romanos 10:9-10, lemos *"Se com a tua boca confessares ao Senhor Jesus, e em teu coração creres que Deus o ressuscitou dentre os mortos, serás salvo. Visto que com o coração se crê para a justiça, e com a boca se faz confissão para a salvação."* (ACF)

A boca expressa a convicção do seu coração. As palavras

que saem da boca outorgam, afirmam, reafirmam e perpetuam a sua posição espiritual.

Jesus disse categoricamente: *"Digo-vos que de toda palavra frívola que proferirem os homens, dela darão conta no Dia do Juízo; porque, pelas tuas palavras, serás JUSTIFICADO e, pelas tuas palavras, serás CONDENADO."* Mateus 12:36-37. (ARA)

Perceba por essa advertência de Jesus que haverá um juízo baseado nas palavras que saem da nossa boca. Por essa razão, o princípio de confissão verbal, estabelece um pacto espiritual tanto para salvação, quanto para condenação eterna.

O diabo sabe disso e usa a música como um conduinte de confissão coletivo das massas!

Essa é uma realidade que as multidões que já são cegas pelo diabo ignoram, zombam, desprezam ou simplesmente não querem lidar! Na pior das hipóteses, muitos acreditam no engodo de Lúcifer e endossam seu império através do culto cego e consciente aos artistas que servem as estratégias do império das trevas.

No livro "The Led Zeppelin Curse" (A Maldição do Led Zeppelin) escrito por Lance Gilbert que abertamente se declara um praticante do ocultismo e que portanto a narrativa do seu livro é sob o ponto de vista de um ocultista, ele revela um aspecto muito específico sobre a importância que a aliança espiritual exerce através da repetição das palavras continuadamente pronunciadas pelas massas quando cantam, principalmente nos shows ao vivo onde se deflagra um culto ao artista idolatrado pela multidão. Ele escreve *"Sob uma perspectiva da magia (negra), as palavras realmente criam e quando as palavras (escritas, faladas ou cantadas) se repetem, elas geram força nos reinos não-físicos e eventualmente se espalham na realidade tridimensional em que vivemos."* E mais assombroso ainda: ele nos revela em outro trecho do mesmo livro *"A vantagem de estar na frente de milhares de pessoas regularmente é que a eficácia dos talismãs seria amplificada pelo poder das mentes subconscientes daqueles que assistem. Você não precisa saber conscientemente o que Zoso significa para Jimmy Page para ajudá-lo a fortalecer esse ímã/escudo oculto."*

Embora os sinais hoje em dia estejam escancarados nos clips, letras das músicas, capas dos álbuns, postagens na mídia social, muitos são atraídos e enganados pelos embaixadores das trevas que vendem sua alma em troca de fama, riqueza e poder de influência!

Muitos, inclusive dentro da Igreja, para vergonha do Evangelho e da obra da Cruz levantam a bandeira do ***"não é bem assim"*** e seguem a vida ignorando ou mesmo defendendo a música/artista que ouvem, sendo envenenados espiritualmente pela música que consomem. Sem saber, a audiência consolida pactos com as trevas através das letras que cantam. Cultuam a arte e o artista de tal forma que muitas vezes, dessa prática se engajam em um ritual religioso de idolatria. A audiência é **você**, ouvinte.

Por exemplo, "I'm on the highway to hell"; se você um dia já cantou essa frase dessa música da banda australiana AC/DC você inconscientemente (ou talvez até consciente) estabeleceu um pacto espiritual com o diabo e concordou com ele, sobre o fato de você estar na estrada a caminho do inferno. Por quê? Porque nas leis do mundo espiritual, jurisdição de posse se dá através de pactos verbais primariamente. Novamente, a palavra que você declara, tem poder de estabelecer um pacto. Por isso Jesus nos alertou em Mateus 12:37 "*Porque por tuas palavras serás justificado e por tuas palavras serás condenado.* "

Se você despreza esse princípio dizendo a si mesmo que "*imagina, é só uma música inofensiva*!!!" ou pior "*mal sabe esse Marcio que essa a letra dessa música foi baseada numa autoestrada no interior da Australia no deserto...por isso a analogia*" Você está redondamente enganado. Conheço a história da música, da banda AC/DC, da queda do diabo e seu compromisso de destruir a criação de Deus e é exatamente por isso que escrevo esse livro como um alerta a você leitor (a) precioso (a).

Se você realmente acredita que a música que você ouve é inofensiva, então lamento te informar, mas isso é uma forte evidência de que a sua mente já está "cega" pelo diabo, para que você jamais conheça a plenitude da verdade do evangelho e a verdade por detrás da música que você ouve. Sabe por quê? Porque o diabo deseja que você o ajude a povoar o inferno junto com ele. Ele é astuto o suficiente para fazer a audiência que canta isso, achar que não tem "nada a ver" com a idéia de um local chamado inferno, e vai conduzir você a aceitar o fato e, mesmo com todo o seu poder de argumentação intelectual, defender a idéia de que os crentes são loucos, a Bíblia é uma piada e por consequência, negar que o inferno existe! Isso é absolutamente contrário ao que lemos em *Apocalipse 20:10,14-15 "E o diabo, que os enganava, foi lançado no lago de fogo e enxofre, onde estão a besta e o falso profeta; e de dia e de noite serão atormentados para todo o sempre... E a morte e o inferno foram lançados no lago de fogo. Esta é a segunda morte. E aquele que não foi achado escrito no livro da vida foi lançado no lago de fogo."*

Agora pondere! Seu nome está escrito no Livro da Vida? Se você não tem essa resposta, a Bíblia lhe dá a resposta para o seu destino eterno como você leu acima: O inferno.

O seu nome só estará escrito no Livro da Vida, se você aceitar o perdão de Deus através de Jesus Cristo em seu coração, e receber a Cristo como o Senhor da sua vida. Atenção, isso não significa que você tem que ir à igreja com sua Bíblia debaixo do braço e cantar hinos! Esse também é um estereótipo ridículo que o inferno perpetua na mente das pessoas... ir à igreja, cantar ao Senhor nunca foi um mandamento, ao contrário é um privilégio que ele, o diabo, jamais terá, e ele quer ocultar de você os segredos espirituais sobre isso!

Capítulo 5: A Glória E Esplendor Do Querubim Estabelecido Por Deus

Talvez o meu ímpeto e amor em ensinar sobre esse tema tenha se desviado um pouco nos parágrafos desse capítulo, mas, intencionalmente, eu quis ajudá-lo a refletir sobre o seu playlist atual e a influência espiritual que ela exerce na sua alma. Eu choro ao ler os testemunhos de libertação nos vídeos no meu canal, de pessoas descortinando as razões das dores de sua alma muitas vezes associadas às músicas que ouvem. Um certo inscrito do canal confessou ter deletado mais de 400 músicas de seu playlist e isso mudou radicalmente o seu humor, a depressão foi embora, renasceu a alegria em viver e buscar renovar sua aliança com Deus. Entenda… eu não tenho poder algum de persuasão e toda e qualquer eloquência em minhas palavras são menos do que nada, frente ao poder da Revelação do Espírito de Deus em sua alma.

Entenda que Lúcifer dominava e ainda domina a arte da música como ninguém porque além dele ainda ser detentor da sabedoria da qual um dia foi cheio, ele andava e bebia da fonte da água da vida: Jesus. Não permita que o ceticismo ou tradicionalismo da religiosidade lhe oculte essa verdade! Lembre-se de que Lúcifer era "perfeito em seus caminhos". Lúcifer se prostrava com o rosto assim como os anciãos de Apocalipse 4:10.

Da música do trono de Deus emana vida eterna, paz, alegria profunda, cura, restauração pois flui atributos do próprio Deus. Lúcifer era o primeiro da fila a beber dessa água…e ainda assim, escolheu se rebelar contra Deus.

Jesus nos revelou uma verdade espiritual muito profunda em

Capítulo 5: A Glória E Esplendor Do Querubim Estabelecido Por Deus

João 4:14 "*aquele, porém, que beber da água que eu lhe der nunca mais terá sede; pelo contrário, a água que eu lhe der será nele uma fonte a jorrar para a vida eterna.*" (ARA)

A música que você ouve é como água que jorra de uma fonte, e isso revelará a origem de inspiração de seu compositor e o tipo de água que ele bebe. Uma vez ingerida essa água, a sua alma estará repleta dos atributos e das emoções que essa música contém. Você pode ser cheio de vida ou, cheio de emoções que adoecem sua alma. Investigue seu playlist! Jamais terei o intuito de lhe dizer o que você deve ou não ouvir! Isso é sua escolha pessoal, assim como, as consequências de sua escolha.

Por isso também afirmo categoricamente que erra de maneira absurda e escancarada quem afirma que Lúcifer não fazia música no céu! O versículo 13, de Ezequiel 28 quando lido na tradução mais próxima do original hebraico é a prova irrefutável de que Deus criou nele, instrumentos musicais! Para que? A resposta é simples, para fazer música.

O tema se torna ainda mais interessante quando estudamos isso no contexto do céu...

Capítulo 6
O Ministério De Lúcifer No Céu

"Tu eras querubim ungido para proteger, e te estabeleci; no monte santo de Deus estavas, no meio das pedras afogueadas andavas. Perfeito eras nos teus caminhos, desde o dia em que foste criado, até que se achou iniquidade em ti.' Ezequiel 28:14 (ARC)

Ezequiel 28:14 (a) Tu ***eras*** querubim ungido para proteger, e te estabeleci;

A identidade de Lúcifer e sua autoridade fica explícita nessa afirmativa revelada por Deus a Ezequiel. Em primeiro lugar, a Bíblia não registra nenhum outro anjo que tenha sido ungido por Deus, exceto, esse querubim.

Ser ungido denota uma porção especial da capacitação divina depositada nele justamente para ele exercer o propósito para o qual fora criado. O texto deixa bem claro que ele exercia um cargo de "guarda", mas "guardar" exatamente o que uma vez que ele era abaixo somente daquele que era, e ainda é o Todo-Poderoso?

O propósito primordial para o qual fora criado era PROTEGER a Presença de Deus, guardá-la de tudo que pudesse ofender o Criador e secundário a isso, conduzir a adoração musicada.

Aliás, toda vez que um querubim aparece na Bíblia, lemos que ele exerce o ofício de guardar a Presença de Deus!

Por exemplo, lembremos que em Gênesis 3:24 depois da queda do Homem, a Bíblia diz que Deus colocou "querubins" (plural) com espada flamejante GUARDANDO a entrada do Jardim do Éden de forma a impedir o acesso à Árvore da Vida.

Segundo a ordem de Deus, ninguém entrava sem autorização. Querubim guardava o propiciatório na arca da Aliança. Querubins eram bordados no véu da entrada do Santo dos Santos... além disso, o apóstolo João vê quatro Querubins guardando os quatro cantos da base do trono de Deus só que ele os chama de "Seres Viventes" em Apocalipse 4:6-9.

Nesse trecho de Apocalipse, fica absolutamente claro que existem no mínimo 4 Querubins e Lúcifer era o quinto deles! Entretanto, a Bíblia registra explicitamente que só Lúcifer era ungido.

Vamos ponderar sobre alguns elementos da Presença de Deus os quais ele tinha a responsabilidade de proteger. Se você fosse incumbido de vigiar a Presença de Deus, certamente no manual do código de conduta do seu posto e ofício obrigatoriamente deveriam constar as coisas que você jamais poderia permitir acontecer no seu ambiente de trabalho, certo?

Provérbios 6:16-19 escancara para quem quiser ler, as 6 coisas que Deus odeia, e uma que ele simplesmente detesta.

Há seis coisas que o Senhor odeia,
sete coisas que ele detesta: olhos altivos, língua mentirosa,
mãos que derramam sangue inocente,

coração que traça planos perversos,
pés que se apressam para fazer o mal,

a testemunha falsa que espalha mentiras
e aquele que provoca discórdia
entre irmãos. (NVI)

No caso do trono de Deus, jamais você permitiria tais comportamentos se manifestarem ou entrarem naquele local e por essa razão, o seu estado de alerta deveria estar ligado no 100% a começar de si mesmo.

Lúcifer em seu posto de comando era um General que tinha como obrigação vigiar para que esses elementos que Deus detestava, jamais se manifestassem na Presença do Supremo Criador a começar por ele mesmo.

(Atenção músicos e ministros de louvor! A sua principal função ministerial é guardar a Presença de Deus desses mesmos elementos; em seguida vem a música.)

Davi tinha a revelação exata de que a música no templo tinha que ser organizada e chefiada pelos seus Generais do Exército e depois, os músicos! Lemos isso em *1 Crônicas 25: 1 "E Davi, juntamente com os capitães do exército, separou para o ministério os filhos de Asafe, e de Hemã, e de Jedutum, para profetizarem com harpas, com alaúdes, e com saltérios...(ARC)*

Por que os Capitães do Exército? Porque eles tinham a função de proteger o perímetro de atuação da Presença de Deus no País, sob o comando de alguém que tivesse o coração segundo o coração de Deus porque dessa forma, a vontade de Deus seria manifesta na terra, de acordo com os seus desígnios. Embora com sérios pecados em sua vida, Davi teve sucesso, Lúcifer falhou e feio!

Outra responsabilidade desse General do céu, era ter a certeza de que os segredos do Senhor estariam guardados e jamais seriam violados por ninguém. Como assim segredos? Lembra de que o Senhor o encheu de Sabedoria Sobrenatural? Nessa sabedoria estão contidos os segredos que lhe foram confiados e sua responsabilidade primeiramente era guardá-los e apenas utilizá-los para a Glória de Deus.

Um desses segredos é absolutamente inequívoco frente ao que vemos diante dos nossos olhos e ouvidos nos dias de hoje; era: "como utilizar a música para influenciar as multidões a lhe trazerem adoração". Se ele enganou miríades de anjos que tinham a completa revelação de Deus, quanto mais ele pode fazer conosco, humanos...

A capacidade de utilizar a arte em música para mexer com a multidão do céu claramente era um segredo que Deus o ensinou para ser utilizado para o bem! Lembra de Jó 38:7??! O mais impressionante é que o seu cargo e patente foram estabelecidos por Deus como o próprio texto de Ezequiel diz! Não foi uma questão de votação no céu entre os anjos!! Deus, o Rei e Criador Supremo o criou, determinou e o escolheu para essa função.

Aliás, no Reino de Deus, o cargo de General e Ministro de Adoração não é algo que você pleiteia, barganha ou manipula através de uma influência política-eclesiástica e/ou através dos seus dons e talentos. No Reino de Deus não funciona assim. Lembra do apóstolo "eleito" Matias em Atos 1:23, 26? Esse, desapareceu das Escrituras logo após sua eleição pelos discípulos, mas Lucas narra em Atos que o escolhido de Deus para substituir Judas Iscariotes foi Paulo. Eleição de Deus e não de homens.

Assim, da mesma forma na Igreja, essa função de Ministro de Adoração é outorgada por Deus e reafirmada no seu Reino através de seus servos que governam a Igreja. Foi assim no céu, será assim na terra. Nisso se cumpre a oração que Jesus nos ensinou, *"Seja feita a Tua Vontade na terra, assim como ela é no céu"*.

Da mesma forma, copiando Deus, Lúcifer escolhe os seus ministros, (leia-me artistas), para entoarem as músicas inspiradas no contexto de seu Império das Trevas para a audiência que ali existe.

De qual reino sai a música que você ouve e alimenta sua alma?

Ezequiel 28:14 (b) **no monte santo de Deus estavas, no meio das pedras afogueadas andavas.**

Nessa passagem de Ezequiel a expressão "monte santo de Deus" é uma metáfora da sua Presença Santa, que existe na Glória no Céu. Lemos em diversas passagens que a Glória de Deus era representada fisicamente na terra no Monte Sião, que está em Jerusalém. *Salmo 24:3-4 "Quem subirá ao monte do Senhor ou quem estará no seu lugar santo? Aquele que é limpo de mãos e puro de coração, que não entrega a sua alma à vaidade, nem jura enganosamente."* (ARC)

Em 1 Crônicas 16, lemos o primeiro culto de Adoração a Deus entoado no Monte Sião pelo Rei Davi quando este ergue o que a Bíblia chama de Tabernáculo de Davi. Ali, uma tenda foi erguida, ali Davi depositou a Arca e ali, pela primeira vez na história de Israel, Música foi introduzida no contexto de culto a Deus. Essa era uma tipificação da Igreja,

mas principalmente, uma "figura e sombra" na terra do que é no Céu.

Se o texto de Ezequiel menciona um "monte santo", claramente, ele está querendo nos comunicar que Lúcifer estava na esfera de influência e acesso mais elevada da Glória de Deus, somente abaixo do Criador, Jesus o Filho e O Espírito Santo. Na conjunção de todas essas passagens, a Bíblia está nos revelando através do Tabernáculo de Davi que, assim como o Tabernáculo de Moisés, era uma "figura e sombra" das coisas celestiais e, portanto, Davi nos mostra simbolicamente nesse trecho a realidade de que no céu havia música próximo ao trono de Deus.

Nesse versículo, Ezequiel também menciona o fato de que esse Querubim andava entre as "pedras afogueadas". Por princípio de hermenêutica (método de interpretação da Bíblia) toda vez que existe uma repetição de texto no mesmo versículo, ou repetição de texto em um versículo muito próximo um do outro dentro do mesmo contexto, a Palavra de Deus quer que o leitor preste MUITA atenção para algo de extrema importância sendo ali exposto. Essa repetição acontece duas vezes quando lemos a menção de PEDRAS AFOGUEADAS no versículo 14 e novamente no 16. Por quê? Porque aqui, Deus está nos dando um endereço ministerial como se fosse uma localização específica que denota para o leitor sobre o alto cargo para o qual Lúcifer estava comissionado e por consequência, o tamanho do erro que ele cometeu, a destruição da sua queda e o destino de todos que o seguirem.

Tenho que lhe confessar, leitor (a), que demorei muito tempo para entender o significado do que seriam essas pedras afogueadas. Eu simplesmente não conseguia entender o que significava o fato dele andar sobre essas pedras afogueadas. Que pedras seriam essas?

Abrindo um pequeno parêntesis quero trazer ao leitor um princípio de VERDADE que existe na Bíblia e também no mundo real, que é a necessidade de existir testemunhas oculares para testificar da verdade de algo. Em Jurisprudência, (que é a ciência da lei) uma testemunha ocular é de extrema importância para atestar a veracidade de um fato no tribunal. Deus fez questão de nos deixar não uma, mas duas testemunhas oculares ao longo da história que viram exatamente o que Ezequiel descreveu.

A primeira testemunha ocular foi o Profeta Isaías. A visão de Isaías 6 coincide com a morte do Rei Uzias (Isaías 6:1) que a história registra ter acontecido no ano 740 AC. A segunda testemunha ocular foi o Apóstolo João que descreve esse mesmo altar em Apocalipse 8:3; sabemos que, João, sendo um dos Apóstolos de Jesus, viveu na época do apogeu do Império Romano, e por causa da perseguição desse império contra o Cristianismo, foi exilado na ilha de Patmos, Grécia, e ali, Deus lhe dá a visão de

Apocalipse. Esses fatos históricos levam os principais teólogos ao consenso de que que a Visão de João, aconteceu por volta do ano 90 DC. Duas testemunhas oculares separadas pelo tempo e espaço, Isaías e João, viram o mesmo Altar, o mesmo fogo e isso endossa veracidade e autenticidade à narrativa de Ezequiel 28. Em qualquer tribunal de justiça do planeta um juiz determina a verdade, quando existem testemunhas oculares, o que torna verdadeiro o fato da existência desse Altar, e por consequência, a descrição de onde esse querubim andava. Ezequiel não estava louco quando escreveu esse versículo! No transcorrer da história, DEUS proveu testemunhas oculares para testificar da verdade para quem desejar conhecê-la. Fecha-se o parêntesis aberto!

Mas, o que são essas tais pedras afogueadas de que Ezequiel fala?

Orei muito a Deus pedindo entendimento até que Ele me ajudou a compreender e descortinou o meu entendimento disso ao me mostrar quatro princípios extremamente importantes encontrados em outros trechos da própria Bíblia. Deus é simplesmente tremendo, magnífico e fantástico porque a própria Bíblia se autoexplica e foi assim que Ele me mostrou a resposta.

Princípio 1 - O layout do local no Tabernáculo

Capítulo 6: O Ministério De Lúcifer No Céu

Lemos em Êxodo 25 a 40 que no Monte Sinai, Deus revela meticulosamente a Moisés o seu Tabernáculo que era um modelo de como Ele, Deus, permitiria ao homem ter acesso a sua Presença. O Tabernáculo era um santuário protegido dentro de um cercado com apenas uma porta de entrada, montado no meio do acampamento hebreu no deserto. Esse Santuário possui áreas distintas onde Levitas trabalhavam no serviço de culto a Deus. Uma dessas áreas, era uma tenda especial que Deus chamou de A Tenda do Encontro, lugar em que Ele, Deus, se encontraria com o homem. Dentro da Tenda do Encontro, existiam dois ambientes distintos: o Lugar Santo, que ficava logo na entrada e, no local mais íntimo, por detrás de um véu que separava os ambientes entre si, estava o Santo dos Santos.

Deus ordenou que Moises construísse o Altar de Incenso e este, deveria ser especificamente posicionado da seguinte maneira: "*Porás o altar defronte do véu que está diante da arca do Testemunho, diante do propiciatório que está sobre. Testemunho, onde me avistarei contigo. Êxodo 30:1*" mas aparentemente Deus não especificou de qual lado do véu esse altar estaria! Certo? Errado! Especificou sim porque Moisés estava VENDO o que Deus lhe mostrava. Conversando com meu querido amigo, mestre e mentor, Pr. Lamartine Posella, ele me chamou a atenção para um versículo magnífico em Hebreus 9:3-4 "*...por trás do segundo véu, se encontrava o tabernáculo que se chama o Santo dos Santos, ao qual* *pertencia um altar de ouro para o incenso e a arca da aliança totalmente coberta de ouro."* (ARA)

Sim, o Sumo Sacerdote entrava todos os dias no Santo dos Santos, mas só uma vez por ano acontecia o "Dia do Perdão"! Isso aponta claramente para o desejo de Deus de se encontrar com o seu povo todos os dias na pessoa do Sumo Sacerdote.

No dia-dia de trabalho no Tabernáculo, o Sacerdote lidava diretamente com dois tipos de altar ali. O Altar de Sacrifícios e o Altar de Incenso. No Altar de Sacrifícios logo na entrada do Tabernáculo, os levitas colocavam lenha e sobre essa lenha, os animais que foram sacrificados eram colocados sobre o fogo e suas carnes eram queimadas como uma oferta a Deus para perdão dos pecados. Uma vez queimado o Sacrifício, o Sacerdote removia "brasas acesas" que eram levadas dentro da Tenda do Encontro e depositadas no Altar de Incenso que ficava dentro do Santo dos Santos. Então o Sacerdote pegava o incenso aromático e derramava sobre as brasas ainda incandescentes. Quando o incenso tocava a brasa, uma espessa fumaça era produzida. Esse ato era a "ADORAÇÃO" ofertada a Deus todos os dias.

Princípio 2 - A representação simbólica é ampliada como lemos em Hebreus 8:5: o autor nos revela algo tremendo sobre o ofício que os sacerdotes executavam no Tabernáculo. Como acima mencionei, o Tabernáculo era cheio de simbolismos. Note o que lemos em Hebreus 8:5 "*Eles (os sacerdotes) servem num santuário que é cópia e sombra daquele que está nos céus...*"

Todo esse ritual no Tabernáculo tinha um profundo aspecto simbólico e era a "sombra" das coisas celestiais! A Arca representa a própria pessoa do Deus Vivo e uma vez ao ano no Dia do Perdão (Yon Kippur - Levítico 10), o Sumo Sacerdote entrava no Santo dos Santos diante da Arca, mas o dia a dia do serviço de Adoração acontecia no queimar de incenso de brasas colocadas sobre o Altar do Incenso. Ali, nesse altar, eram colocadas as brasas ou 'pedras afogueadas' e o sacerdote derramava sobre essas **'pedras afogueadas'** o incenso aromático que produzia uma fumaça que enchia o Lugar Santo e ali Deus falava. O fato desse Altar de Incenso estar exatamente posicionado nesse local no layout do Tabernáculo, ou seja dentro do Santo dos Santos em frente a Arca da Aliança nos revela que esse Altar era simbolicamente o local mais próximo do trono de Deus. Ali, era o local de trabalho no dia a dia do Sumo Sacerdote. Esse Altar, é a "sombra" do Altar que existe no céu na frente do Trono de Deus...esse é o mesmo altar que Isaías viu o Serafim pegar a braza com uma tenaz no capítulo 6, versículo 6 e também, o mesmo altar que lemos em Apocalipse 8:1-5 quando o anjo pega as "pedras afoguedas" e joga sobre a terra. Nenhum outro anjo na Bíblia, exceto o Querubim da Guarda, andava sobre as brazas que havia nesse altar. Esse era o local do ministério desse querubim, revelado depois como sendo o diabo.

Deus ordenou a Moisés fazer todos os ítens do Tabernáculo EXATAMENTE como fora a ele mostrado no monte. Isso apenas denota o quão sério o Criador lida com a atitude humana em sua Presença através da ordem, reverência, conduta, comportamento, respeito além disso, o quanto Ele requer atenção aos detalhes do ambiente de Adoração.

Esse altar no Tabernáculo é a "sombra" do Altar que existe no céu. Esse é o altar onde Deus nos revela através de Ezequiel que Lúcifer andava. Nunca, jamais, na Bíblia, ninguém pisava sobre esse altar, quanto mais, caminhar sobre as brasas que ali estavam. O caminhar sobre as pedras denota o mais alto ato de Adoração e estado de purificação espiritual diante do trono de Deus e me faltam palavras para tentar expressar a profundidade desse significado.

Princípio 3 -A visão celestial de Isaías 6

Quando lemos a história de seu chamado para exercer o seu ministério profético em Israel. Deus "abre a sua visão espiritual" e a ele é permitido ver o céu, e ver Deus. Essa visão lhe foi aterrorizante "*Então gritei: Ai de mim! Estou perdido! Pois sou um homem de lábios impuros e vivo no meio de um povo de lábios impuros; os meus olhos viram o Rei, o Senhor dos Exércitos!"* (NVI). Por quê? Porque a proximidade à Santidade do Deus Vivo descortinou nele o seu pecado e isso lhe trouxe a convicção de culpa e ele sabia que morte seria a primeira coisa a acontecer com ele. A Bíblia diz que "a boca fala do que o coração é cheio" e Isaías era um "boca-suja" .... ou seja, o camarada falava palavrão que está na maioria das vezes associado com imoralidade sexual. O seu pecado quando exposto ao Deus Vivo, causou nele esse sentimento imediato de temor. Acontece que Deus o poupou da morte e lhe concedeu a benção de ser restaurado. Diga-se de passagem, Deus fez o mesmo comigo e com aqueles que recebem a Jesus, ele nos poupa da morte eterna! No caso de Isaías, a Bíblia diz que ele foi purificado com uma brasa desse altar quando colocada sobre seus lábios. No versículo 6 e 7 lemos "*Mas um dos serafins voou para mim trazendo na mão uma brasa viva, que tirara do altar com uma tenaz; com ela tocou a minha boca e disse: "Eis que isto tocou os teus lábios; e a tua iniquidade foi tirada, e purificado o teu pecado*" (ARC). Esse Serafim era um anjo que assistia diante do trono de Deus noite e dia. Ele removeu essa brasa, de um altar assim como diz o texto. Que altar é esse? É o mesmo altar que Ezequiel nos revela onde andava Lúcifer.

Mas a lição mais poderosa que aprendemos aqui é: a Adoração a Deus quando sai de nosso coração quebrantado e toca nossos lábios, faz com que Deus nos purifique, nos lave, nos restaure e aqui não estou me referindo à música, muito embora essa adoração possa ser através da música pois nos ajuda a abrir o coração. Aqui vemos como o poder da música pode ser um instrumento para abrir o coração do homem, no contexto do altar e conceder uma tremenda oportunidade a Deus em curar o coração desse homem!

Não seja ingênuo pois Lúcifer sabe desse poder de acesso ao coração do homem através da música no contexto de adoração. Ele sabe como usar o poder que há na música para alcançar e falar ao coração do homem. Ele foi criado para tal e fez isso com os anjos no céu por muito tempo antes de ser expulso.

Engana-se redondamente quem se julga imune aos artifícios que lhe são trazidos nas músicas que não provêm do trono de Deus. Óbvio que não existe imunidade! Ninguém está imune...lembra do espírito de morte que visitou o Egito na Páscoa? Êxodo 12. Assim é o coração do homem. Se os umbrais da porta do seu coração, estiverem com o sangue do cordeiro, que é Jesus, o espírito de morte que existe na música de Lúcifer não adentrará na Casa onde o Cordeiro imolado foi recebido e onde Deus habita exceto, se você abrir porta...

Princípio 4 - A visão celestial de João em Apocalipse 8.

Assombrosamente, o Apóstolo João quando estava em Patmos, também teve sua visão celestial aberta e viu uma cena terrível por ocasião da abertura dos selos de julgamento sobre a terra, que registrou em Apocalipse 8:3 "*E veio outro anjo e pôs-se junto ao altar, tendo um incensário de ouro; e foi-lhe dado muito incenso, para o pôr com as orações de todos os santos sobre o altar de ouro que está diante do trono.*" O altar que João descreveu é o mesmo altar que Isaías viu, é o mesmo altar descrito por Ezequiel, é o mesmo altar que Deus mostrou para Moisés construir no Tabernáculo.

Agora, note que em Isaías 6:6 e Apocalipse 8:3, nenhum dos anjos sequer tocam nessas brasas. Em Isaías, o serafim usa uma tenaz que é um instrumento semelhante a uma tesoura para pegar nessa brasa. Em Apocalipse 8:3, o anjo usa um receptáculo para colocar as brasas, que é o incensário.

Mas a unção que Deus havia dado a Lúcifer, o permitia caminhar ileso sobre essas brasas. Essas brasas eram alimentadas pelo fogo sagrado de Deus que na Bíblia, é chamado de Fogo Consumidor e Fogo Purificador. O fogo consumidor exerce juízo por isso, esse tipo de fogo "julgava" (ou consumia) os sacrifícios apresentados no Altar do Tabernáculo e no Templo. Esse mesmo tipo de fogo exercia juízo sobre o homem como no caso dos filhos de Arão que pecaram seriamente contra Deus em Levítico 10.

Morreram fulminados pelo Fogo Consumidor de Deus. Esse fogo julgará as obras do homem como lemos em 1 Coríntios 3:11-15: "*Porque ninguém pode pôr outro fundamento, além do que já está posto, o qual é Jesus Cristo. E, se alguém sobre este fundamento formar um edifício de ouro, prata, pedras preciosas, madeira, feno, palha, a obra de cada um se manifestará; na verdade, o Dia a declarará, porque pelo fogo será descoberta; e o fogo provará qual seja a obra de cada um. Se a obra que alguém edificou nessa parte permanecer, esse receberá galardão. Se a obra de alguém se queimar, sofrerá detrimento; mas o tal será salvo, todavia como pelo fogo*". (ARC)

O fogo de Deus julgará a obra dos homens assim como julgou Lúcifer.

Quando Deus exerce graça e misericórdia, esse mesmo fogo purifica o homem como no exemplo que lemos na vida de Isaías. Pelo que lemos nas Escrituras, ele tinha "lábios impuros" e seu arrependimento fez com que Deus lançasse sobre ele, a porção de Graça e Misericórdia que foi trazida por um anjo serafim que, usando uma tenaz, tocou seus lábios com a brasa do altar...o toque da brasa acesa por esse fogo, o purificou! Isso é muito lindo da parte de Deus. Ou esse fogo destrói quando Deus exerce juízo, ou esse fogo purifica quando Deus exerce Graça e Misericórdia. Se Lúcifer andava sobre esse altar, significa que ele era o mais puro dos anjos e ali, produzia a música mais pura que era cantada no céu.

Podemos entender a magnitude da patente de autoridade que Deus lhe concedeu, o tipo de música e o perfil de quem erguia o louvor a Deus ali. Podemos entender agora a importância de quem era Lúcifer no céu perante os outros anjos. Enquanto nenhum outro anjo toca as brasas, ele andava no meio delas! A unção de Lúcifer era tão poderosa, a sua sintonia com a santidade de Deus era tal, que o permitia permanecer andando em meio ao fogo sagrado de Deus sem ser consumido...desde que ele fosse "perfeito em seus caminhos", em sua conduta diante do trono de Deus, desde que fosse íntegro e irrepreensível aos olhos de Deus.

Esse era o mesmo tipo de fogo da Sarça Ardente em Êxodo 3. Na Babilônia, Deus transformou o fogo malígno do homem no Fogo Purificador por sua Presença quando este andou junto com Sadraque, Mesaque e Abedenego em Daniel 3:25.

Depois de expulso do céu, Lúcifer tenta imitar Deus para receber adoração. A unção que ele tinha e seu aprendizado foram corrompidos no instante seguinte em que a música passou a ser usada para sua adoração própria. Assim foi no céu, assim é na terra. Atenção você que exerce o seu dom de música...**Toda unção que foi inicialmente depositada sobre alguém, consagrada para**

Glória de Deus, aprendida em Sua Presença que passa a ser utilizada para o mundo, estará em si corrompida, cheia do espírito de Lúcifer e sua música glorificará o artista em primeiro lugar, e depois, Lúcifer.

As exceções à regra são aqueles que de fato realizam isso para colocar o pão sobre a mesa e isso é assunto para longa discussão afinal de contas, e os músicos de estúdio, os professores, os cantores contratados etc etc? Para toda regra, há exceção, mas os princípios da Palavra no ofício profissional quando quebrados, certamente, por detrás do contexto, existe o dedo sujo de satanás.

Em uma famosa religião asiática, existe um ritual religioso de caminhar sobre brasas que na TV do mundo ocidental é visto como uma "estranha façanha" do pessoal daquele canto do planeta! No entanto, ao estudar mais profundamente essa religião descobre-se que essa é uma prática dentro de um ritual num festival amplamente popular aos seus praticantes. Andar sobre as brasas nesse contexto simboliza um ritual de purificação espiritual dedicado a uma das principais divindades femininas daquela religião. Ou seja, isso é na verdade uma cerimônia de cunho religioso como um ritual de autopurificação para alcançar o estado sublime de pureza espiritual. Essa religião ensina que aquele que sair ileso desse ritual sem se queimar, terá sido agraciado pelas bênçãos dessa deusa.

De onde saiu a idéia desse ritual? Só pode ter saído da mente daquele que um dia andou sobre pedras afogueadas purificadoras e desejou replicar na terra o mesmo ritual do local de onde foi expulso trazendo adoração para si! É ele mesmo que engana o homem com o culto a outros falsos deuses e, dessa forma, aprisiona a alma dessas pessoas dentro do seu império das trevas. Deus, YHWH o Criador do universo declarou em Êxodo 20 nos 10 Mandamentos que Adoração a qualquer outra deidade é pecado e quem o faz o insulta. Além disso, a única coisa que purifica o homem é o Sangue de Jesus.

1 João 1: 7-9: *"Mas, se andarmos na luz, como ele na luz está, temos comunhão uns com os outros, e o sangue de Jesus Cristo, seu Filho, nos purifica de todo o pecado. Se dissermos que não temos pecado, enganamo-nos a nós mesmos, e não há verdade em nós. Se confessarmos os nossos pecados, ele é fiel e justo para nos perdoar os pecados, e nos purificar de toda a injustiça."* (ARC)

Ezequiel 28:15 **Perfeito *eras* nos teus caminhos, desde o dia em que foste criado até que se achou iniquidade em ti.**

A Bíblia não diz quanto tempo Lúcifer andou em integridade na Presença de Deus. A Bíblia se preocupa apenas em nos mostrar através desse versículo, que houve um espaço de tempo entre sua criação e o dia que o pecado que ele, Lúcifer, gerou em seu coração e foi descortinado por Deus. Nesse espaço de tempo, ele era exemplar na sua conduta, mas fez uma escolha e essa decisão o destruiu. Antes de discorrer sobre sua iniquidade, vamos falar sobre o "dia" em que ele foi criado, que Ezequiel nos revela nesse trecho.

Em algumas versões da Bíblia, gosto como os tradutores expandiram esse conceito. Note essa belíssima nuance da versão King James Atualizada nos apresenta: "*Naquele **tempo** eras perfeito e irrepreensível em teus sentimentos e atitudes, desde o **dia** em que foste criado, até que se observou malignidade em ti.*" Ezquiel 28:15

"*Naquele tempo...*" que tempo? A qual momento Ezequiel se refere? A próxima pergunta, quase que óbvia, deveria ser sobre a misteriosa palavra desse versículo que é: dia.

O leitor "criacionista" pode olhar para esse versículo e logo associar ao fato de que esse "dia" está relacionado com um dos "dias" da criação de Gênesis 1. Provavelmente o dia 4 onde lemos que Deus criou os "exércitos celestiais", certo? Errado. Afirmo a você que essa associação está errada, baseando-me no texto de Jó 38:4-7, "*Onde estavas tu, quando eu lançava os fundamentos da terra? Dize-mo, se tens entendimento... quando as estrelas da alva, juntas, alegremente cantavam, e rejubilavam todos os filhos de Deus?*" (ARA) Onde claramente o próprio Deus diz que os anjos o adoravam ANTES de Gênesis 1:1? Quando Ele, Deus, colocava as fundações da terra que seria criada. Por causa desse fato no versículo de Jó, ouso afirmar que Lúcifer já existia e exercia o seu ministério no céu (céu aqui equivale a dizer: eternidade passada antes da criação) e pela descrição de Deus a Jó, Ele, Deus, naquele período de tempo, se agradava de seu ministério ao ver e ouvir os anjos se rejubilarem em sua Presença.

Entenda esse "dia" como o momento na eternidade em que Deus realizou o ato de criá-lo. Devemos lembrar que a gestação humana demora 9 meses no ventre materno e denota uma paternidade que por consequência é vindoura de uma genealogia anterior. Ambos, Lúcifer e Adão não possuem uma genealogia anterior, exceto, que ambos, vieram de Deus e ambos, pecaram. Lúcifer no Éden celeste antes de Gênesis 1:2. Adão, no Jardim do Éden terreno em Gênesis 3. Em ambos os casos, houve um ato de criação feita por Deus. No caso de Adão e Eva, no sexto dia da Criação de Gênesis No caso de Lúcifer aconteceu em um momento fora do plano de existência em que vivemos, no dia (momento) em que Deus definiu no contexto da eternidade passada antes de Gênesis 1:1. Quando? Não está revelado a nós.

Lemos em Isaías 14:12, que Deus através do seu profeta, identifica Lúcifer como "estrela da manhã, filho da alva". Esse é o versículo exato que a versão Vulgata em Latim, traduz "estrela da manhã" com o termo Lúcifer. O significado desse termo em Latim, significa "portador de luz", mas ele não é a Luz! Ele apenas refletia luz. Por isso Paulo nos adverte em 2Co 11:14 "*... o próprio Satanás se disfarça de anjo de luz"*. Muitos baseiam-se nessa exata passagem para enfaticamente afirmarem que Lúcifer não é o diabo e vice-versa. Errado. Lúcifer é um termo que denota um atributo de portar luz, o que tecnicamente seria um verbo..., entretanto, um verbo não foi expulso do céu. Um querubim foi expulso e um de seus atributos era refletir a Glória de Deus. Afinal, uma "estrela" existe no firmamento e não é um verbo, e sim, um objeto que foi criado por Deus. A analogia do elemento estrela com o querubim é mais do que óbvia.

A luz na Bíblia é uma metáfora da imutabilidade da Palavra de Deus que é a verdade para o nosso caminho (Salmo 119:105)! Biblicamente, "estar na luz" é sinônimo de estar em comunhão com Deus através somente da pessoa de Jesus que afirmou "*Eu sou a luz do mundo; quem me segue não andará nas trevas; pelo contrário, terá a luz da vida"*. João 8:12. Consequentemente, segundo o que Jesus nos ensina, a condição oposta a andar na luz é andar em trevas, que é sinônimo de não ter comunhão com Deus e portanto, estar sob domínio de satanás é sinônimo de estar preso no Império das trevas.

A Luz que havia nesse querubim, nada mais era do que o reflexo de Jesus nele. A Glória de Deus Pai estava refletida nele. Por isso, Isaías o chama de "Filho da alva" ou filho da luz, note, sempre "filho", nunca "pai". A única paternidade atribuída a Lúcifer que lemos na Bíblia é ele ser o "pai da mentira".

Ele foi criado por Deus, através de Jesus para Glória de Deus Pai, mas se rebelou e foi expulso. João 1:3

Lúcifer se prostrava (semelhante aos anciãos em Apocalipse 5:14) e adorava Jesus face a face, no local mais próximo do trono de Deus. Aliás, quando andava em perfeição e integridade antes da queda, ele deveria se comportar como os Seres Viventes descritos por João em Apocalipse 4:8-9!

Lúcifer era (sempre foi e sempre será) inferior a Jesus e o servia diante dos anjos e diante de Deus com sua música e o esplendor caminhando entre as pedras afogueadas!

Percebe a sua audácia na tentação de Jesus em Mateus 4 falando para Jesus se prostrar aos seus pés?

Ezequiel 28:15 (b) **até que se achou iniquidade em ti.**

Deus observava atentamente sua conduta em Seu ofício. Toda opulência desse querubim e o frisson que ele causava no céu, jamais tirou a atenção de Deus de quem ele se tornou com o tempo. Mesmo com todo esplendor de sua aparência externa, Deus escaneava o intento mais profundo do coração de Lúcifer durante o período em que ele ocupou o seu cargo. Aliás, diga-se de passagem, ainda hoje, Deus tem o poder de esquadrinhar as profundezas e intento da mente de Lúcifer e trabalhar em defesa de seus filhos! Por isso, devemos orar...

Mas, o que exatamente significa o pecado da Iniquidade?

Em primeiro lugar, você deve entender que mesmo com toda a patente e ofício ordenados por Deus, esse querubim fez uma escolha no mais profundo do seu coração. Essa escolha foi o embrião de sua rebeldia. A palavra no original Hebraico para Iniquidade, carrega em si, um peso de um pecado moral. O interessante é que nesse pequeno trecho, a iniquidade estava escondida no coração de Lúcifer por isso, Deus "acha" esse pecado ali! Antes, não havia Iniquidade. Antes, ele era perfeito! Mas Iniquidade, é um pecado que não se revela na aparência externa e sim, no recanto mais sombrio do coração e ela se desenvolve como uma doença mortal através do tempo.

Veja como Deus através de Isaías nos revela isso. Em *Isaías 14:13-14 lemos: "E tu dizias no teu coração: Eu subirei ao céu, e, acima das estrelas de Deus, exaltarei o meu trono, e, no monte da congregação, me assentarei, da banda dos lados do Norte. Subirei acima das mais altas nuvens e serei semelhante ao Altíssimo."* (ARC)

Perceba que esses dois versículos em Isaías descortinam vários aspectos psicóticos do caráter de Lúcifer, tais como o tamanho da sua prepotência, soberba, ganância, arrogância e obstinação diante do trono do Criador para receber a adoração que era destinada única e exclusivamente ao Criador!

Ele traiu a confiança do Criador e rebelou-se contra Deus e por isso é o autor do primeiro pecado ocorrido em toda a história da Criação! Isso mesmo, o primeiro pecado não aconteceu no Jardim do Éden conforme lemos em Genesis 3. O primeiro pecado foi traição e aconteceu dentro da mais alta cúpula de comando do Reino de Deus e foi cometido pelo querubim ungido de altíssima patente chamado Lúcifer.

"Aquele que pratica o pecado é do Diabo, porque o Diabo vem pecando desde o princípio. Para isso o Filho de Deus se manifestou: para destruir as obras do Diabo." 1 João 3:8

Percebeu o que João escreveu? Ele vinha pecando "desde o princípio"? Gerúndio! Em andamento e Jesus sabia que ele pecava "antes" desde o "princípio".

Mas atente para o versículo de Isaías 14:13!!

E tu dizias no teu coração: ou seja, no silêncio escondido nas profundezas dos seus pensamentos, ele maquinava algo!! "Dizer em seu coração" é uma metáfora para o conjunto de tudo aquilo que ele pensava enquanto ministrava na Presença de Deus! Quão tolo subestimar o poder de Deus vasculhar a intenção do coração!

"Eu subirei ao céu, e, acima das estrelas de Deus, exaltarei o meu trono", Isaías 14:13 (ACF)

A ele não bastava a unção que lhe permitia andar entre as pedras afogueadas! A Ele não bastava estar diante do Criador e comandar a maior e mais poderosa manifestação de Adoração do Universo! A ele não bastava se prostrar diante do Rei e desfrutar do cargo mais Elevado no Reino somente abaixo de Jesus!

Ele queria um TRONO. A palavra "estrelas" aqui, denota os anjos de Deus! Observe como sua obstinação o cegou!! Ele já estava posicionado por DEUS como o anjo mais elevado. Ele já estava acima de todos os anjos, mas o que ele realmente queria era receber o que Deus recebia em seu trono. Ele queria ser adorado pelos anjos, assim como ele fazia à Jesus. Ele almejava que toda a adoração, honra, respeito, dignidade fossem dados a ele. Sua arrogância simplesmente o cegou e ele esqueceu que sua função era Guardar a Presença! Ele passou a planejar usurpar e ser o dono da Presença Gloriosa do Deus Vivo.

Capítulo 6: O Ministério De Lúcifer No Céu

...no monte da congregação, me assentarei...

O único que se assentava no monte da congregação era, é e sempre será DEUS! Ninguém mais! Agora, cautelosamente, observe a opinião de Deus a esse respeito também revelada a Isaías no cap 42:8 *"Eu sou o Senhor; este é o meu nome; a minha glória, pois, a outrem não darei, nem o meu louvor às imagens de escultura."* Ou seja, Deus exerce o cargo máximo de comando e autoridade que pertence somente a Ele, o Todo Poderoso que existe desde sempre. Esse cargo e função não cabe a ninguém mais e Ele se dá o direto de exercer a autoridade que lhe compete e não existe absolutamente ninguém com quem Ele jamais dividirá sua Glória e Honra. Lúcifer passou dos limites de tolerância daquele que é supremo em longanimidade, colheu e colherá para sempre das consequências de sua atitude.

"exaltarei o meu trono, e, no monte da congregação, me assentarei, da banda dos lados do Norte. Subirei acima das mais altas nuvens e serei semelhante ao Altíssimo." Isaías 14:13-14 (ARC)

Esse foi outro trecho que eu demorei para entender! Como assim "da banda dos lados do Norte"? Quer dizer que no céu existe Norte, Sul, Leste e Oeste? Aparentemente, a resposta é: sim. O entendimento pelo qual Lúcifer pensava no lado do Norte pode ser entendido pelo princípio da "sombra celestial" de onde o Norte está apontado no contexto do Tabernáculo! Reitero a você, lembre-se sempre do princípio da "sombra das coisas celestiais" de Hebreus 8:5!

Baseando-me nesse princípio, observe com atenção o que lemos em Levítico 1:11 *"O homem matará o animal na presença do Senhor no lado **NORTE** do altar, e os sacerdotes borrifarão os quatro lados do altar com o sangue."* (NTLH)

O ato de realizar o sacrifício acontecia no norte do Tabernáculo terrestre. Ali estava a rampa que o sacerdote subia, para apresentar o sacrifício a Deus depositando-o no Altar de Sacrifícios, o fogo consumidor descia do céu, e consumia o animal sacrificado como uma representação de que Deus estava aceitando aquela oferta. O significado de Lúcifer desejar se "assentar ao Norte" é que ele planejava colocar-se no local e posição de receber o louvor que era trazido ao Criador por ele mesmo! Por isso ele queria ser "semelhante ao Altíssimo!" E note que na fala de Lúcifer, na cabeça dele, ele já tinha um trono pois os anjos que cairiam com ele posteriormente, provavelmente já o estivessem vendo dessa forma.

Ele se achou digno de receber exatamente aquilo que ele mesmo estava incumbido de apresentar aos pés de Jesus: adoração e louvor com música e canto.

Ele queria estar exaltado acima de todas as estrelas! Interessante que toda celebridade de música, cinema, TV são elevados pelo seu público e audiência como sendo uma "Estrela". Estrela do Rock, Cinema, TV, etc... tudo estrela recebendo adoração da audiência!! Será que isso é mera coincidência ou estou exagerando?

De volta a Ezequiel 28:16 lemos:

"Na multiplicação do teu comércio, se encheu o teu interior de violência, e pecaste; pelo que te lançarei, profanado, fora do monte de Deus e te farei perecer, ó querubim protetor, entre pedras afogueadas." (ARC)

Lembra que mencionei que a beleza trazia influência e isso, lhe possibilitou criar na sua mente, uma moeda de troca? Pois bem, aos olhos de Deus, nesse contexto, isso é **imoral**. Sob a ótica de Deus, comércio em sua Presença é digno de expulsão! Foi assim no céu, e foi assim na terra, no Templo com Jesus expulsando os vendilhões! Por causa da multiplicidade do comércio de sua influência, ele se corrompeu! Mas, comércio de que? Ele colocou um **preço em seu ofício** no céu e se comercializava na Presença do Altíssimo. O comércio da sabedoria sobre-natural que Deus lhe dera e o comércio de sua influência. Comércio dos segredos e mistérios que o enchiam. O comércio da dignidade de seu ofício concedida pelo Criador pela busca desenfreada por reconhecimento, autoridade e poder a qualquer preço. Há quem chame isso de Tráfico de Influência. Por essa razão, o seu interior se encheu de violência. Veja que violência nesse caso, está intimamente ligada a cegueira de sua obstinação! Qualquer semelhança hoje em dia, não é mera coincidência! Trata-se do espírito de Lúcifer atuando.

O castigo por tamanha traição e violação de conduta foi expulsão sumária sem direito a retratação por arrependimento. As mentes mais infantis vão se perguntar, *"mas Deus não é amor? Por que não perdoou Lúcifer?"* Porque Lúcifer tinha a revelação completa de quem era Deus através da pessoa de Jesus e desfrutava de um cargo de extrema confiança e ainda assim, fez uma escolha consciente de rejeitar o seu propósito eterno e rebelar-se contra o Criador aliciando outros com ele na escalada ao poder. Ele traiu DEUS. Ele traiu Jesus. Ele traiu o Espírito Santo. Dentre outras coisas, ele violou os 7 itens que Deus odiava:

Olhos altivos: ele era o suprassumo da arrogância se achando digno de possuir um trono acima de todos os anjos e ser semelhante ao altíssimo. Possivelmente aqui esteja a gênese do que lemos em Tiago 4:6 "*Deus resiste aos soberbos, mas dá graça aos humildes.*"

Língua mentirosa: na multidão do seu comércio, corrompeu-se levianamente na tentativa de dissuadir outros anjos a apoiarem-no.

Derramou sangue inocente: Isso denota trazer morte onde havia vida. A sua mentira levou outros a caírem com ele. Separação de Deus é sinônimo de morte.

Coração que traça planos perversos: Ele desejou ser como Deus. Não há coisa pior do que alguém se achar semelhante a Deus, e se achar no direito de, prevalecendo-se de sua posição, exercer e governar de forma a destruir os outros. Isso geralmente acontece nas esferas mais altas da sociedade onde a riqueza e influência cegam o indivíduo na busca obcecada pelo poder e sem dó, praticam sua maldade.

Pés que se apressam em fazer o mal: Tudo o que se levanta contra o Governo de Deus é uma indicação de pés correndo em direção ao mal. Tudo contrário a Deus contém em si o espírito do anticristo que nasceu em um coração corroído pela iniquidade. A maldade nunca nasceu no coração de Deus, mas no de Lúcifer.

Testemunha falsa que espalha mentiras: O poder de convencimento e engano dele era tanto que lemos em Apocalipse 12;4 "*Sua cauda arrastou consigo uma terça parte das estrelas do céu, as quais arremessou sobre a terra.*" Arrastar com a cauda significa, enganar, dissuadir, ludibriar, mentir, manipular, convencer etc. A esfera de comércio e influência desse querubim era tão extensa, que 1/3 dos anjos de Deus caíram na sua conversa, e negociaram com Lúcifer suas futuras patentes no império das trevas ao deixarem os seus postos no céu. Os anjos caídos se tornaram os demônios do inferno, potestades e poderes do mundo tenebroso como descreve Paulo em Efésios 6:12. Péssima escolha!

Aquele que provoca discórdia entre irmãos: esse ponto é o pior deles! Em Jó 38:7, Deus diz que os anjos estavam em unidade adorando-o com música, mas no descortinar de sua iniquidade, descobriu-se alguém levantando a sua voz contra o Criador, e então ele lidera uma rebelião no céu.

Qual deveria ser a música tocando naqueles momentos finais que antecederam a queda? ou será que havia qualquer música tocando?

Ele traiu a confiança de Deus e a rebelião foi o próximo passo. Ele é mestre em armar ciladas e trair! Não é à toa que lemos em Lucas 22:3 "*Então Satanás entrou em Judas, chamado Iscariotes, que fora um dos doze discípulos.*" (KJA) Logo depois que ele "entra" em Judas, Judas trai, Jesus. O diabo novamente traiu Deus, através da vida de Judas.

Qual tipo de espírito você acha que estará por traz da mensagem da música de alguém que publicamente (ou mesmo no secreto do seu coração) exibe um coração repleto de rebeldia, falsa humildade e ódio contra as coisas de Deus? Desconfie dos artistas que cantam em suas músicas princípios contrários às Escrituras, e ao receber um prêmio publicamente, agradecem a "deus". Sim deus com d minúsculo.

As músicas de um artista que não seja nascido de novo jamais conterão um conteúdo que vem do trono de Deus! Jamais! Mesmo que cantem até mesmo sobre o próprio Deus, a música de um coração que não é lavado pelo sangue do cordeiro pode ser a mais bela, porém, nunca conterá a unção reveladora da Glória do Pai que só é concedida àquele que genuinamente, vive e respira a experiência da cruz e remissão de seus pecados. Esse é um princípio espiritual inviolável, intransponível, insubstituível e inegociável na atmosfera de música na Presença do Criador.

É comum o conteúdo de incontáveis músicas ser inserido dissimuladamente na alma de seus ouvintes, carregando mensagens subliminares contra Deus. Ou em alguns casos, são tão descarados que qualquer pessoa pode discernir! Certamente mensagens que são totalmente contrárias aos princípios da Palavra de Deus, e aqui, não me refiro em nada a Religião! Me refiro a BÍBLIA.

Quem é a fonte inspiradora de músicas que exaltam o culto ao ego, ou a ostentação das riquezas e das glórias desse mundo?

Certamente a resposta é: o diabo.

Qual o resultado que você acha que existirá na vida daqueles que consomem a música que exalta a imoralidade sexual, impureza e libertinagem; idolatria e feitiçaria; ódio, discórdia, ciúmes, ira, egoísmo, dissensões, facções e inveja; embriaguez, orgias e coisas semelhantes? Esses são os temas que prevalecem na música que é inspirada por Lúcifer. O consumo desse tipo de conteúdo em música pode levar o seu ouvinte a prática daquilo que aquele conteúdo lhe passa! Quer a lista completa de temas das músicas detestáveis aos olhos de Deus segundo a Sua Palavra? Leia Gálatas 5:19-21.

Abordarei com mais detalhes no que diz respeito à inspiração em música e o poder no cérebro humano quando mais a frente no livro, abordarei alguns aspectos da Neurociência aplicada a música.

Não se engane, se Lúcifer foi capaz de enganar 1/3 dos anojos do céu segundo lemos em Apocalipse 12:3-4, o que te faz pensar que ele não pode te enganar? Música é apenas uma das muitas maneiras de engano no universo das artes humanas..., mas pode ter a certeza de que nessa arte, ele ainda é um mestre.

Porém, ele não suporta te ouvir cantar um louvor de amor ao Senhor... no meio da dor, adversidade, medo, angústia, a música entoada ao Senhor, traz o céu na terra e consigo, os atributos do Pai. Experimente...

Aprofunde-se nos temas desse capítulo no meu canal:

Capítulo 7
A queda de Lúcifer

Na literatura, cinema, artes plásticas e música não são poucas, ao longo da história, as tentativas feitas pela indústria de entretenimento em passar para as massas um pseudo-romantismo associado com a idéia de um anjo caindo do céu e dessa forma, desviar a atenção para a realidade e seriedade do que isso de fato significa, e pior, conduzindo as massas a ignorar, banalizar e muitas vezes, diminuir a mensagem bíblica do tema.

Alguns exemplos...

Desde as mais remotas obras de literatura, como por exemplo a do poeta romano, Publius Ovidius Naso, conhecido também como Ovidio, que publicou sua famosa obra "Metamorfose" no ano 8DC com cerca de 250 poemas-narrativos, que conta a história da criação do mundo até a deificação do imperador romano Júlio César. Essa obra tem uma profunda influência na história e muito de seu conteúdo, influenciou e continua influenciando inúmeras obras. Um dos contos, existentes nessa obra, trata de uma releitura da obra mitológica do Voo de Ícaro.

Segundo a mitologia grega, Ícaro era filho de um grande inventor que fez asas com penas de aves e cera para ele e seu filho escaparem da ilha de Creta, do labirinto onde vivia o Minotauro, outro personagem da Mitologia Grega. Segundo a história, Ícaro ignorou as advertências do seu pai e voou alto demais, próximo ao sol, que derreteu a estrutura da asa e ele, Ícaro, cai no mar e morre.

Perceba nessa breve e simples explicação as semelhanças com a Bíblia... uma história dentro de uma criação do mundo mitológico, onde um filho desobedece a um pai e cai. Lúcifer era chamado "filho da alva", desobedeceu a ordem divina em seu posto de comando e caiu ao ser expulso gerando morte e destruição! Lembrando que na Bíblia o mar é símbolo do pecado.

Sim, eu sei que na mitologia, Ícaro era um ser humano ao contrário do Querubim, mas a questão é o paralelo de narrativa e a idéia lançada no inconsciente coletivo que é: se Ícaro é uma lenda, Lúcifer também é, certo? Certo, Ícaro é uma lenda. Errado, Lúcifer não é uma lenda.

Na cultura moderna percebe-se claramente a tentativa de as artes também romantizarem a idéia do contato do mundo espiritual com o mundo físico e dessa forma minimizar a seriedade da idéia de um anjo caído como sendo o diabo e talvez seja por essa razão que exista um descrédito de quem consome arte inadvertidamente entendendo que aquilo nada mais é do que um inofensivo entretenimento sem fins espirituais. Eu estaria propenso a concordar com isso se a emoção, a alma e o aspecto espiritual das pessoas não fossem afetadas, mas esse não é o caso, uma vez que os estímulos cerebrais que impactam nossas vidas, estão diretamente ligados a duas importantes janelas da alma sendo elas, a audição e a visão.

Por exemplo, em 1998 o filme "Cidade dos Anjos" remake do filme de Wim Wenders, de 1987, Asas do Desejo, foi estrelado por Nicholas Cage e Meg Ryan, protagonizaram um romance onde ele era um anjo, que se apaixona por uma mulher mortal e ambos desejam estar juntos! Para tanto, o anjo tinha que abdicar de sua condição imortal e ao cair de tal estado, se torna um ser mortal para então, se tornar um com sua amada! Bem, isso não é novidade pois lemos que tal aberração aconteceu em Gênesis 6:1-7 e tais anjos, na Bíblia são identificados como demônios. Esse pecado aos olhos de Deus foi tão grave, que esse é o exato trecho que a Bíblia relata que Deus decide destruir a humanidade através do dilúvio devido ao grau de imoralidade decorrente desse pecado. Hollywood apresenta isso a você, sua audiência, como uma bela história romântica e muitos se derretem ao assistir tamanha baboseira cênica que lhes cegam a mente para a verdade bíblica por detrás!

Outro exemplo... uma famosa marca de lingerie Victoria Secret que promove a busca extrema da beleza estética e aguça (ou melhor seria dizer que amplifica astronomicamente) a sexualidade humana através de belíssimas modelos que exibem seus corpos em desfiles vestidas com asas de anjos! Em uma de suas campanhas, o nome do tema era "Anjos Caídos" e foi amplamente divulgado na mídia mundial. Não quero aqui apresentar uma tese dos malefícios psíquicos no mundo feminino cuja vasta maioria dos padrões estéticos normais não condizem com as formas de tais modelos! Mas é inequívoco o quanto de inspiração maligna se insere na mente das jovens pré-adolescentes e adolescentes que subliminarmente lhes propunham que, para serem aceitas no universo masculino, é necessário usar tais lingeries...como se isso fosse mais importante do que as virtudes de caráter que uma mulher precisa ter. Mas, no mundo da moda, os "Anjos Caídos" ensinam o seu público! Não é atoa que a cantora Country Gretchen Wilson, indignada com isso, desceu a lenha na marca de lingerie na sua música "Redneck Woman" que virou um hit mundial.

Muito recentemente, Billie Eilish uma cantora do público jovem, lançou um vídeo clip de sua mùsica All Good Girls Go To Hell (atenção para o título) retratando exatamente a queda de Lúcifer: ela cai numa poça do que parece ser petróleo em um cenário pegando fogo. Na primeira frase da música ela canta "Meu Lúcifer" e o clip se desenrola nela com uma roupa com asas de morcego e envolta nessa lama ao meio de fogo. Obviamente foi criticada veementemente por uma ala mais conservadora cristã e a resposta da artista foi que a música nada mais é do que uma alusão crítica às queimadas e destruição na Califórnia! É preciso ser muito ingênuo ou cego para cair na conversa fiada dessa cantora!

Qualquer um pode fazer música de alerta sobre queimadas

ou outras catástrofes na natureza, mas muito curioso que a escolha dela foi retratar essa catástrofe ambiental com a imagem de uma cena bíblica de um anjo caindo! Por outro lado, essa cantora nos faz o favor de expor o fato de que a queda de Lúcifer gerou destruição na terra, e quem vai atrás do que ele oferece, viverá sua eternidade em meio à lama e ao fogo eterno.

Mas, após esses exemplos, voltemos à realidade que lemos no texto bíblico, uma vez que as razões da queda de Lúcifer estão inequivocamente explícitas nas passagens que transcrevo abaixo:

Ezequiel 28:17 "*Elevou-se o teu coração por causa da tua formosura, corrompeste a tua sabedoria por causa do teu resplendor;*" (ARC)

Isaías 14:13-14 "*E tu dizias no teu coração: Eu subirei ao céu, e, acima das estrelas de Deus, exaltarei o meu trono, e, no monte da congregação, me assentarei, da banda dos lados do Norte. Subirei acima das mais altas nuvens e serei semelhante ao Altíssimo*". (ARC)

Elevar o coração significa encher-se de arrogância, orgulho, soberba e vaidade. O seu egocentrismo o corroeu e destruiu o propósito eterno para o qual ele havia sido criado! A magnificência e exuberância da sua beleza externa adornada pela maravilhosa música que produzia não foram capazes de esconder o quão deplorável se tornou o seu interior e, no exercício de seu ofício, foi impossível passar desapercebido aos olhos de Deus o que ele levianamente planejava com a iniquidade escondida no profundo do seu coração, que era a sua obstinação pelo poder e perseguição pela Glória de ser adorado assim como o Supremo Criador. Esse foi o seu objetivo antes da queda, e esse continua sendo seu objetivo ainda hoje.

Deus não vê somente o exterior assim como nós, aliás foi isso que Ele mesmo disse ao profeta Samuel sobre o Rei Saul *"Não considere sua aparência nem sua altura, pois eu o rejeitei. O Senhor não vê como o homem: o homem vê a aparência, mas o Senhor vê o coração"* 1 Samuel 16:7 (NVI). Deus é capaz de escanear a profundidade do coração e desvendar os intentos dele. A arrogância desse querubim pode ser resumida nas suas assertivas, nos famosos "Eus de Lúcifer":

"**Eu subirei** acima das estrelas

"**Eu exaltarei** o meu trono

"**Eu me assentarei** exaltado

"**Eu subirei acima** das mais altas nuvens

"**Eu serei** semelhante ao Altíssimo

Partindo daí, consigo entender a razão de Jesus utilizar a metáfora sobre a violência na queda dele como o cair de um raio sobre a terra! Aliás, por um acaso, você já observou a enorme velocidade e violência com que um raio cai do céu sobre a terra? Você encontra no YouTube vídeos disso, bem como o estrago que um raio causa quando cai sobre a terra.

O supremo anjo querubim subestimou o poder do fogo que fazia arder as pedras afogueadas sobre as quais ele andava, daí o início de sua sentença começar exatamente no Altar como sempre Deus assim o faz! Por essa razão, lemos em Ezequiel 28:18(b) o que Deus fez: *"eu, pois, fiz sair do meio de ti um fogo, que te consumiu a ti"* o Fogo do Juízo de Deus o queimou de dentro para fora no corpo dele! Deve ter sido uma cena horrível. Repito para você nunca se esquecer...esse foi exatamente o mesmo tipo de fogo que matou os filhos de Arão, Nadabe e Abiu (Levítico 10:10). Esse é o mesmo tipo de fogo que provará no dia do juízo, as obras daqueles que serviram a Deus em suas vidas. As obras serão purificadas se transformando em ouro ou consumidas como palhas no fogo! Lemos isso em 1 Coríntios 3:11-15.

O princípio do julgamento de Deus pode ser relativamente incompreensível e complexo aos nossos olhos, mas é simples quando exposto à luz de Sua Palavra! Aquilo que não pertence ao Altar que está diante do trono de Deus, seja por obras ou por caráter, é extirpado da Presença de Deus pelo Fogo Consumidor do Altar. Simples assim.

O altar é um lugar desejável por muitos músicos, cantores e

artistas dentro do seio da igreja, mas é o lugar mais perigoso que existe pois é o primeiro lugar que está sujeito ao Fogo do Criador. Não se deve amar o altar. O altar é lugar de temor extremo a Deus que lhe concede por revelação, a mais profunda sabedoria do que seja trafegar em sua Presença e conduzir o povo em Sua Presença. Lúcifer não entendeu isso, ele cobiçou o lugar. Ele amou aquele lugar e a exposição que isso lhe trazia! Isso o levou a sua destruição eterna.

Ezequiel 28:16: "*Por intermédio dos teus muitos negócios em toda a terra encheste teu coração de arrogância e brutalidade, e pecaste; por este motivo Eu te lancei, profanado e humilhado, para longe do Monte Sagrado de Deus. Eu mesmo te expulsei, ó querubim da guarda, do meio da glória das pedras fulgurantes!*" (KJA)

O comércio de sua posição o corrompeu e ele se encheu de violência! Note essa tríade do comportamento satânico: comércio, corrupção e violência! Qualquer semelhança aos dias de hoje não é mera coincidência, mas pura e simples obra do diabo no coração do homem!

Mas foi o próprio DEUS, Criador do Universo, que o expulsou de sua posição! Não foi um comitê de anjos em votação, foi o próprio Deus. Lançar profanado, significa remover dele as patentes de poder e autoridade que lhe foram concedidas no dia em que foi criado. Ele perdeu a formosura de seus adornos e sua exuberância foi queimada pelo Fogo Consumidor de Deus tornando-se desprezível, coberto de cinzas. Ele foi humilhado porque a sua soberba precedeu a sua própria ruína.

Em Ezequiel 28:17 lemos que o fato do seu coração ter se tornado altivo e soberbo, estava diretamente ligado à sua aparência externa, ou seja, àquilo que os outros viam e percebiam dele. Sua formosura e beleza, e a sua sabedoria sobrenatural foram corrompidas graças ao comércio violento do seu esplendor na sua FAMA. Não é coincidência que essas mesmas características estejam incrustadas nos artistas que estão no mais alto do sucesso em suas carreiras...onde os holofotes da fama os fazem brilhar atraindo milhões de fãs prontos a adorarem seus ídolos da música! Não é à toa que isso acontece. Na sua vasta maioria, o sucesso na música é acompanhado de um coração altivo ou cheio de uma falsa humildade na personalidade de seus artistas. A fama é a espuma da destruição do ego de alguém! Efêmera, vazia, sem forma...trevas da alma quando as luzes se apagam. Aqui, o princípio da fama vale para os dois lados: reino de Deus e império das trevas.

Obviamente que a generalização disso seria um erro tolo de minha parte mesmo porque, acredito que seja possível existir exceções à regra mas, em se tratando do Querubim da Guarda expulso, jamais! Nem pensar em relativizar! No seu coração reside a gênese da violência, soberba, orgulho, arrogância, pois assim nos revela a Palavra de Deus. No seu coração, reside a receita para altivez e soberba. Observe esse comportamento nos principais artistas da música mundial ou mesmo nacional, e note que alguns desses aspectos da personalidade de Lúcifer estarão refletidos na personalidade, ou em sua música, ou em ambos.

Existem diferentes teorias sobre o momento de sua queda, mas particularmente, confesso que me identifico com a proposta de que Lúcifer caiu em algum momento, entre Gênesis 1:1 e 1:2 pois, já no versículo 2, a terra é sem forma e vazia. Comparando Gênesis 1:2 com Isaías 45:18 onde lemos *"Porque assim diz o Senhor que tem criado os céus, o Deus que formou a terra, e a fez; ele a confirmou, não a criou vazia, mas a formou para que fosse habitada: Eu sou o Senhor e não há outro"*. (ACF). Deus não cria nada disforme e sem sentido. Tudo na criação de Deus foi criado com extremo cuidado e atribuído o Propósito divino! Essa infinidade de detalhes refletem a grandeza da mente do Criador, mas não se engane, tudo o que o diabo coloca a mão tem por objetivo principal destruir (entenda-se deformar e deixar vazio) e se opor a Deus especialmente no que diz respeito ao plano de redenção da humanidade.

Essa talvez seja a razão pela qual, lemos em Gênesis 1:3 a primeira grande mensagem da Bíblia para nós onde Deus faz uma inequívoca distinção quando separa a Luz das Trevas. Isso é tão incrível de se ler logo no terceiro versículo da Bíblia! Deus quer nos mostrar a sua perspectiva e opinião entre ambos os estados da alma e claramente, nos ensina que não existe meio termo. Ou você pertence à Luz onde Deus está. Ou você pertence às trevas onde quem governa é o diabo. Não existe meio termo. Não existe zona espiritual desmilitarizada. Aos olhos de Deus, não existe o fato de alguém pertencer a ambos. Da mesma forma, ou a música vem do céu, ou a música vem do inferno.

Embora alguns mais radicais ortodoxos podem discordar do que menciono a seguir, mas no meu entender, sim, existe a música que vem do coração do homem e que pode expressar em si uma temática lírica e musical que não colide contrariamente aos princípios da Palavra de Deus. Quer alguns exemplos disso? Leia a letra de da música *"Isn't she lovely"* escrita por Stevie Wonder, *"You've Got a Friend"* da Carole King, *"Love Me Tender"* eternizada na voz de Elvis Presley, *"Bridge Over Troubled Water"* de Paul Simon e tantas outras. Isso é um tema para uma Live no meu canal ou quem sabe, um outro livro...

Observe com muita atenção que o processo de expulsão de Lúcifer que se iniciou no mundo espiritual teve um impacto no mundo físico. Na afirmativa de Jesus, isso é claro! Ele cai "como" um raio. Moro desde o ano 2000 na capital mundial dos raios, a Flórida Central nos EUA! E não foram poucas as vezes que contemplei com assombro a grandeza desse fenômeno físico. Eu não tenho compreensão para explicar e não me atreveria em tentar descrever como algo no mundo espiritual impactou o mundo físico a ponto de Jesus descrever a queda como sendo à semelhança de um raio caindo.

O fato é que a comunidade científica concorda que houve um cataclisma mundial que exterminou a vida na terra. Os fósseis e dinossauros são a prova disso!

Creio que o impacto da queda de Lúcifer na terra, como um raio assim como Jesus viu, foi tão tremendo, que essa queda foi a responsável pelo primeiro cataclisma na história da criação. Ali, creio que os dinossauros morreram, inclusive aqueles que viviam na água. Por isso os dinos jamais morreram no dilúvio, pois os dinos aquáticos estariam vivos até hoje e você não teria coragem de mergulhar no mar sob pena de virar comida de dinossauro.

Eu creio na queda de Lúcifer entre Gênesis 1:1 e 1:2 por várias razões e destaco três das que julgo principais, pelas evidências científicas de um cataclisma na terra, de um impacto de um corpo celeste, pela morte que ele trouxe ao ecossistema vivo da época que hoje chamamos de combustível fóssil ou petróleo, mas principalmente, pelo que lemos em Gênesis 1:2.

Gen 1:2 E a terra era sem forma e vazia; e havia trevas sobre a face do abismo…

Depois que ele caiu, tudo se tornou sem forma, e havia um abismo! Que abismo era esse? Só pode ser o abismo para onde ele foi lançado! O mesmo abismo para o qual os demônios do homem gadareno imploraram para que Jesus não os enviasse (Lucas 8:31). Se o abismo fosse um lugar agradável os demônios jamais teriam implorado isso para Jesus! Nem os próprios demônios, servos de Lúcifer querem estar naquele lugar, no entanto, é para lá que eles irão um dia conforme lemos em Apocalipse 20:11-15. Esse é o local de inspiração das músicas que vêm de Lúcifer.

O juízo sobre Lúcifer foi terrível, mas quando ele caiu, arrastou consigo a terça parte dos anjos do céu (Apocalipse 12:4). Caíram com ele também toda sabedoria e segredos que Deus havia lhe dado, dentre eles a sua habilidade em compor música e criar melodias e depois de expulso, seu talento é misturado com a sua arrogância, enganos fantasiosos, obstinação pelo poder e desejo de receber adoração. Todo esse pacote foi lançado no inferno e é isso o que lemos em Isaías 14:11 *"Já foi derribada no inferno a tua soberba, com <u>o som dos teus alaúdes</u>; os vermes, debaixo de ti, se estenderão, e os vermes te cobrirão."*

Nessa passagem, a música de Lúcifer está revelada no som que continha nas cantigas acompanhadas de seus alaúdes (outras versões aqui usam Lira) e sua música, foi expulsa com ele do mais alto e sublime local, diante do trono glorioso de Deus para o mais profundo do inferno onde foi coberta de vermes. Ele, outrora cheio de unção, coberto de honra e patentes, tem agora sobre o seu corpo coberto por vermes, o que simboliza a podridão da morte. Ali, nas densas trevas do profundo abismo do inferno, passou a residir o seu vasto conhecimento, sua habilidade de fazer música e de compor melodias que outrora, faziam as multidões celestes elevarem a sua voz ao Criador. Tudo isso foi coberto pela podridão que a iniquidade de seu coração lhe trouxe e a audiência de sua música passa a ser os demônios, a multidão de vermes que o cobria e na atualidade, você.

Na sua queda, ele conseguiu parte do que queria! Ele queria um trono para si, e depois de expulso do céu, conseguiu erguer o seu trono no inferno! Ele queria uma audiência para si, ele arrastou consigo 1/3 dos anjos do céu e continua ainda hoje, trabalhando ativamente na escalada atrás de almas que o adorem mesmo que essas almas nem saibam que assim o fazem!

Ele queria governar, ter poder e autoridade certo? Pois bem, organizou o seu exército de demônios com patentes de autoridade e regiões de domínios territoriais na terra que são os principados e potestades sobre os quais Paulo nos alerta em Efésios 6:12. Tudo isso ele conseguiu a partir do seu trono no inferno, profanado de seu design original, banido eternamente do local do seu ofício original, porém envolto no manto da sua maldade, luxúria e obstinação abomináveis aos olhos do Criador!

O som da sua música silenciou no céu, e voltou a soar junto aos vermes nas profundezas do inferno! Sua temática musical e lírica mudou drasticamente em um instante, porém o poder de sua técnica de compor música construindo magníficas melodias, harmonias e ritmos não mudou pois Deus não removeu o dom que lhe fora dado.

Por essa razão, música jamais estará dissociada de espiritualidade. Não existe essa possibilidade. Inúmeros são os relatos de "experiências espirituais" ligadas à composição de música.

Os Beatles fizeram isso em muitas de suas músicas. Por exemplo, George Harrison quando canta "My Sweet Lord", não está se referindo a Jesus, mas sim, a Hare Krishna que era o seu deus naquela época. Ele aceitou Jesus com Emerson Fittipaldi antes de morrer em 2001.

A famosa banda inglesa Led Zeppelin cujo membro fundador Jimmy Page é conhecidamente um ávido ocultista e no livro "The Led Zeppelin Curse" escrito por Lance Gilbert, que também é um ocultista, conta como o cantor da banda e ele, Jimmy Page, compuseram Stairway To Heaven, em um momento de "canalização espiritual". Entenda essa canalização como você quiser, a Bíblia chama isso de possessão demoníaca.

Não é à toa que tribos africanas possuem determinados padrões rítmicos (em música chamamos de células rítmicas) específicos em cultos religiosos que quando entoados, acessam entidades espirituais. Isso foi documentado detalhadamente na obra a Encyclopedia of Percussion, editada por John H. Beck que faz uma respeitosa análise à cultura musical do Brasil e dos instrumentos associados aos rítmos dentro de cultos de religiões de matriz Africana onde tais, são utilizados para a invocação de entidades espirituais dessas religiões.

No YouTube, você encontra filmagens reais em tribos indígenas onde cerimônias religiosas os seus pajés, simplesmente, levitam sem o auxílio de qualquer artefato mecânico escondido e a multidão curiosa ao redor, celebra tal feito! O poder no mundo espiritual através da música é real.

A mídia abertamente exibe artistas que incorporam esses rítmos ligados a letras que exaltam à imoralidade sexual nas mulheres e há relatos públicos no YouTube de testemunhos de que a audiência exposta a certos tipos de músicas, são cheias do desejo desenfreado por sexo. Há quem diga que isso não é aceitável, e deixo o leitor livre para opinar sobre tal perspectiva mesmo porque, depravação sexual pode acontecer dentro do ambiente de música evangélica, certo? Basta lembrar da tal ex-cantora e parlamentar Flor de Lis presa por atos criminosos hediondos e libertinos. Mas, é fato ao notarmos o grau de imoralidade sexual nas letras das músicas e também nos vídeoclips dos tais MCs, cuja sigla significa Mestre de Cerimônia! Que cerimônia seria essa?

No mundo espiritual a sabedoria sobrenatural de Lúcifer em

compor músicas e tocar um instrumento agora estão a serviço de um coração cheio de violência, arrogância, soberba que está disposto a fazer qualquer coisa para obter a adoração a si! Sua mente agora, como bem diz a Bíblia, está corrompida o que significa que tudo o que ele faz tem o intuito de se levantar contra Deus e todos os propósitos do Criador. A Bíblia não deixa margem de dúvida que o seu lugar agora é no inferno e que por isso, a fonte de inspiração da música que vem de Lúcifer está diretamente relacionada com as coisas que ali existem tais como morte, vazio existencial, imoralidade, trevas e destruição.

Como nele não há verdade, e tudo o que ele expõe publicamente possui a falsa ilusão de ser glorioso, é natural que sua música e artistas possam exibir uma aparente exuberância sob o brilho dos holofotes da fama, mas isso é um veneno mortal para a sua audiência que entorpecida pela sua luz, o adora através dos súditos (leia-se artistas) que são usados a se tornarem ídolos da música. Agora, todo o palco está preparado para ele receber o que mais desejava: adoração!

Entenda de uma vez por todas que estou falando de alguém que sabe usar a música poderosamente. Repito, se os anjos que, criados por Deus e que viviam em Sua Presença foram entorpecidos e enganados por Lúcifer, o que dirá o homem?

Toda essa descrição contida nesse capítulo aconteceu e ainda acontece numa dimensão espiritual que os nossos olhos humanos não enxergam. Por causa da queda do homem no Éden, Deus tirou a capacidade do homem de ver o mundo espiritual, mas podemos perceber o mundo espiritual se manifestar no mundo físico, que é a dimensão em que nós vivemos.

O diabo é um espírito e todo e qualquer espírito precisa de um corpo físico para se manifestar no mundo físico. Ora, todos nós sabemos que animais não foram dotados de articularem a fala como nós humanos pois Deus não deu a eles essa aptidão, porém lemos na Bíblia casos de animais que de forma sobrenatural, falaram. A serpente no Éden foi um exemplo (Gênesis 3) e a mula de Balaão (Números 22) outro.

Em ambos os casos, um espírito entrou no corpo do animal e através dele, articulou conversas profundas com o ser humano em vista do contexto que estavam.

No Éden, Lúcifer utilizou o corpo de uma serpente para falar com voz audível no mundo físico. O som de sua voz, envolto com o poder do engano, semeou no coração humano a dúvida mortal que levou o homem a decidir pecar. Eva decidiu pecar e Adão, também.

O engano da música de Lúcifer é exatamente igual. Ele precisa inspirar seus servos e em casos mais extremos, utilizar o corpo de seus servos para falar ao mundo! Isso é a música de Lúcifer que é manifesta ao mundo quando pessoas são usadas por ele como seus porta-vozes de princípios, conceitos e comportamentos! Quando “corpos” de pessoas são cheios do espírito de Lúcifer, certamente estarão engajados em disseminar através de sua música os temas principais que pertencem ao inferno!

Essa assertiva pode parecer um tanto quanto presunçosa ou até mesmo absurda para alguns, mas como costumo dizer, se a música não for primeiro discernida no âmbito espiritual, obviamente, o ouvinte está desprovido de qualquer perspectiva da intenção oculta da música que ouve!

A origem da inspiração da música que você ouve tem direta relação com o que passo a descrever nesse capítulo principalmente porque quando Lúcifer foi expulso do céu, caiu com ele também o conhecimento de compor e utilizar música como um instrumento em suas intenções. A sabedoria e conhecimento de compor música antes inspirada pelo Espírito de Deus dentro da pureza das labaredas do Altar de Deus caíram com ele no profundo do abismo onde densas trevas, cobriam Lúcifer com vermes! Ali, passa a ser o novo lugar de onde a criatividade musical de Lúcifer emerge para sua audiência através dos seus artistas.

Estranhamente, Deus não retirou a capacidade e talento musical de Lúcifer no processo de sua queda do céu. Há de se pensar que Deus poderia ter razões suficientes para fazer isso, mas não o fez! Claro que ele tinha uma grandiosa razão pois foi Ele, Deus, quem criou a música para o seu deleite e depois, para ser um instrumento de prazer da alma do ouvinte e este, ser conduzido à Sua doce e Santa Presença.

Mesmo sabendo que Lúcifer escolheria o rumo que tomou, ainda assim, Deus prosseguiu em seu projeto! Estranha maneira de pensar, mas existia uma razão ainda mais maravilhosa dentro do seu projeto de Criar todas as coisas. Deus deixou isso estampado no peito do Querubim nas nove pedras sacerdotais que se transformariam em símbolo e sinônimo de seu julgamento posterior.

Mesmo sabendo que o dom da música seria uma arma nas mãos do diabo e que ele posteriormente, a usaria contra o Reino de Deus, o Criador jamais considerou (desejou/planejou) que o ser humano fosse um fantoche manipulado por Ele através da música, ao contrário do que Lúcifer faz ainda hoje com o ser humano através da música. Deus decidiu que o maior catalizador de pessoas a Ele seria demonstrado através do seu infinito, inesgotável e misterioso amor que seria manifesto em Jesus na cruz do Calvário e o ser humano, decidiria o que fazer após o conhecimento da revelação desse Amor. Nesse contexto, a música exerce uma tremenda função de adornar o caminho do ser humano a Deus através da revelação de Jesus. A música, por mais magnífica que possa ser, jamais será um atalho espiritual a Deus! As mais incríveis e maravilhosas melodias jamais ouvidas pelo homem podem proporcionar uma profunda emoção na alma, mas jamais esse ambiente sonoro conterá em si os atributos da Presença de Deus se essa música não tiver nascido em um coração rendido aos pés da pessoa de Jesus. Uma música sem os atributos de Deus jamais terá poder suficiente para conduzir a audiência a experimentar a Presença de Deus. Por isso Jesus fez questão de afirmar em João 14:6 que Ele, Jesus, é o único caminho e a verdade que nos leva à fonte da vida eterna, Deus. Sem Jesus não existe acesso para o homem chegar a Deus! A música entoada sem Jesus, sempre será uma música incompleta e jamais saciará a sede espiritual do homem. Pode entorpecer esse homem, mas nunca saciar sua alma da sede pelo Eterno.

A Bíblia é tão incrível na riqueza de detalhes, que parece que Deus fez questão de nos deixar pistas seríssimas dos intentos de satanás através do uso da música.

Lembra sobre a importância de uma testemunha ocular para evidenciar a veracidade de um fato? E se essa testemunha for a materialização da Verdade de Deus em si!? mais ainda será a relevância de seu testemunho. Jesus é essa testemunha. Ele viu a cena! Ele presenciou o fato.

Lúcifer foi "lançado profanado fora" da Presença de Deus!

O termo profanado significa ser ferido, dissolvido ou também, tomar a herança. Os três aconteceram com ele! Toda a autoridade e patente concedidas por Deus foram simplesmente arrancadas dele. Ele foi lançado do segundo patamar mais alto do céu, para o local mais profundo que era o abismo. Lemos isso em Isaías 14:15 *"E, contudo, levado serás ao inferno, ao mais profundo do abismo"*. Jesus foi testemunha ocular disso *"**Eu vi** Satanás caindo do céu como relâmpago"* ... Lucas 10:18. Nesse momento da história, acontece o primeiro grande cataclisma na terra com o impacto de sua queda. Por isso, em Gênesis 1:2, lemos que a terra era sem forma e vazia e havia TREVAS sobre a face do abismo. Onde Lúcifer está existe caos, é vazio, sem forma e cheio de densas trevas. Lúcifer não estava mais na Luz. Ele foi expulso da comunhão com Deus, por isso, foi lançado do céu. Os cientistas defendem a tese de que um grande cometa se chocou com a terra... sim, houve um choque, mas não foi um cometa. Foi a queda de Lúcifer do Céu! Foi tão terrível, que exterminou a vida! Os dinossauros morreram, inclusive os que viviam na água. Por isso os dinos não morreram no dilúvio!! De outra forma, teríamos ainda os monstros marinhos cujos ossos vemos hoje nos museus mundo afora.

Ezequiel 28:18 *"Pela multidão das tuas iniquidades, pela injustiça do teu comércio, profanaste os teus santuários; eu, pois, fiz sair do meio de ti um fogo, que te consumiu a ti, e te tornei em cinza sobre a terra, aos olhos de todos os que te veem."* (ARA)

Com Lúcifer, caiu consigo sua habilidade de compor, de arranjar, de escrever letra, de orquestrar, de distribuir, de manipular...tudo. Deus não removeu dele a sua habilidade de fazer música. A iniquidade que havia nele o profanou, o tornou impuro e

DEUS rompeu o seu fogo santo de dentro para fora. Tenho certeza de que o instante de sua remoção sumária do céu foi absolutamente chocante para os olhos de quem viu a cena.

Agora pondera que se os anjos que tinham também a revelação do que Deus é foram arrastados do céu para o inferno como Apocalipse 12:4 nos revela, o que podemos dizer do homem que nasce sem a revelação de quem Deus é...

Respeitosamente, peço licença a você para expor um pouco da minha imaginação sem com isso, ter a intenção de ferir o princípio teológico que almejo comunicar nesse livro. Por isso, cada detalhe que descrevo a seguir, utilizo uma linguagem ficcional que possui meramente um caráter ilustrativo e não necessariamente, corresponde ao que de fato ocorreu.

"Naquele dia na eternidade, Lúcifer imaginou que iria exercer o seu ofício como sempre o fazia! Repertório musical escolhido, pronto e mais do que ensaiado. Os serafins, anjos celestes que bradam de dia e de noite "Santo, Santo, Santo é o Senhor dos Exércitos" posicionados com as suas magníficas 6 asas aguardavam o comando para erguerem o seu mais alto e estridente louvor ao Criador. Gabriel, o poderoso anjo que mais tarde anunciaria o Messias a Daniel na Babilônia e Maria em Nazaré, devia estar de olho no tal querubim e se entreolhava com o Arcanjo

Miguel, o poderoso guerreiro que mais tarde, seria o responsável pela guarda da Nação de Israel! Talvez conhecendo bem o seu Criador, ambos os arcanjos estivessem no mais alto estado de alerta pois havia uma atmosfera diferente de adoração nos últimos tempos. Suspeita essa se acentuara devido observarem a mudança no semblante do Filho se entreolhando com o Criador! A atenção de todos na Glória eterna estava absolutamente voltada para o Trono onde se assenta o Todo-Poderoso e ao seu lado direito, o Filho. Sem saber do que estava por vir, Lúcifer caminha pela última vez sobre as pedras afogueadas exibindo a sua magnífica exuberância e beleza ao entoar os primeiros acordes de sua música que convocaria a audiência do céu a proclamar a grandeza do Criador em um estrondoso som! Mas a música estava estranha! O querubim tocava e cantava com um estranho tom, que sugestionava uma auto exaltação enquanto projetava os primeiros compassos de uma nova melodia. A terça parte dos anjos estavam se deleitando com sua atitude e outra parte, se calou. Sinistro momento quando para surpresa de todos, o Criador ergue a sua mão interrompendo a música naquele ambiente e ordena silêncio absoluto na eternidade! Era um tipo de pausa que não estava na partitura celeste! Lúcifer posicionado no Altar, imediatamente se cala e o Fogo Consumidor irrompe no altar com num estrondo jamais ouvido e visto antes. As poderosas labaredas do Altar de Deus obedecem a ordem do Criador e engolfam o querubim com o Fogo Purificador e Consumidor! Dentro de seu corpo, vê-se as suas entranhas serem dissolvidas pela pureza e santidade do Fogo do Altar. Suas entranhas corrompidas são expostas à vergonha pública no céu, e dele são removidas todas as suas patentes de autoridade celeste, os quatro outros seres viventes se posicionam num rápido gesto, se levantam dos quatro cantos do pavimento de esmeralda debaixo do Trono, mas é o próprio Criador que expulsa Lúcifer da Glória Eterna.

Com um sopro de sua boca, o Altíssimo comanda uma explosão ensurdecedora, um trovão seguido de uma intensa luz como um raio, remove o querubim de seu posto instantaneamente! As pedras do seu peitoral que outrora refletiam sua Glória do Pai estão sobre as brasas do Altar depois de serem removidas do peito do Querubim. Ele é lançado rumo à terra e a violência de sua queda no mundo espiritual, destrói a Criação que Deus houvera feito. A morte inaugurou o seu ofício no inferno e destrói o que Deus dera Vida. As trevas cobriam a face do abismo, a porta de entrada com seus grilhões foram abertas, e lá Lúcifer fora lançado. O Espírito do Altíssimo se movia sobre as águas, como patrulhando o estrago e preparando a primeira atitude da Trindade em regenerar o que havia sido destruído na queda. Silêncio absoluto no céu, exceto pelo estalar das brasas ardentes que ainda permaneceram queimando sobre o Altar. O Filho à sua Destra se levanta e face a face com o Pai, recebe dEle, a incumbência de se tornar o Sacerdote Eterno que entraria na Sua Presença e governaria todo o Universo. Ele, o Filho, agora se torna o Supremo Sumo Sacerdote e recebe sobre si as roupas sacerdotais eternas da Ordem de Melquisedeque. Ali na eternidade, o Pai imolou o Filho no Altar, mas a morte não o venceu! Desde a antiguidade, a morte nunca venceu o Filho. O Pai em sua grandiosidade olha para o Filho com seu profundo amor, olha para os anjos atônitos pela cena presenciada, olha para o caos sobre a Criação que ele criara e diz, "Haja Luz", e houve luz. O céu, outrora em silêncio, retoma suas atividades normais, mas agora existia um lugar vazio diante do trono de Deus e o Criador olha para o Filho dizendo: "Esse local será preenchido pela sua noiva"! Deus inicia a obra de restaurar o estrago da queda, e a primeira grande obra, ele faz é a separação entre Luz e as Trevas. A terra outrora sem forma, é reorganizada na separação de seus elementos. O que outrora era vazio, o Criador povoa sendo a vegetação e os animais cujo enxames, assombrariam a ciencia milênios depois seria incapaz de catalogar tudo! Cinco dias se passam, e toda Criação está preparada para o que seria o clímax de toda obra de regenerar a Criação. A trindade se reúne, e Deus Pai anuncia: "Façamos o homem à nossa imagem, conforme a nossa semelhança. Domine ele[b] sobre os peixes do mar, sobre as aves do céu, sobre os grandes animais de toda a terra[c] e sobre todos os pequenos animais que se movem rente ao chão". Deus colocou sobre esse homem, a patente de governo desse lado da Criação. Lúcifer com ódio mortal, observava entre as árvores do tal jardim tamanha honra ser entregue a esses dois seres que se assemelhavam ao Criador. Ódio mortal lhe enchia o peito ao ver de longe, o Todo-Poderoso caminhar ao pôr-do-sol junto com aquele ser chamado Adão.

Ele tinha certeza de que perdera aquela honra de governar como resultado de sua rebelião, mas agora perdera autoridade e domínio. Na corrupção de seu caráter e obstinação em se tornar como Deus, perdeu o brilho de outrora que se transformou em cinzas cobertas de vermes! Não fora ele a receber tal honra? Sua mente ardilosa passou a preparar uma forma de roubar aquelas patentes dadas a Adão e Eva. Ele se identificou com a serpente e num rápido movimento, toma o corpo do animal e se prepara para o momento do bote final ao se enroscar subindo pelo tronco da árvore do conhecimento do bem e do mal. Eva caminhava sozinha por ali e Adão à distância contempla sua amada enquanto distraído, olha para o lado oposto. Eva cai na conversa do ex-querubim e desobedece ao Criador: depois Adão também comete o mesmo erro ao tomar a posse e controle do que não mais lhe pertencia após a sua queda."

Aqui termino a minha descrição ilustrativa da queda!

Existem aqueles que não acreditam ou simplesmente rebatem a realidade do diabo e certamente, oro a DEUS para que esse livro possa de alguma maneira contribuir para o descortinar de seus olhos.

Aprofunde-se no tema:

Capítulo 8
A gênese da música na história da humanidade

Esse foi o capítulo mais difícil que experimentei no processo de escrever em todo o livro porque algumas incongruências entre Ciência e Bíblia no que tange a música são tamanhas que eu confesso que estive bem perto de jogar a toalha e deixar de lado esse assunto e não incluir esse capítulo no livro.

Entretanto, pesou em meu coração o desejo de expor minha tese em como o diabo se infiltrou na história da humanidade através da música para corromper o coração do homem em sua busca pelo Criador. Então a premissa básica que o leitor deve ter em mente é que eu não tenho a intenção de atacar e/ou diminuir o valor da ciência ligada a história da humanidade, mas, me sinto impelido na medida do possível em tentar harmonizar ambos, porém a Bíblia sempre terá preeminência na minha vida e no modo de eu ver o mundo.

Aliás, eu tenho que deixar claro a você que eu entendo que a Bíblia é suficiente, porém eu não me limito ter a Bíblia como a única fonte de pesquisa. Muito embora, diversos livros que leio lancem propostas interessantes sobre assuntos pertinentes à pré-história da música, eu sempre me obrigo a confrontar se tais propostas contradizem a Bíblia de alguma forma. Se houver algum ponto de discórdia entre ambas as perspectivas, minha decisão natural é ancorar-me à Bíblia, sem pestanejar. Se eu estiver errado, pelo menos errei defendendo a Palavra como sabiamente me ensinou meu primeiro Pastor, Haroldo Maranhão.

O fascinante livro "The Twilight Labirinth" escrito pelo Antropólogo e Teólogo George Otis Jr., mergulha no tema em pesquisar a razão da perpetuação do império de satanás em determinadas áreas do planeta ao longo da história. Ele escreve "*De fato, a palavra 'pre-história' não entrou no vocabulário europeu até o meio do século XIX e o seu significado literal seja 'época anterior ao uso da escrita' e isso implica que há limitações rigorosas sobre o que é possível sabermos hoje. Como o aclamado arqueólogo britânico Colin Renfrew nos lembra, no entanto, "isso não significa que tenhamos que assumir completa ignorância.*"

Gosto demais do fato que ele defende que não podemos ser ignorantes, ou desconsiderar dos fatos que não foram registrados na história anterior ao advento da escrita. É inegável que o "desconhecido" desperta curiosidade e tenho para mim que existe um sério perigo em mergulhar no estudo da ciência da pré-história sem antes sedimentar uma inabalável convicção de que DEUS é o Criador de Todas as coisas! A afirmativa de João 1:1-3 onde lemos que tudo criado foi ordenado através de Jesus será um antídoto contra qualquer pensamento que se levante contrário ao conhecimento de Deus e ao mesmo tempo, deve ser um combustível para investigar os fascinantes mistérios da grandeza do Criador.

Cedo nesse livro, fiz questão de frisar e aqui, reitero o fato de que não é saudável intelectual e espiritualmente afirmar que a ciência e Bíblia, sejam vistas como inimigos um do outro pois ambos se utilizados sabiamente podem ser harmonizados e se completam em muitos campos do conhecimento humano. É correto afirmar que existirão situações que a ciência não conseguirá explicar as Escrituras e da mesma forma, a Bíblia pode se revelar silenciosa em desejar nos elucidar muitos dos campos do conhecimento humano. Não obstante, reitero aqui o meu profundo respeito ao ser humano engajado em ambas as comunidades: teólogos, cientistas, ateus e qualquer pessoa que não comungue da fé Cristã.

Particularmente falando, eu experimentei anos de silêncio aos inúmeros questionamentos que eu mesmo me fazia enquanto firmei âncora nas profundezas da minha outrora imutável "caixinha do conhecimento" defendendo-a com unhas e dentes e por isso, nunca consegui obter respostas plausíveis para tais questionamentos pessoais. Mas, bastou orar ao Senhor, e pedir para Ele me ajudar a aplicar o princípio de 1 Tessalonicenses 5.21 *"Examinai tudo. Retende o bem."* (ACF). Apliquei e ainda hoje aplico esse princípio em absolutamente todas as áreas de pesquisa e descobri que "Examinar tudo" significa se permitir a exercer o direito de questionar e buscar respostas sem se prender somente nas Escrituras Sagradas, sem com isso me sentir culpado em "trair" Deus pelo fato de eu olhar para o conhecimento humano e tentar buscar com sinceridade de coração o "bem", como dito na Bíblia, digno de ser retido em meu coração que com temor, ousadia e respeito compartilho com você.

Parece óbvio, mas com essa atitute quanto a minha abordagem ao conhecimento humano, descobri na prática, que nenhum mistério científico jamais será grande o suficiente para se comparar com a mente do nosso Deus aliás, é justamente ao contrário porque é a própria ciência que brada e testifica da grandiosidade da insondável e misteriosa mente de Deus. Quão maravilhoso e verdadeiro na minha vida é Tiago 1:5-7!

Só existe um pequeno princípio que percebi que Deus cuidadosamente não negocia com os ditos "incansáveis caçadores da verdade e conhecimento" como eu, e esse princípio nos está revelado em Deuteronômio 29:29 *"As coisas encobertas pertencem ao Senhor, nosso Deus, porém as reveladas nos pertencem, a nós e a nossos filhos, para sempre, para que cumpramos todas as palavras desta lei "* (NAA)

Haverá segredos que Deus se reserva o direito de manter para si, mas o que está revelado ou ainda a ser descoberto, creio que em prol da humanidade, pertence ao homem e é aí que a misteriosa Ciência, entra.

No Livro do Gênesis, a Bíblia nos mostra que houve 3 momentos de dispersão do homem sobre a terra. O primeiro, com

Caim que passa a "vaguear" sobre a terra (Genesis 4), depois, os descendentes de Noé após saírem da Arca em Gênesis 9:18 e Gênesis 10...e a última e mais significativa, na torre de babel em Gênesis 11.

Há um elemento comum nessas três dispersões do homem em suas jornadas sobre a terra. Ele leva consigo algo que está impresso em sua alma e independente da região no planeta para onde esse homem foi, ele levou na bagagem da sua alma algo sublime que o próprio DEUS ali colocou. De modo incrível, Salomão nos revela esse "algo" em Eclesiastes 3:11 *"Ele (Deus) fez tudo apropriado ao seu tempo. Também colocou no homem o desejo profundo pela eternidade; contudo, o ser humano não consegue perceber completamente o que Deus realizou"* (KJA)

Esse "desejo profundo" é o famoso buraco ou vazio existente na alma humana que sempre, terá em si, o desejo pela busca do divino! Semelhante a uma antena parabólica, o coração do homem sempre conterá em si o desejo pela busca do "divino". Foi assim no Gênesis e é assim até hoje! Como me disse certa vez a Pastora Paula Boff *"Dentro de nós, sempre existiu a profecia do sacrifício de Cristo e o mapa para adoração."*

Por essa razão, por onde quer que você viaje no mundo, você sempre vai encontrar em todas as culturas da terra, o ser humano buscando de alguma forma o "divino" dentro da sua expressão cultural local. Foi DEUS quem maravilhosamente colocou esse desejo no coração do homem e note que propositalmente, mesmo com toda sua sabedoria, Salomão se rende ao fato de que o *"ser humano não consegue perceber completamente o que Deus realizou"*. Isso se deve ao inequívoco aspecto de que DEUS como Criador do Universo, decidiu ter a prerrogativa suprema de escolher como revelar-se ao homem, de revelar a Eternidade ao homem do jeito dele, nos parâmetros dele, no tempo dele, na forma dele, segundo a perspectiva dele, segundo os princípios que Ele determina. Toda vez que o homem tenta desvendar a eternidade do seu jeito, dá errado porque, por mais que ele tente, nada saciará sua alma completamente uma vez que esse buraco da alma, é do tamanho de Deus. Essa busca do homem pelo divino se chama religião e/ou seita.

Por isso qualquer proposta de "busca pelo divino" que não levar o homem ao conhecimento de Deus através de Jesus, sempre será uma proposta incompleta em si mesma, e mesmo com a melhor das "boas intenções humanas" qualquer religião da terra, jamais terá a menor possibilidade de chegar até Deus. Radicalismo meu? Claro que não! A própria Escritura explica *"Porque Deus amou o mundo de tal maneira que DEU O SEU FILHO unigênito para todo aquele que nele crê não pereça, mas tenha as a vida ETERNA..."* Ou seja, para "descobrir" a Eternidade, o homem tem que receber uma oferta, um presente dado por Deus e trilhar o único caminho, que é a única verdade que pode levar esse homem a vida eterna: Jesus.

Esse é o mistério revelado em se relacionar com Deus através de Jesus. Deus decidiu se revelar ao homem de uma forma progressiva. Começou no Éden depois da queda, onde a sua revelação passou a ser feita através de um sacrifício de substituição pelo pecado. Esse era um prénuncio simbólico da vinda de seu Filho Jesus que anos mais tarde, seria morto em um cruz e ressurgiria dentre os mortos, vencendo assim, o maior e mais poderoso inimigo do homem, a morte.

Entretanto, a maldade no coração do tal querubim caído, o levou a arquitetar um plano em usar o “segredo divino” de Ec 3:11 em benefício próprio, roubando de Deus a prerrogativa de descortinar a eternidade no coração do homem e enganando esse homem na sua forma de buscar o “divino” e assim, conseguindo desviar a sua atenção do seu Criador. Ele enganou (e ainda engana) esse homem a buscar o "divino" em imagens de escultura, elementos da natureza, nas coisas criadas (pedras, plantas etc.) nos seres criados que na verdade, eram uma falsa imitação “ofertada” pelo mundo espiritual que o homem não vê. A tal busca da iluminação do “eu-interior” joga o homem num emaranhado de sentimentos e buscas mergulhando esse homem no vazio do ocultismo do ecossistema das chamadas religiões antropocêntricas, o esoterismo nas suas mais variadas manifestações que busca o equilíbrio do “eu-interior” em harmonizar-se com o cosmos... a Bíblia é simples:

"todos pecaram e destituídos foram da glória de Deus". O homem precisa restaurar o seu relacionamento com Deus e só então, reencontrar sua verdadeira identidade naquele que é a única resposta: Jesus.

O "desejo profundo" do homem pela busca da eternidade o levou a uma armadilha perigosa e, o homem virou presa fácil para o querubim caído que possuía a revelação completa do conhecimento da pessoa do Deus Vivo na eternidade uma vez que de lá, foi expulso!

Por exemplo, lemos em Isaías 14:11-12 quando Lúcifer caiu e levou em sua bagagem apodrecida pelo seu pecado alguns elementos que ainda hoje ele usa com imenso poder de persuasão. Caiu consigo sua música, caiu consigo o se desejo mortal de vingança e ódio a humanidade que recebeu de Deus uma incumbência de governar a Criação que era inicialmente responsabilidade dele! Não bastou roubar de Adão e Eva o governo da terra, agora, o plano seria (e ainda é) destruir a humanidade e a criação de Deus totalmente com o intuito de ferir o coração do próprio Deus. É por essa razão que lemos em *2 Co 4:4 "o deus deste século cegou os entendimentos dos incrédulos, para que não lhes resplandeça a luz do evangelho da glória de Cristo, que é a imagem de Deus."*

O plano de Lúcifer, tem no primeiro assassinato um exemplo

daquilo que ele é mestre: destruição, caos e morte. Estar longe da árvore da Vida, tinha que trazer as consequências contundentes que ele bem conhecia. A inveja, a raiva, o ódio tomaram conta do coração de Caim e ali, fora do Éden, o primeiro assassinato da humanidade acontece. Após o Crime, Deus dialoga com Caim, e claramente evidencia que por causa do crime que ele Caim cometera, ele se torna maldito e consequentemente, o seu trabalho seria infrutífero. Leia Gênesis 4.

O juízo sobre Caim seria que mesmo que ele lavrasse a terra, ela não produziria mais frutos. Isso significaria para Caim, trabalhar para outros para assim comer ou, ele teria que vaguear procurando sustento para o resto da vida. Deus NUNCA o expulsou de Sua Presença. Caim **entendeu** que Deus o estava expulsando..., mas Deus NUNCA fez isso. Caim esqueceu ou estava cego pelo seu pecado pois optou por não usufruir de usar do princípio ensinado por seus pais quanto ao "sacrifício de substituição" que perdoaria seu pecado ao quebrantar-se e confessar o seu pecado aos pés do Criador buscando o perdão pelo seu erro. Deus desejava ardentemente (vide Genesis 4:6) que Caim se arrependesse, mas isso não ocorreu.

A Bíblia nos dá a entender que o último diálogo de Deus com Caim, se deu dentro do Éden porque a texto diz que Caim "saiu da Presença" de Deus em direção ao Leste. Se você estivesse de pé, do lado de dentro do Éden, olhando para a Árvore da Vida, você estaria olhando para o Oeste e, portanto você estaria de costas para o Leste, onde estava a porta de saída do Éden. Então, caminhar sentido Leste, significaria sair do Éden em direção oposta a Árvore da Vida! Caminhar em direção ao Leste, significa obrigatoriamente virar as costas para a Árvore da Vida, e se distanciar dela! Caminhar para o Leste nesse contexto significa, se distanciar de Deus e sair de Sua Presença.

Caim literalmente virou as costas para Deus e sua Presença, e parte em direção ao desconhecido. Na versão em Português da Bíblia, no versículo de Gênesis 4:12, Caim seria um errante vagueando pela terra, porém na versão King James em Inglês, que traduz o texto direto do hebraico, ali, o adjetivo empregado para Caim é que ele seria um *fugitivo errante, um vagabundo*. Ele ruma a Leste que significa se afastar de tudo o que diz respeito à Deus, e segundo o dicionário da língua portuguesa, o termo vagabundo significa "Característica de quem caminha sem rumo determinado, que perambula ou vagueia; andarilho."

Mesmo com um coração cheio de rebeldia, rancor e amargura Caim ainda experimentou a graça e o amor de Deus antes de partir. Muito embora existam aqueles que olhem para Caim com desdém, como alguém que "merecia" tamanho castigo por cometido o primeiro assassinato da história, o Senhor fez questão de colocar sobre ele uma marca que o protegeria de todo aquele que intentasse mal contra ele. Isso não me parece um juízo ou penalidade, ao contrário, me parece o amor de Deus Pai, colocando nele um símbolo visando a sua proteção mesmo, longe do Criador. Caim partiu para vaguear longe da Presença de Deus! Que triste cena para o Senhor contemplar um filho partir de Sua Presença, mas assim foi, e não teve volta.

George Otis propõe algo muito interessante *"As almas de nossos ancestrais ansiavam por respostas. Como nós, eles tinham uma paixão por entender os mistérios do universo. Reconhecendo essa tendência, e nada do fato de que os cérebros humanos são projetados para detectar padrões, agentes demoníacos especiais conhecidos como governantes mundiais (poder ecônomico) começaram a influenciar, distrair ou manipular suas explorações. alguns dos ápices eralistas dessas "observações guiadas" estão contidas em escritos hindus sagrados conhecidos como Upanishads. Como parte dos chamados "Livros das Florestas", os Unpanshads descrevem como, na magia das florestas, o sentido disso pode levar a revelações profundas. Na quietude da floresta, por exemplo, o som da respiração torna-se um ponto focal para a meditação. Na exuberância arborizada, o meditador pode prontamente observar os ciclos da vida. Folhas, sementes e casulos caindo no chão, apenas para estimular a próxima rodada de renascimento. Encantados por uma antiga serpente de língua prateada, muitos não percebem que o coração conceitual dessas "revelações" a transmigração da alma, ou reencarnação, é nada menos que uma velha variedade de mentiras."*

A indignação do Criador contra Israel a realizar essas práticas de evocação a espíritos ligados à natureza pode ser inequivocamente evidenciada em Jeremias 2:26-29.

"Como se envergonha o ladrão quando o apanham, assim se envergonham os da casa de Israel; eles, os seus reis, os seus príncipes, os seus sacerdotes e os seus profetas, ***que dizem a um pedaço de madeira****: Tu és meu pai; e* ***à pedra****: Tu me geraste. Pois me viraram as costas e não o rosto; mas, em vindo a angústia, dizem: Levanta-te e livra-nos. Onde, pois, estão os teus* ***deuses****, que para ti mesmo fizeste? Eles que se levantem se te podem livrar no tempo da tua angústia; porque os teus deuses, ó Judá, são tantos como as tuas cidades."* (ARA)

É justamente a descendência de Caim, distante do conhecimento de Deus e da Árvore da Vida, que no decorrer de suas jornadas pela terra vagando como um errante, todas as vezes que esse homem encontrava barreiras naturais que o impedia de prosseguir em sua jornada, esse homem entendia que os "deuses" da região precisavam ser "consultados" através de oferendas de acesso para que pudessem ter a permissão em prosseguir em suas jornadas vagueando pelo mundo. Esse homem passa a cultuar elementos da natureza tais como o sol, a lua, espíritos das florestas e os animais como seus deuses. As inscrições em cavernas mostram um homem destemido nas caçadas aos animais, mas mostra também rituais shamânicos de cultos a entidades pagãs ligadas a natureza. Lembra do "princípio de Eclesiastes 3:11 "a busca pelo divino" ...assim nasceu o paganismo no mundo e o culto às entidades espirituais que nada tem a ver com o Supremo Criador do Universo. Interessante que música sempre esteve ligada a rituais religiosos nas diversas culturas da terra. Coincidência? Absolutamente não.

Em algum momento nesse vaguear pela face da terra, a descendência de Caim perdeu totalmente a conexão da lembrança da Árvore da Vida e da Presença de Deus, mas continham dentro de si a intensa saudade de algo maior do que sua existência. Isso era o desejo de "sentir" o Prazer que o Éden proporcionava a sua alma..., mas distante da revelação do Criador e da Árvore da Vida, o engano do diabo foi simples, fácil de ser aplicado e efetivo em seu propósito de cada vez mais, cegar o entendimento do homem e distanciá-lo de seu Criador. Restou na descendência de Caim, o instinto natural de "buscar o divino" e depositar a esperança na sua jornada de vida nos rituais de culto as divindades representadas em animais e ou elementos da natureza lhe pareceu o certo a ser feito.

É no contexto desse mundo pré-diluviano decaído, com o homem distante de um relacionamento íntimo com o Criador, distante da Árvore da Vida, errante pelo mundo e cultuando entidades espirituais ligadas a natureza que nos deparamos com o registro do nascimento de uma criança 7 gerações após, Adão, cujo nome é Jubal. A Bíblia menciona que ele foi o pai de todos que tocam flauta e harpa e esse, é o primeiro registro na história da humanidade que menciona música como lemos em Gênesis 4:21. "O nome de seu irmão era Jubal; este foi o pai de todos os que tocam harpa e flauta."

Aprecio a tradução KJA que ao invés de utilizar o termo "pai", optou por ampliar esse termo usando um conceito quando lemos nessa versão "antepassado de todos os músicos" que dá a conotação perfeita de Jubal ter sido o primeiro músico na história da humanidade. Existem teólogos que defendem a idéia de que esse atributo paterno de Jubal na verdade é uma mera menção figurativa! Conjectura teológica? Talvez, mas o fato é que a Bíblia nominalmente concede a paternidade da música na história humanidade a um homem cujo nome era Jubal.

O seu nome significa "aquele que traz o fluir" e isso em um contexto musical expressa condução principal de uma idéia temática em música: melodia. Me chama a atenção a curiosa coincidência do significado do seu nome com os instrumentos de sua paternidade flauta e harpa, se considerarmos o fato de que a flauta constrói idéias musicais uma nota de cada vez e por isso, exerce um importante papel em música na construção de melodias e a harpa, constrói a harmonia sobre a qual a Melodia existe e se faz compreendida. A junção de harmonia e melodia geram a espinha dorsal do processo artístico de se fazer música. Jubal, era mestre nisso aliás, como a

Bíblia mesmo diz, ele era o **Pai**.

O interessante também é que nesse versículo, o contexto da menção dos instrumentos musicais não está vinculado a nenhum tipo de culto religioso seja esse ao Supremo Criador Deus, e da mesma forma, não está ligado a um culto de qualquer outra entidade espiritual. Entretanto, o contexto de mundo de Jubal e o DNA de sua descendência (Caim) existe uma grande chance de ele ter sido um músico pagão e mais curioso ainda é o fato de que logo após o versículo de Jubal, a Bíblia se preocupa em explicitamente dizer que Adão e Eva, tiveram outro filho chamado Sete (Gênesis 4:25), Sete foi pai de Enos. Logo após a menção de Enos, a Bíblia é clara em dizer que foi a geração de Enos que o homem começou a invocar o Senhor.

Eu imagino que Adão e Eva muito provavelmente receberam com tristeza as notícias da degeneração moral e espiritual que a geração de Caim se tornou sobre a terra depois de partir do Éden. Os frutos de um coração rebelde que Caim cultivou desde o seu último diálogo com o Criador, deve ter impulsionado Adão e Eva a ensinarem Sete sobre a importância e a necessidade do princípio de entrar na Presença de Deu que consistia em apresentar um sacrifício de substituição para o acesso à Presença, utilizando um animal que dessa forma, tal oferta de sacrifício, seria aceito pelo Criador e só então, ousar a entrar na Presença de Deus. Esse era um comportamento absolutamente oposto ao que a geração de Caim cultivaria. Está aí a razão pela qual o coração do músico tem uma natureza rebelde porque lida com uma arte que em sua origem na terra esteve diretamente ligada ao "espírito de Caim". A música que contém rebeldia em si, está ligada ao "espírito de Caim" e isso é diretamente um atributo de Satanás.

Toda essa narrativa me faz ponderar muito seriamente que Jubal, possivelmente não invocava ao Senhor em sua vida e consequentemente, a música contida em sua alma, tão pouco buscava a Presença de Deus. Agora, considere que como "Pai" daqueles que tocavam, Jubal disseminou o uso de instrumentos musicais sob sua ótica pessoal para todos que vinham a ele aprender dessa estranha e misteriosa arte de combiner sons que era capaz de tocar corações, uma vez entoada.

Eu tenho que confessar que eu nunca tinha dado tanta atenção à importância desse versículo de Gênesis 4:21 na história da música afinal de contas, parece uma menção tão simples de um camarada que aparece uma única vez na Bíblia em um capítulo onde o foco principal de seu contexto é o primeiro assassinato acontecido na Bíblia e a punição de Caim que passou a ser um nômade vagueando sobre a terra.

Lembremos que nada na Bíblia existe por acaso e certamente, há uma razão muito poderosa para essa menção única a Jubal em toda Escritura. Uma leitura sem atenção pode aparentar ser esse um personagem sem importância na história da música se não fosse uma pequena palavra de três letras associado a sua pessoa que no meu ver, separa a Ciência e a arqueologia da Bíblia e no quesito de música, ambas, jamais se harmonizarão nesse tópico. Mas, a palavra da qual me refiro ligada a Jubal é PAI que no hebraico significa, "chefe, principal".

A Bíblia utiliza esse termo para dar a Jubal o crédito de ter sido o primeiro de todos na face da terra a tocar os instrumentos flauta e harpa. Coincidência ou não, esses dois instrumentos flauta e harpa, são instrumentos que existiram/existem no céu.

Lemos que em Ezequiel 26:13, 28:13 antes de sua queda o Querubim ungido, Lúcifer, antes de sua queda lidava com música e tinha em seu corpo Pífaros (que é um tubo de ar que quando passa ar, gera notas musicais - flauta, tubo de órgão) e tambores (Vide a versão KJV em Inglês) e os 24 Anciãos (Apocalipse 5:8) e os mártires na Glória de Deus, Apocalipse 15:2, com harpas.

Ressaltemos que o relato da existência de Jubal foi documentado por Moisés anos depois do fato ter ocorrido pois embora a tradição oral fosse a principal forma de transmissão da informação é de se admirar que Moisés tenha se preocupado em documentar a vida de Jubal dentro de um contexto cronológico da genealogia de Adão o que nos permite datar o período de sua vida com sendo aproximadamente entre os anos de 3.800-2.900 a.C., ou cerca de 600-1.500 anos após a Criação. Os Sumérios (povo que vivia próximo ao Golfo Pérsico) por volta do ano de 3400 a.C. desenvolveram a escrita e, portanto não seria leviano afirmar que Jubal viveu no período da humanidade onde já existia a escrita, ou seja, onde há registro escrito da história humana. Esse fato em si nos concede sustentação e credibilidade em afirmar que Jubal de fato é "antecessor de todos os músicos" na terra.

Preciso ilustrar o quão importante é a influência desse pequeno detalhe quanto ao aspecto da paternidade de Jubal lembrando de um episódio na minha adolescência crescendo em São Paulo, onde tive a maravilhosa oportunidade de conhecer e me tornar amigo de um grande Luthier, Eduardo Ladessa, que ja está com o Senhor.

A experiência de estar ali na oficina do Edu vendo-o construir os instrumentos que ainda hoje utilizo, me ajudou a entender perfeitamente o papel da paternidade musical de Jubal.

O Edu era meticuloso na construção de cada instrumento e sabia perfeitamente a maneira que cada instrumento deveria ser fabricado que consistia desde a escolha da madeira até a entrega do instrumento pronto, ao cliente. Esse processo de contruir um instrumento musical era equivalente dizer que era a sua paternidade como Luthier que ele exercia com tanto amor! Antes do Edu, o que era um pedaço de madeira jogado no canto de uma madeireira destinada talvez ao apodrecimento ao relento de São Paulo, em suas mãos, aquele toco de madeira, era transformado em um instrumento magnífico que ele entregava todo orgulhoso nas mãos dos músicos, clientes como eu. Então, através do talento e dom daqueles músicos, os instrumentos construídos eram veículos de expressão da arte de criar música. Lembro o dia em que ele me entregou o meu primeiro baixo e cheio de alegria, aquele descendente de italiano com sua estrondosa risada enchia a pequena oficina ao me ensinar pacientemente um monte de truques no instrumento que construira. Isso no meu ver, é exercer a paternidade de um instrumento e seu instrumentista. Na minha opinião, Jubal deveria ser alguém semelhante, ele não só fazia os instrumentos, mas "inspirava" quem os tocava.

A Bíblia não é clara e nem a Ciência responde uma pergunta absurdamente crucial: quem ensinou música a Jubal? Nas minhas conjecturas pessoais, existem apenas duas possibilidades: o Criador em pessoa ou o querubim caído em pessoa. Um dos dois...e infelizmente, eu me vejo a concluir que não foi o Criador dado ao fato de que a geração posterior a Caim vivia distantes da Presença de Deus. Minha perspectiva é baseada no fato de que em Genesis 4:25, a Bíblia diz que Adão tornou a conhecer Eva, e tiveram um filho chamado Sete. Sete, teve um filho com sua esposa e esse se chamou Enos e a bíblia diz, no versículo 26, que Enos passou a invocar, cuja tradução do original significa chamar, convidar, declarar o Nome do Senhor e ali, no contexto desse versículo não tem música. Nos primórdios do homem invocando ao Senhor, a música não era utilizada no contexto de culto ao Criador. Fato.

Jubal e sua geração posterior, muito provavelmente, viram um senhor de idade e seus filhos construirem o que seria um barco gigantesco. Talvez, aquela cena, tenha virado tema de piada nas músicas da época já que nunca havia chovido na terra e as chances de Noé e sua missão gigantesca de construir uma embarcação de transporte na água deveria ser a maior piada nos bares de standaup de comédia da época e zombaria por anos e anos. Eu sei que isso é conjectura minha, mas Noé deixa de ser uma piada quando ao estudarmos o grande feito do arqueólogo Sir George Smith que traduziu o relato Caldeu que descreve a grande inundação mundial corrobora diretamente com o relato de Gênesis 9, do dilúvio e a Arca de Noé. Explico.

George Otis escreve *"Embora todos os historiadores da Mesopotâmia antiga que descreviam a sociedade chamada "anti-diluviana" ou seja, antes do Dilúvio, morreram na catástrofe de tal inundação, seus registros históricos tais como tabletes de barro foram preservados durante centenas de anos e foram descobertos em 1853 por um arqueólogo chamado Hormuz Rassam em uma Missão exploratória na área que hoje é o Irã, organizada e comendada pela cúpula de comando do Museu Britânico e um dos achados ali, ficou conhecido pelo título de Décimo Primeiro tablete do Épico de Gilgamesh. No ano seguinte em nova expedição as ruínas da cidade de Níneve, George Smith encontra novos tablets com o relato do Dilúvio. Ele também desenvolveu através de seus trabalhos, a cronologia das dinastias do império babilônico de importância enorme para decifrar os eventos do passado historiado da Assíria onde todos, endossam e corroboram com os relatos dos reis babilônicos encontrados nas histórias da Bíblia.*

O que isso tudo comprova? Comprova que existia música pagã como parte de adoração a entidades espirituais pagãs! Comprova que o relato do Dilúvio é verdade e que Noé de fato, existiu. Comprova que o dilúvio aconteceu assim como descrito na Bíblia e aliás, tive a imensa e inesquecível oportunidade de conhecer o fóssil da Arca de Noé na Turquia em setembro de 2023 e lá, filmei para o canal. Assiste lá no meu canal.

E se a narrativa do Dilúvio é verdadeira, da mesma forma, a existência de Jubal é verdadeira, assim como está escrito, ele é o pai dos músicos e, portanto o primeiro músico na história da humanidade. Entretanto, a descendência de Jubal, e todo o resto, exceto pela familia de Noé, morreram no dilúvio. Em outras palavras, todos os músicos do mundo naquela época morreram no dilúvio e da mesma forma, a música como forma de arte deveria ter sido extinta da face da terra no Dilúvio!

Porém, misteriosamente Deus preservou a música. Como? Continue lendo...

Eu sempre perguntei nas minhas orações ao ler o contexto de Noé: *"mas e a música Senhor? Onde estava?"* É fato mais do que óbvio que Deus não deixou a arte da música desaparecer no Dilúvio! Como podemos saber disso? A resposta está em Gênesis 7:14. É lindo ler os detalhes da Bíblia a partir de Gênesis 7:2-3, onde lemos que Deus ordenou que 7 espécies de aves fossem trazidas para dentro da Arca. Sabemos que o número sete, simboliza perfeição de Deus. Sete, são também, as notas musicais. Coincidência ou análise louca de minha parte? Seja como você assim interpretar isso não muda o fato de que Deus simplesmente perpetuou a existência da habilidade de se produzir Melodia que é o código secreto divino da música nos pássaros e assim, a música não desapareceu da face da terra. Assim como em Gênesis 1, os pássaros ao saírem da arca, continham em si a habilidade de produzir o código divino da "Melodia". Ali, Deus perpetuava o que Davi escreveu no Salmo 150:6, "todo ser que respira, louve ao Senhor".

Arca é símbolo de uma aliança, de preservação de vida e me emociona perceber Deus nos comunicar que ele quer redimir a música em sua aliança eterna. Ele quer que a música esteja redimida, juntamente com o homem, ambos, salvos em aliança dentro de sua Arca. Isso é magnífico demais aos meus olhos pois Deus nos comunica o quão preciosa essa arte é para ele.

Após a Arca repousar nas montanhas do Ararate onde hoje é a Turquia, dois pássaros saem da arca. O primeiro é um corvo. O corvo na Bíblia, simboliza o pecado pois mais tarde estaria associado a morte e por isso, um pássaro imundo e impróprio para consumo.

Simbolicamente, dentro do corvo, estava a música ligada ao pecado. Deus está nos mostrando que a Arca de Noé era um simbolismo de sua salvação a humanidade, mas o pecado não sairia do mundo pois estava contido no DNA do homem dentro da arca. Só o Cordeiro de Deus seria capaz de tirar o pecado do mundo como bem disse João Batista (João 1:29).

O segundo pássaro que sai da Arca foi uma pomba. Essa voa e traz de volta em seu bico um ramo de oliveira. Nada na Bíblia está colocado ali atoa! É óbvio que Noé usou esse pássaro para ver se havia terra seca com Lemos em Gênesis 8:8. Não tenho jamais a arrogante intenção de alterar a simplicidade desse princípio. A pomba era o “drone” de Noé que o possibilitava ver os arredores! Entretanto, implicitamente, vejo uma maravilhosa alegoria do Criador!

A música divina, está contida dentro de alguém que tem aliança na salvação que havia na arca! A pomba é um símbolo do Espírito Santo de Deus! O ramo da oliveira é símbolo de Israel e aqui vemos que aquele que carrega em si a música divina, é cheio do Espírito Santo e contém em seus lábios a revelação da Salvação de Deus que viria através de Israel. Tal músico, traz a sua audiência de volta a arca, que é a experiência de ser redimido pela salvação que há na aliança com Deus! Que tremenda alegoria que a Palavra nos traz aqui! Que fantástico é a mente do nosso Glorioso Deus! Podem me chamar de louco varrido por essa conjectura, mas a loucura de Deus é a maior e mais deslumbrante experiência que eu jamais tive! Prefiro ser chamado de louco pelos homens ao invés de Deus me chamar de louco!

Nesse trecho, após o homem sair da arca, note que a Bíblia não registra que Noé ou seus filhos "cantavam" ou utilizavam música...apenas cita, que ofereceram animais em sacrifício ao Senhor depois de sairem da Arca. Não há menção de música ali o que me dá a pista de que desde aquela época Deus nunca esteve em busca de músicas de adoração e nem de músicos, mas do relacionamento sincero face a face através de uma aliança.

Gênesis 10, nos revela a segunda grande dispersão da humanidade sobre a terra e os seus descendentes começam a povoar a terra

No início desse capítulo, eu disse que era absolutamente necessário ter o profundo conhecimento da Palavra, antes de se aventurar nos perigosos labirintos intelectuais da ciência pois com muita facilidade, ela pode ou abalar seriamente as suas convicções teológicas ou consolidar aquilo que voce crê! Dependerá como você assim a percebe frente as Escrituras. E existem fortes razões para eu entender dessa forma e lhe explico a seguir.

A Ciência na suposta Pré-História da Música

Richard Taruskin (1945-2022), considerando por muitos como um dos maiores musicólogos desse século, autor da monumental obra, The Oxford History of Western Music, propõe que existem quatro principais categorias de fatos que embasam a evidência da existência de música na história da humanidade antiga, sendo elas,

1- Desenhos e outras representações gráficas de músicos, instrumentos e apresentações;

2- Restos físicos dos próprios instrumentos,

3- Escritos sobre música e músicos na literatura e em livros de discos; e,

4- Música notada (a mais rara e mais procurada).

Note que a ordem que o dileto musicólogo apresenta, coloca os eventos Bíblicos de Gênesis em terceira ordem de prioridade. Pré-conceito meu? De forma alguma, isso foi extraído da obra do Sr. Taruskin que respeitosamente aqui, coloco.

Eu discorri detalhadamente, fatos do item 3 da ordem do Sr Taruskin mas notoriamente, os itens 1 e 2, dizem respeito a "pré-história" (antes da escrita) da humanidade.

Endossando os ítens 1 e 2 do Sr. Taruskin, em 2008, numa escavação arqueológica a oeste da cidade de Ulm na Alemanha, foi encontrada um artefato identificado pelos cientistas como tendo sido fabricado a partir do osso de uma enorme espécie de abutre chamado Griffon Vulture. A envergadura das asas desse Abutre pode chegar a ter 2.3 a 2.6 metros o que provê ossos com dimensões de comprimento e diâmetro ideais para fabricação de um artefato que os arqueólogos identificaram como sendo uma flauta. Segundo os cientistas, algumas ossadas dessa espécie de pássaro datam de cerca de 50,000 anos atrás.

O método de datação de tal artefato, identificou que o mesmo, é datado de aproximadamente 45,000 anos atrás, ou seja o arqueólogo afirmou à comunidade científica (e ao mundo) que tal artefato era uma flauta. Conclusão e tese defendida por ele.

Tenho que confessar que em um primeiro momento esse artigo esbofeteou minhas convicções teológicas pessoais uma vez que é de concordância entre os principais teólogos que o estudo da Cronologia Bíblica nos leva a descobrir que se retrocedermos no tempo em que vivemos hoje até o relato bíblico de Adão e Eva em Gênesis 1:27 contabilizamos aproximadamente 6,000 anos de história! Como pode existir uma flauta (se é que tal artefato seja uma flauta...) e consequentemente um flautista, 45,000 anos atrás?

Iniciei uma incansável busca pela resposta a essa simples e ao mesmo tempo complexa pergunta, e profundamente frustrado no meio da minha busca em meio a uma verdadeira tempestade intelectual, já bem próximo de sucumbir e jogar a toalha, o Senhor caminhando sobre as ondas da minha turbulenta pesquisa, sussurrou com sua inconfundível voz uma simples frase em meio a uma oração: "*a resposta está em Jubal*". Mesmo que a ciência possa desejar incansavelmente em comprovar a existência de hominídeos datados de milhões de anos em algum lugar remoto da África (ou qualquer outro canto da terra) nenhum deles jamais se alinhariam biblicamente com a possibilidade de serem descendentes de Adão, e por isso, nenhum hominídeo-macaco, jamais poderá ser considerado imagem e semelhança de Deus, conforme Gênesis 1:26-27 e apenas para constar e deixar bem claro, nenhum deles são parentes distantes meus!

Você pode pesquisar por si no Google sobre a "Mitocôndria de Eva" e se deparar com o fato de que mesmo sem um consenso na comunidade científica quanto a uma datação, porém quimicamente falando, eles fizeram uma descoberta fantástica. Existem dois tipos de DNA na célula humana. Existe o DNA do Núcleo da Célula, e existe o DNA dentro da Mitocôndria. O primeiro tipo de DNA, herda elementos do pai e da mãe o que fazem o ser humano ser quem ele é. Entretanto o segundo tipo de DNA é herdado somente o material genético da mãe. A mitocôndria funciona como se fosse um gerador de energia para a célula realizar suas funções e o material genético do DNA existente na mitocôndria não possui elementos genéticos do pai, somente da mãe. Esse material genético foi herdado diretamente da sua mãe, e a sua mãe, herdou de sua mãe e assim por diante.

Os cientistas passaram a estudar a migração dos povos na terra utilizando a genética humana de forma a tentar mapear esse movimento migratório e após analisarem centenas de amostras de DNA de diferentes mulheres em diferentes locais do mundo, os cientistas descobriram que haviam uma repetição do modelo genético do DNA da mitocôndria que era imutável e que na história dos povos de toda humanidade, apontam para uma só mulher que habitou na terra a 6,000 anos atrás e morava no Noroeste da África. A "coincidência" com a Bíblia foi tamanha, que os cientistas "apelidaram" essa misteriosa mulher de Eva daí o nome "A mitocôndria de Eva".

Legal Marcio, mas e daí quanto a música? Como digerir, dissecar e responder a suposta existência de um flautista a 45,000 anos atrás ou qualquer artefato considerado musical anterior a Adão e Eva cronologicamente falando?

Se retrocedermos no tempo 45,000 anos atrás, chegaremos no período que a própria ciência chama de pré-história. Esse período pode estar compreendido em qualquer lugar da Bíblia entre Genesis

1;2 e 1:26. Ou seja, não há registro documental suficiente e portanto, tal achado é passível de conjecturas pessoais de agendas que não necessariamente estejam interessadas em embasar absolutamente nada, exceto o próprio interesse científico. Isso é meio óbvio, mas a Ciência ao fazê-lo, confronta a veracidade das Escrituras que é imutável, eterna e completamente testada.

Lembrei dos versículos: *"Para sempre, ó SENHOR, está firmada a tua palavra no céu".* Sl 119:89 (ARA)

"O caminho de Deus é perfeito; a palavra do SENHOR é provada; ele é escudo para todos os que nele se refugiam". Sl 18:30 (ARA)

Essa data de 45,000 anos, desarmoniza completamente com a data de nascimento daquele que a Bíblia identifica como o pai da flauta: Jubal (Genesis 4:21). Biblicamente falando, ninguém poderia "inventar" uma flauta antes de Jubal existir mesmo porque a humanidade com habilidade musical existe somente a partir de Adão e somente depois de Jubal.

Defendo a tese e respeitosamente questiono que o **artefato** encontrado na Alemanha pode não ser uma flauta. Outras supostas flautas ainda chamadas de "Flauta Nendertal" apresentam um osso de alguns centímetros com dois buracos...mas, daí esse artefato ser uma flauta cujo seu usuário fosse um músico que obrigatoriamente tinha que ter a habilidade de racionar logicamente para construir um conceito de uma idéia melódica já é um exagero científico sem precedentes.

Lamento, mas a ciência se equivoca grandemente pois para tal feito ser verídico é imperativo a existência da escrita e todo Nendertal que se preze, segundo os próprios cientistas, mal sabia balbuciar uma palavra quanto mais, desenvolver e aperfeiçoar a capacidade intelectual de construir a idéia de uma MELODIA. Isso é no mínimo um insulto ao intelecto de qualquer compositor de música e principalmente aos flautistas que potencialmente lerão essas palavras.

Flauta foi o primeiro instrumento que eu tentei aprender e confesso que desisti frente as enormes dificuldades que percebi no instrumento e por favor entenda que isso não é um motivo para você desistir de aprender a tocar flauta, ao contrário, essa foi apenas a minha experiência totalmente infrutífera. Explico.

A técnica mecânica de embocadura por exemplo é um dos obstáculos técnicos que eu não consegui dominar. Embocadura significa dominar a musculatura labial para exercer a pressão correta que os lábios devem imprimir no bocal de entrada de ar da flauta para permitir que o ar de seus pulmões sopre com a pressão correta no tubo. Essa técnica é desenvolvida ao mesmo tempo que o aprendiz desenvolve a compreensão mecânica da posição dos dedos controlando a abertura e o fechamento dos orifícios da flauta para gerar notas musicais na construção de uma melodia. Essas técnicas mecânicas, são simultaneamente aplicadas considerando os conceitos e princípios de cadência rítmica, tempo, harmonia, tonalidade, intervalor de notas, melodia etc etc, para só então chegarmos a evidência inequívoca de que um artefato cujo sopro controlado por alguém com um cérebro pensando em música de fato é uma flauta e quem a manuseia, é um músico.

Honestamente, faça o teste e entregue uma flauta a qualquer espécie de primata comprovadamente inteligente e estimule o animal a utilizar tal artefato. É bem provável que o animal vai soprar e até se divertir com o brinquedo inusitado de fazer som, mas daí afirmar que nas mãos desse primata, aquele artefato se "transforma" em uma flauta e por consequência, que tal primata é um musicista, é um abismo de distância o que torna esse argumento um verdadeiro insulto à inteligência de qualquer pessoa que deveria usar sua inteligência para protegê-lo de tamanho absurdo. Pesquise no YouTube um vídeo sobre a Gorila Koko, já falecida, que foi considerada uma primata de extrema inteligência. Há um vídeo famoso dessa primata empunhando uma flauta e você vai claramente evidenciar a sua total incapacidade de produzir música com uma flauta. Além disso, me causa estranheza não existir nas plataformas digitais de música, composições ou mesmo execução de qualquer obra musical de descententes desses primatas musicistas! Tamanho devaneio científico e só não enxerga quem não quer.

Resumidamente, nas mãos de um primata de qualquer espécie, uma flauta nada mais é do que um artefato, nas mãos de um ser humano descendente de Adão, dotado de habilidades musicais, esse artefato se torna uma flauta apta para nas mãos de um músico, produzir poesia em forma de som!

A ciência segue com algumas perguntas sem resposta mesmo porque diferente da Bíblia, a ciência não se atreveu a exibir qualquer conjectura no compêndio do estudo desse arqueológo em afirmar quem fabricou e quem tocava esse artefato e ainda, quem ensinou tal arte de construir um artefato que produziria música? E mais importante, ainda que de forma rudimentar, quem ensinou música? Perguntas aparentemente simples que a ciência se cala, sem resposta. Aliás, nunca conseguirá responder.

Entendo e respeito que possam haver diversas teorias sobre a origem dos tais hominídeos e por favor, me perdoem os teólogos que contenham respostas sobre o tema mais contundentes do que eu mas, a Bíblia parece não estar preocupada em desmentir a existência do hominídeo mas ela não deixa margem para debate o fato de que Gênesis 1:26-27 Deus diz que faria o homem a sua imagem e semelhança e isso me ajuda a entender que qualquer existência de um hominídeo nas eras passadas, certamente NÃO TINHA a imagem e semelhança de Deus mas, sim, poderia ter aptidões mecânicas semelhantes a Adão. Adiciono ainda o fato de que Deus criou a música e somente dois seres em Sua criação poderiam compreender e fazer música: o querubim da guarda ungido que foi expulso do céu, e alguém à imagem e semelhança do Criador dotado da capacidade de entender e fazer música.

Talvez seja possível que tenha existido uma raça anterior a raça humana que foi extinta em algum momento entre Gênesis 1:2 e Gênesis 1:26. Esse parágrafo inteiro é conjectura minha pois considero que esse é um daqueles segredos que Deus se reserva ao direito de não revelar por completo e propositalmente deixa os sábios sem resposta, possivelmente com o intuito de apontar a Ciência a Ele como Criador Supremo. Há quem defenda possuir tal conhecimento por completo e por isso, me limitarei a expor superficialmente minhas convicções pessoais mesmo porque, deixei claro que macaco nenhum toca música hoje (e nem na pré-história) e Deus não criou os primatas com tal função no Reino.

A Bíblia e a Ciência na História da Música

Na vasta maioria de sites ou livros de história da música, você encontra uma mesma narrativa apontando para o fato que a arqueologia endossa que as primeiras expressões musicais na história da humanidade ocorreram na área da Mesopotâmia em locais como Síria e Babilônia onde hoje conhecemos como sendo o Iraque. Ali, no Iraque, próximo a cidade que hoje conhecemos com Bagdá, todos os moradores da terra se reuniram na construção de um monumento destinado ao triunfo do espírito humano. A torre de Babel.

Capítulo 8: A gênese da música na história da humanidade

E decidiram mais: *"Vinde! Construamos uma cidade e uma torre cujo ápice penetre nos céus! Dessa forma, nosso nome será honrado por todos e jamais seremos dispersos pela face da terra!"* Gênesis 11:4 (KJA)

Esse evento não deveria ser nenhuma surpresa uma vez que Biblicamente falando após a dispersão dos povos no episódio da Torre de Babel narrado em Genesis 11, cada cultura nas diferentes regiões do planeta, desenvolveram as suas crenças religiosas e cada uma delas, a sua própria linguagem musical na busca pelo divino. Música como arte, sempre fez parte das interações humanas mais remotas.

O buraco na alma do homem descrito em Eclesiastes 3:11 se chama "eternidade" e é esse buraco aliado ao fato de que existe um anseio pela busca do prazer que a alma do homem sentia na Presença de Deus após o Éden, que impulsiona o homem a buscar a resposta sobre o que ou quem esteja por detrás do plano do divino! No contexto dessa busca, é muito interessante notar que a Música sempre esteve presente nos ritos religiosos nas diversas culturas da terra ao longo dos séculos.

Inúmeras fontes arqueológicas apontam para instrumentos musicais dentro do contexto de culto a deidades espirituais ligadas à natureza que vão desde os tabletes de cerâmica da Mesopotâmia, hieróglifos nos túmulos e templos egípcios, manuscritos babilônios, ruínas Incas e Maias na América Central, a flauta dos encantadores de serpentes nas ruas da Índia, flautas peruanas etc

Misteriosamente, a flauta seguiu presente em várias culturas da terra, mas é na Mitologia Grega que percebemos que a flauta é utilizada no contexto espiritual de um deus pagão que ainda hoje, tem uma forte presença na cultura da humanidade. Esse é a entidade espiritual chamada: Pan.

Pan é fruto da mitologia grega e surgiu aproximadamente 800 A.C na região da Arcádia que era uma região agropastoril e apenas para contextualizar, Pan aparece na história da humanidade na mesma época que Assíria invade e destrói as 10 tribos que compunham o Reino do Norte em Israel e tambem, na mesma época que ocorre a primeira Olimpíada.

Esse deus grego possui a aparência metade humano, metade bode e é o deus da selva, pastores e rebanhos, música rústica e improvisada, e companheiro das ninfas. Ele tem a cintura, pernas e chifres de um bode. Com sua terra natal na rústica Arcádia, ele também é reconhecido como o deus dos campos, bosques, vales arborizados e frequentemente associado ao sexo; por isso, Pan está ligado à fertilidade e à estação da primavera.

Pan, é retratado desde a antiguidade tocando flauta.

Na forte campanha militar de expansão do Império Grego, Alexandre conquista Israel e na ânsia de suas vitórias, visita a pequena vila de Baal-Gad também conhecida como Baal-Hermon no Norte de Israel justamente porque essa pequena vila era situada não muito longe do Monte Hermon e nessa região, existiam (e ainda existem) diversas nascentes de água que alimentam o Rio Jordão com suas águas.

Nessa Vila, os gregos construíram um enorme santuário de adoração a Pan foi erguido e os gregos que passaram a viver ali, perpetuaram nesse local a adoração ao seu deus Pan. Eu visitei esse lugar em 2008 e mesmo ainda hoje, vê-se claramente inúmeros altares esculpidos no enorme rochedo que evidenciam a presença de culto pagão que acontecia ali. Nesse santuário, existem vários lugares que o bode, era a figura central ali.

O nome dessa vila passa a ser Baal-Paneas que significa "Senhor de Paneas". Note a associação do nome Baal, que significa "senhor" com o deus pagão grego Pan. Ao longo da história, Baal recebe outros nomes complementares como **Baal**zebub (senhor das moscas), o mesmo demônio citado por Freddie Mercury na letra de Bohemiam Raphsody do Queen.

Com o tempo, o nome "Baal" foi removido e ficou somente Paneas. Com o tempo, a letra P se tornou B no nome, e por fim, até o império Romano tomar a região, o nome daquele local era Banias. Em Mateus 16:13 Lemos que Jesus foi com seus discípulos a cidade de Cesárea de Filipe. Esse era o novo nome da cidade de Banias sob o domínio de Roma que homenageava o imperador, César, e o governador da área Felipe. Por isso, Cesárea de Felipe.

Nessa famosa passagem bíblica do evangelho, Jesus pergunta aos seus discípulos o que as pessoas dizem dele. Os discípulos dar respostas truncadas, mas Pedro confessa após Jesus perguntar, que ele Jesus era o Messias Filho do Deus Vivo.

Disse-lhes ele: E vós, quem dizeis que eu sou? E Simão Pedro, respondendo, disse: Tu és o Cristo, o Filho do Deus vivo. E Jesus, respondendo, disse-lhe: Bem-aventurado és tu, Simão Barjonas, porque não foi carne e sangue quem to revelou, mas meu Pai, que está nos céus. Pois também eu te digo que tu és Pedro e sobre esta pedra edificarei a minha igreja, e as portas do inferno não prevalecerão contra ela.

Em Mateus 16:15-18, observe cautelosamente a resposta de Jesus a Pedro pois várias são as declarações, mas no fim desse trecho, ele menciona sobre a igreja prevalecer sobre as portas do inferno. Para um leitor que talvez não conheça a história desse local, a simples menção sobre "portas do inferno" feita por Jesus, parece ser uma declaração abstrata e filosófica sobre o poder da igreja sobre o mundo espiritual das trevas, certo? Errado, nada há de abstrato ou filosófico.

Ali naquele local em Cesaréia de Filipe, o culto a Pan, continuava sendo feito com mais intensidade ainda do que nos tempos de Alexandre o Grande. Roma, sempre utilizou do sincretismo religioso para ganhar o apreço dos povos conquistados! Por essa razão, era de costume dos Romanos, investirem em infraestrutura das expressões religiosas locais trazendo consigo, a religião deles, a adoração do imperadores. Isso tudo para apaziguar os ânimos dos nativos dos territórios recém conquistados. Isso é o mesmo que dizer que eles sincretizavam suas próprias crenças pagãs ao paganismo dos locais que no caso dessa vila, era grego.

O Santuário de Pan então passa a ser um tremendo polo religioso na região e se tona um enorme complexo religioso dedicado ao culto desse deus grego. Nesse local, havia (e ainda há...) ali uma gruta gigantesca que dela, originava uma das nascentes de água para o Rio Jordão. Imagina, uma gruta gigante com um lago...era essa a cena ali. Os romanos percebendo que aquele lago, dentro da gruta, era utilizado dentro do contexto de adoração ao culto de pan, construíram um templo de adoração ao imperador César Augusto na frente da entrada dessa gruta onde os fundos desse prédio, existia uma enorme abertura que o adorador tinha acesso as águas daquela gruta.

Agora, o adorador de Pan, prestava culto ao imperador e então, prestava culto a Pan. Como explicado anteriormente, Pan tinha metade de sua aparência na figura de um bode porque era uma entidade espiritual ligada a fertilidade dos rebanhos. Ali no Santuário de Pan, havia uma área onde bodes eram trazidos e sacrificados para serem apresentados como oferendas ao deus Pan através do templo de Augusto. Uma vez o sacrifício feito, o adorador de pan, entrava no templo de Augusto, caminhava até o fundo do templo e ali, a carcaça do animal era jogada nas águas dentro dessa gruta.

A tradição daquele culto naquela época acreditava que Pan, era o deus do mundo inferior, o Hades (do grego, o inferno). Então, quando a carcaça do animal era jogada no lago dentro dessa gruta, ou ela boiava ou ela afundava. Se ela boiasse, era um sinal que Pan havia rejeitado a oferenda. Se ela afundasse, era um sinal de que Pan havia recebido a oferenda.

Quando Jesus em resposta a Pedro, menciona que os portões do inferno não prevaleceriam contra a igreja, ele certamente estava traçando um paralelo entre aquela gruta e diretamente, se referindo a Pan como uma representação do diabo dentro da mitologia grega, cujo reino das trevas é o inferno. E Jesus declara a Pedro (e a mim, e a você) que a igreja de Cristo tem a função de adentrar os portões do inferno e de lá, arrancar as almas que estão ali presas nas garras do diabo. A direta analogia feita por Jesus nos revela que no contexto espiritual invisível aos nossos olhos, os portões do inferno, não podem segurar o avanço da igreja na pregação do evangelho para salvação dos perdidos.

Jesus ascendeu aos céus e a igreja, avançou em seu trabalho

de pregar o evangelho. O culto de Pan ali, foi extinto quando o Santuário foi destruído anos depois e nunca mais, o culto foi restabelecido, entretanto Pan saiu daquela gruta e invadiu a cultura na história da humanidade. Lembra que mencionei sobre a evidência da influência das potestades territoriais sobre a cultura da humanidade? Pan é um claro exemplo disso!

E a igreja, continua a exercer o seu papel de adentrar os portões do inferno? A resposta aqui é pessoal...e não uma jocoza menção indireta a uma suposta declaração difamatória quanto a "resultados". Nao é esse o meu papel!

Encorajo você a fazer essa pesquisa em inglês no Google "Pan popular culture" e você vai descobrir a enormidade de filmes, obras literárias, desenho animado, teatro, musicais, músicas, pinturas onde a figura de Pan aparece.

É incrível evidenciarmos as inúmeras referências do "poder místico da música" através de um flautista em diversas obras...mesmo que Pan não seja diretamente citado.

Por exemplo, na **Idade Média,** Pied Piper of Hamelin um Flautista que "encanta os ratos" prá removê-los da cidade! Coincidência o poder místico de um flautista sobre a natureza? Pan era um deus retratado como vivendo na floresta. Essa é somente um ingênuo conto folclórico ou um grande sarro do diabo chamando a humanidade de ratos, atraídos por sua música para o reino onde ele domina através de Pan, uma floresta?

Na Irlanda, há uma lenda de que a ilha era lotada de serpentes e um leprechaun Druída (duende) tomou para si a responsabilidade de remover essas serpentes. Como? Tocando uma flauta! Então, diz a lenda, que ele tocou a flauta e encantou a serpentes que morreram afogadas e sumiram das ilhas. Como resultado a nação comemora St. Patrick, que toca flauta e se veste de verde, com orelhas pontiagudas! Olha Pan aí disfarçado no folclore...todo irlandês se veste de verde, enche a cara de álcool em "honra" a St. Patrick ou Pan.

Isso é uma evidente adoração ao diabo disfarçada de folclore em defesa de preservação da tradição de um povo. O folclore de um povo é muitas vezes uma forma sagaz que o diabo encontrou de aninhar-se em meio à lendas culturais para encantar e enganar o povo que compactua com as trevas ao celebrar tais festividades. Esse fenômeno do diabo esconder-se nas tradições culturais de um povo, se repete em várias nações e culturas da terra. A única nação da terra cujas festas do povo não são de cunho pagão, é Israel pois foi o próprio Deus quem as ordenou ao seu povo. Pesquise.

Mozart escreve a obra "A Flauta Mágica" fortemente influenciado de símbolos maçônicos uma vez que ele pertencia a maçonaria. Um tema maçônico comum é que a música tem o poder de transcender o medo e o ódio humanos. Assim, a moral da história é que através da Ordem Maçônica e guiada pela beleza da música, a sociedade é iluminada – homens e mulheres igualmente. Mensagem bonitinha mas, contrária a Bíblia pois Jesus disse *"Eu Sou a Luz do Mundo; quem me segue não andará em trevas, mas terá a luz da vida."* Joao 8:12. A "luz" proposta por Mozart nunca foi Cristo e portanto, é trevas segundos as Palavras de Jesus. O evangelho não precisa de símbolos, basta os "Eu Sou" de Jesus.

Interessante ver Pan, como um amado personagem infantil cativando o coração de milhões de crianças no curioso personagem brincalhão da Disney que "coincidentemente" emprestou o nome daquele discípulo que confessou Jesus como Messias, e assim **Peter Pan** segue "encantando" crianças e adultos semelhante a um espírito que aparece voando em cenas e que também, toca o mesmo tipo de flauta do deus grego, vestido de verde, orelhas pontiagudas, morando na "terra do nunca"! E o crente louco sou eu?

Pan misteriosamente vai parar no título do primeiro álbum do Pink Floyd em 1967,"The Piper At The Gates Of Dawn" (O flautista nos portões do amanhecer) que o vocalista adepto da droga LSD, se inspirou no título desse álbum em livro infantil chamado The Wind in the Willows (O vento nos Salgueiros) onde na capa da primeira edição desse livro, Pan aparece tocando flauta sentado em meio à vegetação. Coincidentemente, nesse disco há uma música entitulada "Hino ao Diabo". E o crente louco sou eu?

Em se falando do livro “The Wind in the Willows”, Pan aparece na capa de algumas de suas edições que foi a fonte de inspiração para o famoso filme Mágico de Oz que no fundo, é uma direta apologia a iniciação de bruxaria. Willow é uma árvore, e no ocultismo, é muito utilizada como pano de fundo em vários rituais de bruxaria. Essa é uma arvore muito significativa!! Aliás no Brasil, essa árvore se chama Salgueiro. Essa árvore também simboliza o perfeito exemplo ou o mais alto ápice da energia feminina. Essas árvores são muita usadas nas narrativas de cenários de livros de romance onde os amantes se encontram sob os galhos e suas folhas quem escondem a paixão oculta e o cumprimento do desejo proibido e onde muitas jovens, muitas adolescentes e meninas, sussurram suas esperanças e sonhos sob suas folhas. Coincidentemente, essa temática lírica da maturação feminina está sempre presente nas letras das músicas da mega star Taylor Swift que foi extensamente acusada de bruxaria na mídia americana. Pesquise no YouTube trechos de shows nessa música, e curiosamente, você notará uma coreografia que remonta a um ritual noturno em uma floresta, cujos dançarinos em um círculo, evocam com tochas em chamas, os espíritos associados a essa suposta dança. Qual o título dessa música? Willows. Loucura minha? Pesquise, e tire suas conclusões.

Um estranho flautista novamente aparece gargalhando numa floresta na letra de “Stairway to Heaven” composição antológica do Led Zeppelin cujos compositores Jimmy Page e Robert Plant, abertamente confessaram que compuseram essa música em um processo no ocultismo se denomina, canalização. Na Bíblia, esse mesmo processo é chamado de possessão demoníaca. No livro The Curse of Led Zeppelin o autor narra em detalhes esse episódio.

Mas uma grande pergunta ainda paira no ar. Qual a razão da perpetuação de toda essa parafernália do inferno incrustada na cultura? Os céticos obviamente desdenharão em dizer que não passa de uma expressão cultural, mas aqueles que estão ***em busca da verdade além das notas*** assim como eu, vai descobrir que todo esse mecanismo existe para perpetuar a cegueira espiritual na mente das pessoas. A exata cegueira descrita em 2 Coríntios 4:4

"Nos quais o deus deste século cegou os entendimentos dos incrédulos, para que lhes não resplandeça a luz do evangelho da glória de Cristo, que é a imagem de Deus." (ARC)

Devo lembrar a você leitor, que é imperativo eu mencionar que esse livro em suas mãos não embasa qualquer tipo de preconceito religioso de minha parte, aliás, ao contrário, a Bíblia claramente já conceitua que aos olhos de Deus, que todo e qualquer culto religioso que fere qualquer um dos seus Mandamentos, é abominável aos seus olhos e qualquer música entoada dentro desse contexto, da mesma forma, é abominável aos olhos de Deus.

Se o objeto de culto de uma audiência é o próprio artista ou banda, isso é abominável aos olhos de Deus de igual forma. Basta ler em qualquer Bíblia a opinião do próprio Deus sobre aqueles que cultuam deuses pagãos...por exemplo, leia a instrução que Ele Deus deu ao seu povo sobre participar na prática de adoração a deuses cultuados pelos povos que habitavam outras terras que porventura o seu povo ali estivesse! Leia Deuteronômio 12:29-32, de onde extraio uma pequenina frase desse trecho que o próprio Deus diz: *"...isso é abominável e eu odeio..."*

Música sempre foi, e sempre será a expressão da alma do seu artista como se fosse, um espelho daquilo que ele carrega dentro de si. Seus valores, crenças, medos, traumas, anseios, alegrias, tristezas e principalmente o seu aspecto espiritual. Tudo isso sempre estará refletido de um modo ou de outro na música desse artista e consequentemente, impresso na alma de seu ouvinte. Esse princípio se aplica para qualquer tipo de música expressa em todas as culturas da terra. Inclusive para música instrumental tal como música clássica, jazz, fusion etc.

O foco das trevas é prender a mente da pessoa dentro de uma Egrégora. O nome da venda colocado nos olhos do homem se chama: Egrégora. Isso será explicado densamente no capítulo sobre o Illuminati e o poder dos símbolos.

Música nunca foi apenas uma forma de entretenimento. Música é uma experiência espiritual em primeira instância. Sempre foi e para sempre será. A alma, a percebe como um entretenimento.

Muito das doenças da alma sao plantas atraves da musica que voce ouve, e da mesma forma, Deus pode utilizar a “musica limpa” para trazer um balsamo em sua vida.

Por isso, a FONTE ORIGINAL da música que você ouve determinará a saúde espiritual da sua alma. Foi assim no Monte Sinai...

Visite os links abaixo e aprofunde no tema sobre paganismo na música.

Capítulo 9
A música no Sinai e o Bezerro de Ouro

A história do Bezerro de Ouro no livro do Êxodo (capítulo 32) é um evento marcante na jornada dos Hebreus recém libertos da escravidão de Faraó que causou um profundo impacto em todo povo e a despeito de como você a lê, a grande verdade por detrás dessa passagem está em constatar que embora o povo tivesse saído do Egito, o Egito ainda não tinha saído do povo e o pecado cometido no Sinai teve uma terrível consequência.

Mais de 3.000 anos depois desses fatos, aqui estamos, eu e você, estudando essa passagem das Escrituras que nos traz uma poderosa lição sobre o envolvimento com música em um ambiente de adoração pagã. A questão principal que proponho não é falar mal de qualquer cultura ou forma de culto religioso, mesmo porque, ninguém está isento de levantar os seus próprios bezerros de ouro em sua vida, consciente ou inconscientemente.

O contexto é: Deus havia ordenado a Moisés voltar ao Egito depois de seu exílio por 40 anos em Midiã (hoje, Arábia Saudita) e em nome dele, libertar o povo hebreu da escravidão infringida por Faraó no Egito. Depois dos confrontos e das dez pragas, o povo sai do Egito após comemorar a primeira Celebração da Páscoa Judaica e escapa milagrosamente das garras do Exército de Faraó na dramática passagem no meio do Mar Vermelho.

Depois de três meses de jornada no deserto, chegam aos pés do Monte Sinai onde armam o enorme acampamento. Moisés havia conduzido o povo durante 3 meses para o tão esperado encontro do povo com Deus! Esse era o desejo de Deus! Ali, todo o povo, reunido nesse gigantesco acampamento nômade, contempla o cume do monte que exibia labaredas de fogo e o som de trombetas pela Glória de Deus que havia descido sobre o monte. A Bíblia descreve o terror do povo ao ver tal cena, mas, aqui entre nós, deve ter sido absolutamente tremendo contemplar a grandeza daquela cena (Leia Êxodo 19:16-25) Nesse momento da história, Deus chama Moisés para subir no monte e entrar "nas densas trevas" da espessa nuvem de fumaça.

Ali Moisés se encontra com Deus e permanece por 40 dias e 40 noites e existe uma seríssima razão para esse encontro. É preciso lembrar que Deus enviou Moisés para liderar a libertação do seu povo escravizado debaixo da opressão e chicotes dos capatazes de Faraó para se tornarem uma Nação livre, constituída e escolhida por Deus para habitar uma terra especial em cumprimento à promessa dada a Abraão! Dessa Nação viria o Messias.

Deuteronômio 7:7-9 nos diz: "*Não vos teve o SENHOR afeição, nem vos escolheu porque fôsseis mais numerosos do que qualquer povo, pois éreis o menor de todos os povos, mas porque o*

SENHOR vos amava e, para guardar o juramento que fizera a vossos pais, o SENHOR vos tirou com mão poderosa e vos resgatou da casa da servidão, do poder de Faraó, rei do Egito. Saberás, pois, que o SENHOR, teu Deus, é Deus, o Deus fiel, que guarda a aliança e a misericórdia até mil gerações aos que o amam e cumprem os seus mandamentos." (ARA)

O encontro no Sinai, representa o início da organização dessa Nação. Era intento de Deus já no início, prover os seus parâmetros de governo, por isso tudo o que acontece nesse encontro, nos foi revelado nos capítulos de Êxodo 20 a 32. Deus inicia outorgando os 10 Mandamentos e as Leis Sociais (também conhecidas por Leis Mosaicas, ou Leis de Deus) e o mais lindo de tudo, na minha singela opinião, é que era desejo dele, Deus, estar no meio do povo. Por essa razão, Ele revela o Tabernáculo que era uma tenda portátil, que Ele mesmo chamou de Seu Santuário terrestre, onde habitaria na jornada junto com o seu povo pelo deserto. Deus deu as diretrizes a Moisés sobre como o povo se chegaria a Ele. Lemos isso em Êxodo 25:1-18.

No final desse período de 40 dias e 40 noites, algo trágico acontece no acampamento, que foi a construção de um bezerro de ouro. Ali no topo do Sinai, Deus revela a Moisés:

"*Então, disse o Senhor a Moisés: Vai, desce; porque o teu povo, que fizeste subir do Egito, se tem corrompido, 8 e depressa se tem desviado do caminho que eu lhes tinha ordenado; fizeram para si um bezerro de fundição, e perante ele se inclinaram, e sacrificaram-lhe, e disseram: Estes são os teus deuses, ó Israel, que te tiraram da terra do Egito.*" (ARA) Êxodo 32:7-8

Observe que Deus se preocupou em dizer a Moisés explicitamente que a adoração a essa imagem do bezerro de ouro fez com que o povo se corrompesse espiritualmente. O que isso significa? Significa que a purificação espiritual, que ocorreu na noite da Páscoa no Egito, havia sido violada através do culto ao bezerro de ouro! Lembremos que em Êxodo 12:7, Deus manda colocar o Sangue do Cordeiro no batente das portas das casas, e isso impedia que o anjo da morte os tocasse na noite da última praga do Egito. Isso é morte espiritual e está diretamente ligada à corrupção espiritual. Veja, não estou falando da morte física...estou falando de morte espiritual! Para aumentar ainda mais a ofensa do povo contra o Criador, esse mesmo povo que viu o poder de Deus sobre as pragas do Egito, o livramento na noite da Páscoa e a salvação da morte dos primogênitos, a incrível passagem pelo Mar Vermelho com os pés secos, as águas amargas no deserto se tornarem doces, e tantos outros feitos grandiosos, agora, esse povo ousa atribuir a uma imagem de um bezerro de ouro a Glória e Honra alegando esse ídolo ter sido quem os tirou do Egito, chamando esse ídolo do Nome Sagrado de Deus, o YHWY. Você consegue perceber o tamanho da ofensa a Deus?

Moisés desce do Monte Sinai apressadamente, e o jovem Josué reporta o *"som de guerra no acampamento"*, mas Moisés, que havia recebido a **revelação dada por Deus**, já sabia que o som proveniente do acampamento nada tinha a ver com guerra, e sim, som de uma multidão que CANTAVA. Ele explicitamente diz isso no texto.

E, ouvindo Josué a voz do povo que jubilava, disse a Moisés: Alarido de guerra há no arraial. Porém ele disse: Não é alarido dos vitoriosos, nem alarido dos vencidos, mas o alarido dos que cantam, eu ouço. Êxodo 32:17-18(ARC)

Perceba a diferença de discernimento do ambiente espiritual em música entre Josué e Moisés. O jovem Josué distinguiu aquele som como sendo som de guerra, mas aquele que esteve mergulhado na Presença da Glória de Deus, recebeu a revelação do próprio Deus, e por isso já sabia que aquele som não era de guerra e sim uma multidão que CANTAVA em festa em um culto pagão. O termo hebraico traduzido com "alarido" é um "ruído alto como um estrondo", o que denota a paixão com que aquelas pessoas estavam cultuando aquele bezerro e, por consequência, aquelas músicas que estavam sendo cantadas estavam associadas com o ato de corrupção espiritual que, por sua vez, estava ligada ao fato de se prostrarem diante de um ídolo egípcio e sacrificarem animais a esse ídolo. Note também que Deus não precisou fazer absolutamente nenhuma menção a Moisés sobre música nessa passagem, mas isso não significa que música não seja importante no contexto do que estava acontecendo no acampamento dos hebreus! Pelo volume de texto nesse capítulo da Bíblia, claramente o objetivo desse trecho está em descortinar o mundo espiritual sob o ponto de vista de DEUS em primeiro lugar, depois no ponto de vista de Moisés, o ponto de vista de Josué e por fim, a grave consequência sobre o povo onde o fim daquela escolha espiritual, levou 3.000 pessoas à morte por causa desse pecado.

É muito pertinente convidar você, leitor, a ponderar sobre o perigo de simplesmente ignorarmos o aspecto espiritual por detrás da música que escolhemos ouvir.

Em se tratando de ambiente espiritual em música, podemos nos aprofundar ainda mais nessa história para conhecermos a dimensão da ofensa desse pecado a Deus.

Você alguma vez já se perguntou: *Mas, por que um **bezerro**? Por que nao uma águia? Ou um leão? E por que ser de ouro? e por que a música é tão importante mesmo sendo implícita nessa passagem?*

Para responder essas perguntas, precisamos voltar cerca de 4 séculos antes desse episódio no Sinai, e mergulhar no contexto histórico tanto do Egito quanto da história da imigração dos hebreus para o Egito. É imperativo conhecer um pouco da cultura e religião egípcia e só então, descortinaremos o que de fato, esse trecho de

Êxodo significou para a descendência da família de Jacó que imigrou para o Egito e posteriormente, cometeu esse pecado no Sinai. Estudar mais profundamente esse trecho é simplesmente, fascinante...

Em Gênesis 37, lemos que José foi vendido como escravo pelos seus irmãos para mercadores midianitas e em seguida, estes o revendem no Egito como escravo. A Bíblia não relata o nome da cidade egípcia onde ele foi vendido, porém há de se ponderar que como bons mercadores árabes esses homens midianitas haveriam de buscar revender esse "produto" em um mercado que fosse capaz de lhes proporcionar um bom lucro. José foi vendido a Potifar que, segundo a Bíblia era o capitão da Guarda de Faraó, ou seja, um dos mais altos cargos do governo que desfrutava da confiança pessoal do homem mais poderoso daquele reino, Faraó. No desenrolar dos eventos da vida de José ali no Egito, lemos que posteriormente, ele foi vítima de uma cilada mentirosa da esposa de seu chefe, acabou sendo preso na masmorra de Faraó. Depois de 13 anos de cadeia, ele, José, é apresentado diante do próprio Faraó e interpreta dois sonhos do Rei que revelaram o iminente caos que ocorreria sobre o mundo por causa da fome e José, inspirado por Deus, propõe a solução a Faraó. Por essa razão. José é elevado instantaneamente ao cargo do segundo homem mais poderoso do Egito, abaixo somente do próprio Faraó. Esse fato é crucial para nossa compreensão pois mudaria o rumo de sua vida, de Israel e do Egito.

Cheio de pompa e honra, José é presenteado pelo próprio Faraó para se casar com a Filha do Sacerdote de On, segundo o que lemos em Gênesis 41:45. On era uma cidade egípcia também conhecida como a Cidade de Heliópolis ou "Cidade do Sol", centro de adoração e culto ao deus sol associado a força e poder. Esse deus era considerado como o criador de si mesmo, e de todos os outros deuses do Panteão Egípcio. Ser casado com a filha de um sacerdote desse deus, significava a entrada triunfal de José para o mais alto círculo da sociedade egípcia da época, uma vez que os sacerdotes de On eram considerados os mais inteligentes e homens de grande sabedoria no Egito.

Se a Bíblia se preocupou em registrar o nome da esposa de José, Azenate, e seu sogro, Potífera, é porque ambos eram pessoas de importância social na época. Aliás, uma outra perspectiva interessante está no fato de que Faraó foi tão impactado pelo dom de interpretação dado a José pelo seu Deus, que ele, Faraó, julgou importante catapultar o representante desse Deus que revelara seus sonhos misteriosos, entre os líderes do panteão egípcio como símbolo de sua envergadura espiritual, e ser aceito como o Segundo Homem do reino, respeitado e apoiado exercendo tal cargo.

Pertencer à mais alta sociedade religiosa egípcia certamente também credenciava José a desfrutar dos lugares mais importantes das festividades dos deuses do Egito e é bem possível imaginar que parte do cotidiano de José consistia em conviver mais de perto com a Religião Egípcia que era quase toda ela, representada por deuses em forma de animais.

Apenas para que você pondere, a Bíblia nada fala sobre Deus desaprovar o casamento de José com uma mulher não hebréia mesmo porque a lei mosaica só viria a ser válida muitos anos depois. Onde? No Sinai, em Êxodo 20-24. Existe uma corrente de teólogos que acredita ser muito provável que a esposa de José tenha deixado os deuses do Egito para servir o Deus de José. Supõe-se isso pelo fato de que José ter dado nome aos seus filhos com profundos significados espirituais ligados ao Deus de seus antepassados ao invés de qualquer deus egípcio. Isso sem contar a benção da perpetuação das tribos cujos nomes levavam os nomes dos filhos de José, Manassés e Efraim.

Muito bem, mas o que tem música a ver com isso tudo? Segue lendo...

A história e arqueologia nos mostram que a cidade de Mênfis além de ter sido a primeira cidade egípcia fundada aproximadamente 3.000 AC, por muitos séculos, foi também a capital do governo egípcio.

Diferentes cronologias bíblicas apontam para o ano de 1699AC como sendo o início da história de José. A cronologia das dinastias dos Faraós é um tema complexo que propositalmente não me atreverei a abordar aqui, mas é fato que existe uma grande chance de que os eventos narrados no livro do Gênesis na história de José, possam ter ocorrido próximos a Mênfis.

Em Gênesis 47, lemos que Faraó permitiu que a família de José se instalasse no melhor do Egito em uma região identificada como sendo a Terra de Gosén. Segundo David M. Rohl em seu livro "Pharaohs and Kings, a Biblical Quest", essa região é identificada pelo nome Avaris e ficava no leste do delta do Nilo uma área extremamente fértil para agricultura e pecuária.

Avaris ficava próximo a Mênfis que por sua vez, estava localizada ao sul do delta do rio Nilo, na sua margem oeste cerca de 15 milhas (24 km) ao sul de onde hoje está a cidade moderna do Cairo.

A cidade de Mênfis era o principal centro de adoração do deus Hap, que em Grego é conhecido como o deus Ápis. Esse deus era considerado a manifestação terrena de Osíris, deus da vida após a morte. Existem evidências arqueológicas e históricas que apontam para o início do culto ao deus Ápis por volta dos anos de 3150AC, o que torna esse deus como um dos mais antigos e importantes deuses do Egito.

Certamente José e sua família recém-chegada ao país se depararam com esse deus egípcio no cotidiano de sua vida ali. Explico a razão disso...

Na religião egípcia, o deus Ápis que era representado na

forma de um touro e esse animal era o único deus egípcio que era selecionado nos rebanhos do país e trazido para dentro das dependências de um Templo chamado "Apieum" e ali vivia em meio a um harém de vacas, uma vez que Ápis simbolizava não só a fertilidade das cheias do Nilo para agricultura, mas principalmente, a fertilidade dos rebanhos egípcios e a virilidade desse harém também incluía a servidão diária de uma miríade de sacerdotes que cuidavam desse animal com banhos de incenso, alimentação impecável durante toda a sua vida. Por que isso? O culto ao deus Ápis era central na cultura do Egito e a adoração a esse deus estava associada às principais fontes econômicas daquele país (agricultura e pecuária), fato esse, que nos mostra a tremenda importância desse deus na religião egípcia. Lembra do sonho de Faraó das vacas magras? José interpretou o sonho revelando a Faraó que o poder de Ápis seria seriamente abalado em um futuro próximo e isso impactaria profundamente a economia do país e essa informação foi prontamente absorvida pelo Rei.

Nos hieróglifos egípcios e estátuas exibidas em museus, Ápis possui entre os seus chifres um círculo semelhante a um prato, que simbolizava o deus Sol, aquele deus cujo sacerdote, Potífera, era o sogro de José.

Segundo Charles Rivers no seu livro "The Cult of the Apis Bull" (O culto do Touro Ápis), esse Touro era criteriosamente selecionado no rebanho egípcio pois tinha que ser da cor negra, possuir um desenho natural de um diamante branco em sua testa e possuir outra marca branca na região lombar e, por fim, deveria ter uma marca debaixo da língua! Esse animal era levado para o palácio e ficava em seu posto até a sua morte. Existem registros de tumbas de Ápis chamadas Sarapeum das quais foram desenterrados restos mortais de touros mumificados.

Quando esse touro morria, acontecia um luto nacional no Egito por 60 dias e o evento fúnebre era tão suntuoso quanto o cortejo da morte de um Faraó, dado à importância de Ápis no panteão de deuses egípcios e na economia do reino. Durante o período de luto, os sacerdotes tinham a difícil tarefa de percorrer o reino e novamente identificar nos rebanhos egípcios um bezerro macho para ser empossado como o novo animal para substituir o falecido, e este, segundo a crença egípcia, receberia o espírito de Ápis e passaria a representar aquele deus no Egito. Uma vez selecionado, esse bezerro era levado ao Templo Apieum em Mênfis em uma grandiosa procissão fluvial no Rio Nilo ou longas procissões terrestres dependendo de onde estivesse o rebanho em que o novo "representate" de Ápis fosse encontrado. Em ambos os casos, as multidões celebravam aquele bezerro como a nova materialização do deus Ápis e a manifestação física de Osíris (deus no mundo dos mortos) no país. Nessas festas, os egípcios sacrificavam animais como oferenda de adoração àquele bezerro, que era nova manifestação do deus Ápis! Isso significava que os egípcios nutriam sua esperança no poder de Ápis em recomeçar um novo tempo de abundância de colheita, fertilidade nos rebanhos e muita, muita prosperidade financeira para a nação condicionada obviamente ao culto a esse deus. Assim, a confiança do povo egípcio era depositada em adoração religiosa aos pés de Ápis.

É nesse contexto de festa e celebração religiosa que a música era utilizada como um veículo para conduzir os egípcios à adoração celebrando o poder de Ápis em lhes conceder as bençãos vindouras. Danças acompanhavam a música consagrada a adoração de Ápis! Agora, considere que toda essa descrição ao culto de Ápis era comum à vista dos hebreus desde a entrada de José e da família de Jacó até a geração liberta por Moisés no Êxodo.

No texto de Êxodo 32:8, quando Deus no Sinai, alerta Moisés sobre a corrupção espiritual do povo no acampamento, Ele descreve especificamente fatos comuns de elementos arqueologicamente comprovados que existiam na festa de Ápis que havia no Egito. Deus fala a Moisés sobre um ídolo em forma de um bezerro e certamente, essa estátua representava Ápis. Deus tambem revela que o povo se "curvou" e o termo hebraico aqui é "shâchâh" que significa se prostrar e um posição de reverência reflexiva perante uma entidade espiritual. Diga-se de passagem essa palavra é a mesma utilizada em Gn 18:2 quando Abraão se prostra em reverência aos três homens que o visitaram em sua tenda. Em outras palavras, o povo no Sinai se prostrou com o rosto em terra como uma clara expressão de adoração ao deus egípcio. Deus também revela que sacrifícios era apresentados ao bezerro de ouro. O termo hebraico que lemos na Bíblia nesse trecho é "zâbach" que significa morte de animal, derramamento de sangue o que no contexto aos olhos de Deus é um seríssimo comprometimento espiritual com as trevas. E o mais impressionante no meu modo de ver, é que Deus reportou a Moisés, que a adoração pagã do povo atribuiam aos deuses (plural) do egito a glória pela libertação do povo da escravidão o que denota as profundas trevas espirituais em que aquele culto era publicamente exibido no acampamento.

"...depressa (o povo) se desviou do caminho que lhe havia eu ordenado; fez para si um bezerro fundido, e o adorou, e lhe sacrificou, e diz: São estes, ó Israel, ***os teus deuses****, que te tiraram da terra do Egito".* Ex 32:8 (ARA)

Certamente ali no acampamento hebreu no Sinai não havia nenhum Sacerdote egípcio e nem rebanho de gado com as características necessárias para um touro adulto para representar Ápis. Então, o mais óbvio, era fazer uma estátua de um bezerro que representasse Ápis.

Arão, irmão de Moisés, cedera à pressão do povo que pedia por uma nova liderança por interpretarem que Deus havia se esquecido deles por causa da demora de Moisés no cume do monte. O povo queria depositar sua esperanca e sua fé em algo que lhes era comum. Embora a Bíblia não seja específica ao nomear Ápis, no panteão egipcio, o único deus que é representado em um Touro e é atribuído o poder para prover essa esperança e segurança financeira, só poderia ser Ápis. Por isso uma estátua de um bezerro e o ouro, simbolizaria a riqueza do Egito agora guiando o povo em seus novos caminhos.

O povo fez oferendas a essa imagem e diz a Bíblia (Êxodo 32:12) que o povo se divertia! Aos olhos de Deus, essa "diversão" era um culto a esse deus e como tal, era uma abominação que causava uma corrupção espiritual e um desvio do "caminho" que Ele Deus, propunha a Moisés. O "desvio" era justamente o fato de a adoração do povo não ser dirigida a Deus e sim ao bezerro de ouro e pior ainda, creditando a esse deus pagão, o triunfo da honra pela libertação do povo da escravidão do Egito.

Creditar o mérito, honra, veneração a uma estátua, imagem, objeto, pessoa ou qualquer outra coisa, é, aos olhos de Deus, um desvio, corrupção espiritual e uma falsa adoração abominável passível de juízo.

Se você vivesse naquela época, e estivesse ali no Sinai vendo Arão construir aquele bezerro, muito provavelmente ao ouvir as músicas entoadas e ver as danças, você se lembraria das festas de Mênfis, você lembraria das procissões do Egito na coroação do bezerro do deus Ápis. Foi exatamente isso que aconteceu no Sinai!

Aquelas músicas trouxeram à lembrança do povo a pseudoesperança de um deus egípcio que traria a direção na caminhada pelo deserto já que Moisés desaparecera nas densas trevas sobre o Sinai e Deus aparentemente, não mais dirigiria o seu povo. Era o momento de remover Deus e empossar Ápis.

A ira de Moisés se acendeu contra os que praticavam a idolatria! Sabe por quê? Porque Moisés sabia o que significava o culto ao deus Ápis. Assim como José, Moisés também viveu na mais alta roda social como filho adotivo da filha de Faraó e certamente viu as celebrações nas procissões egípcias ao deus Ápis. Ele esteve no palácio de Faraó desde sua infância até os 40 anos! A sua indignação foi tamanha que ele não se conteve em quebrar as tábuas dos 10 Mandamentos considerando assim o povo indigno de receber tal presente escrito pelo próprio dedo de Deus! Moisés sabia exatamente o tamanho daquela afronta e o significado daquele pecado contra o Deus que Ele servia. O que torna a sua intercessão a Deus em prol do povo ainda mais significativa.

A profunda intimidade com Deus leva Moisés a se indignar com a corrupção que há no oculto da música que nada tem a ver com Deus. Fica fácil de discernir! Sabe por que Josué não discerniu isso? A ele não foi revelado porque não lhe foi permitido estar nas densas nuvens da Glória de Deus onde a voz de Deus era audível! Na Bíblia, estar nas densas nuvens com Deus, é um símbolo de maturidade espiritual. Muitos jovens são assim...vivem à margem da presença de Deus e por isso estão propensos a aceitar qualquer tipo de alarido (leia-me: qualquer tipo de música) no acampamento ou pior, muitas vezes incorrem no erro de achar que o estrondoso alarido de guerra agrada a Deus mais do que o silêncio da lágrima contrita de um coração rendido aos pés da cruz. Vale aqui reiterar o tamanho da importância de um líder (principalmente de música) gastar tempo com Deus em Sua Presença...

Fica evidente que música nesse trecho adornava o caminho da adoração a Ápis e isso, era abominável aos olhos de Deus. Afinal, que melodia era aquela que fazia o povo esquecer da cena dos rebanhos mortos no Egito por ocasião de uma das pragas? (Êxodo 9:1-7).

Todos viram o poder de Deus ao trazer juízo e aniquilar o suposto poder de Ápis em proteger os rebanhos do Egito em uma das pragas que antecipariam o Êxodo do povo! Onde estava o poder de Ápis? Mas o povo esquecera desse fato e cantava, dançava e sacrificava ao bezerro de ouro! Que desastre! Que poder será que existia por detrás daquelas danças e músicas que cegaram o povo à luz das labaredas fumegando no topo do Sinai?

Aprendemos aqui que qualquer outro foco de adoração na Presença de Deus que não seja o próprio Deus, é visto por Deus como uma corrupção espiritual e isso, fere o princípio de "vigiar a presença de Deus".

Nessa história, o povo "correu para o mal" e Arão, irmão de

Moisés, grandemente cooperou para isso porque lhe faltou a tenacidade de romper em autoridade perante a pressão das circunstâncias o que aponta para alguém que apesar de andar próximo de um líder "cheio de Deus", Arão não estava nesse momento, "cheio do Deus de seu líder" e foi incapaz de dizer NÃO frente ao pedido absurdo do povo.

Pode parecer secundário em meio a toda essa narrativa, mas a música dessa festa, claramente cegou a mente humana com o poder de sua melodia e rítmos que estavam associados ao culto de um deus pagão. Aqui, as canções na festa de Ápis ligaram espiritualmente alguns hebreus rebeldes ao seu verdadeiro deus: Ápis.

É obvio afirmar que dentro de um contexto de culto a um deus pagão, toda e qualquer música entoada ali se torna um instrumento de expressão da espiritualidade da alma de quem está dentro daquele culto pagão. Não importa se a música é utilizada para alegrar ou acalmar a mente de forma aparentemente inofensiva... não existe inocência no mundo espiritual seja através de música ou qualquer outra expressão da alma. Detalhe, não há referência de "estilo musical nesse trecho" porque isso nao importa. A corrupção espiritual acontece no coraçao do homem a despeito do estilo.

Mais uma vez, comprovo a você leitor, que sim, música conduz o seu ouvinte a uma experiência espiritual e essa, pode corromper o homem à vista dos olhos de Deus.

Agora, vamos aprofundar mais um pouco?

Permita-me descortinar algo tremendo em toda essa narrativa! Você já teve a curiosidade de se perguntar por que razão a entrada da família de José no Egito foi uma benção? mas, anos mais tarde a geração do capítulo 1 de Êxodo se transformou em maldição ao se tornarem escravos de faraó! O que aconteceu com os hebreus entre a chegada no Egito e a sua posterior escravidão descrita em Êxodo 1?

A Bíblia nos responde de forma inequívoca em apontar para o fato de que a corrupção espiritual de Israel não iniciou no Sinai. Ao contrário, o povo entrou na terra do Egito salvos da fome sob a benção de Deus debaixo do governo de José, mas algo aconteceu que a benção foi transformada em maldição e a Bíblia nos revela com exatidão que as abominações do Egito agradavam aos seus olhos e eles se apegaram aos deuses do Egito esquecendo-se do Senhor.

"No dia em que escolhi a Israel, levantando a mão, jurei à descendência da casa de Jacó e me dei a conhecer a eles na terra do Egito; levantei-lhes a mão e jurei: Eu sou o Senhor, vosso Deus.

Naquele dia, levantei-lhes a mão e jurei tirá-los da terra do Egito para uma terra que lhes tinha previsto, a qual mana leite e mel, coroa de todas as terras.

Então, lhes disse: Cada um lance de si as abominações de

que se agradam os seus olhos, e não vos contamineis com os ídolos do Egito; eu sou o Senhor, vosso Deus.

Mas rebelaram-se contra mim e não me quiseram ouvir; ninguém lançava de si as abominações de que se agradavam os seus olhos, nem abandonava os ídolos do Egito. Então, eu disse que derramaria sobre eles o meu furor, para cumprir a minha ira contra eles, no meio da terra do Egito" (ARA). Ezequiel 20:5-8

Posso entender claramente o que Deus nos revela através de Ezequiel nesse trecho acima. Eu nasci no Brasil e por 27 anos, ali vivi e cresci. Quando vim morar nos EUA, tive um choque cultural enorme e foi absolutamente necessário me adaptar à nova realidade que governaria minha vida. Eu tinha a plena convicção da minha fé em Cristo firmada na Palavra, porém para mim, tenho que confessar que, com o tempo, pequei ao me render a alguns deuses desse novo país. Um deles se chama Mamon, na Bíblia descrito como o deus das riquezas. Não é novidade para ninguém que o sistema econômico americano existe para você "ter" tudo aquilo que você sempre sonhou. Esse é parte do tão chamado "Sonho Americano" que encanta com sua definição romântica de que é *"o ideal pelo qual a igualdade de oportunidades está disponível para qualquer americano, permitindo que as mais altas aspirações e objetivos sejam alcançados."* Ou seja, aqui nesse país, (EUA) se você for um workaholic (que significa ser uma pessoa que trabalha compulsivamente muito e por longas horas) você conquistará tudo o que desejar. Sem entrar em discussões filosóficas mais profundas sobre o capitalismo imperial, fundamentalmente aqui nesse país, se vende a idéia de que tudo é possível, mas existe um altíssimo preço a ser pago: escravidão ao excesso de trabalho. É comum ouvir o trocadilho de quem vive nos Escravos Unidos da América. Assim como eu, muitos imigrantes que chegam aqui se rendem à escravidão do trabalho, afundando-se em dívidas impagáveis que causam terríveis consequências na família, na saúde e por fim no relacionamento com Deus, porque o trabalho lhe impede de ter o tempo com o Pai de outrora. Até o dia em que Deus te permite passar por uma circunstância terrível que lhe abre os olhos e o liberta da escravidão de Mamon e o faz acordar para a realidade daquilo que realmente importa, a começar por Ele, Deus, e depois, pela família e depois, reorganiza sua escala de valores. Existem dezenas e dezenas de histórias aqui nos EUA de imigrantes que corroboram com os fatos desse parágrafo. Isso sem contar os que vêm para cá e cometem as falcatruas costumeiras de outrora em terras brasileiras. Lamentável!

O mesmo aconteceu com a família de Jacó. Claramente, os ídolos do Egito cativaram de algum modo o coração do povo de Deus. Note que as pragas do Egito foram um juízo de Deus a aspectos ligados à cultura do país e suas riquezas. Todas as pragas eram na verdade uma forma de Deus gradualmente chamar a atenção do povo para o tipo de escravidão espiritual em que eles viviam. Isso mesmo, escravidão no mundo natural primeiro se inicia na escravidão no mundo espiritual e estar ligado a uma entidade egípcia, era uma demonstração disso.

Nada na Bíblia está ali em vão e se você for um leitor atento das Escrituras, você vai lembrar que em Êxodo 1, o sistema econômico da época foi criado no passado por José, e esse mesmo sistema econômico, foi instrumental para o governo impor de vez a escravidão ao povo. O crescimento da população hebréia foi apenas um disfarce, mas a idolatria no coração dos hebreus foi a jurisdição espiritual para a sua submissão escravagista pois o povo entrou em uma dívida impagável com o Estado. O triste é ler nesse capítulo que subira um novo Faraó que não conhecia José. Mesmo com toda influência que José teve em sua época, ele foi esquecido pelos egípcios. Maldito o homem que confia no homem! Por isso, a bênção se transformou em maldição. Mas... desde sempre, Deus é especialista em resgatar pessoas de dívidas impagáveis...vide a Cruz...

Agora atente para a zombaria do Querubim caído!

Essa é a parte mais densa e pesada da história do Bezerro de Ouro. Confesso que demorei anos para entender o que passo a narrar em seguida e esse entendimento me trouxe a uma nova dimensão de perspectiva nas minhas escolhas pessoais em música, e oro para que o mesmo aconteça na sua vida.

Capítulo 9: A música no Sinai e o Bezerro de Ouro

Nos capítulos anteriores fiz absoluta questão de ser detalhista ao extremo em descortinar quem é Lúcifer e o seu inequívoco desejo de receber adoração que pertence a Deus.

Pois bem, esse detalhamento da religião egípcia serve para descortinar o aspecto espiritual que eu julgo ser mais o profundo que é a zombaria de Lúcifer a Deus através da música no Sinai. Como? Explico.

Segundo a religião egípcia, a pessoa de Faraó era considerada a personificação de um deus que liderava o seu povo. Inúmeros livros e achados arqueológicos nos mostram isso. A liderança de Faraó sobre o Egito era o sinal da figura máxima dos deuses falando por sua boa. Se você ler o primeiro embate de Moisés com Faraó em Êxodo 5, claramente discernimos o uso de sua autoridade sobre os deuses do Egito.

"Mais tarde, Moisés e Arão foram falar com o rei do Egito e lhe anunciaram: "Assim diz Yahweh, o SENHOR, Deus de Israel: 'Deixa meu povo partir, para que possam celebrar uma festa em meu louvor, no deserto!" Replicou o Faraó: "Quem é Yahweh para que ouça a sua voz e deixe Israel partir? Não conheço Yahweh, tampouco permitirei que os israelitas saiam de minhas terras!" Êxodo 5:1-2 (King James Atualizada – no meu ver, melhor versão para esse trecho)

Moisés tinha 80 anos, era um pastor de ovelhas em Midiã

quando se deparou com um arbusto pegando fogo, o qual não se consumia (Êxodo 3). Naquele encontro, Moisés empunhava uma vara utilizada no pastoreio do rebanho. Deus concede poderes miraculosos associados a esse objeto. Quando Moisés volta ao Egito e entra no Palácio do Rei, a visão de Faraó vendo aquele senhor de idade empunhando uma vara certamente o incomodou profundamente. A maioria dos deuses egípcios aparecem em hieróglifos empunhando uma vara pois isso também era um símbolo de autoridade. Então, quando Faraó ouve dos lábios daquele senhor de idade empunhando uma vara, o nome daquele Deus, Faraó não reconhece a autoridade espiritual e de imediato pois pergunta quem aquele Deus era e assim, confronta a autoridade nas palavras proferidas por Moisés. Ali havia um embate espiritual em primeiro lugar! o DEUS YHWY falando pela boca de Moisés e os deuses do Egito representados em Faraó, falando pela sua boca.

Nas cerimônias religiosas aos deuses egípcios, associados à pessoa de Faraó eram representados pelo simbolismo da incorporação de três deuses com forma humana e com cabeças de três animais, o falcão (deus Horus) e o leão (deus Sekhmet) e o touro representado pelo deus Ápis. Aqui claramente temos a representação na religião egípcia das quatro cabeças do Querubim descritas em Ezequiel 1:10, onde a Bíblia nos mostra que um querubim possui 4 faces, a de um homem (Faraó), um touro, uma águia e um leão (deuses) em um só corpo.

"E a semelhança do seu rosto era como o rosto de homem; e, à mão direita, todos os quatro tinham rosto de leão, e, à mão esquerda, todos os quatro tinham rosto de boi, e também rosto de águia, todos os quatro." Ezequiel 1:10

Claramente, na religião egípcia, o diabo trabalhou para perpetuar nos deuses egípcios as características morfológicas espirituais de um querubim celestial nos deuses egípcios através da pessoa de Faraó. O diabo recriava dessa forma os traços de sua aparência que ele tinha na eternidade antes da sua queda. Lemos também em Êxodo 12:12 que Deus "executa juízo" sobre essas entidades egípcias o que nos mostra que, deuses egípcios não pertencem ao Reino de Deus e, portanto, representam figuras pertencentes ao reino das trevas. Esses deuses eram imagem de castas demoníacas que recebiam a adoração do povo egípcio por trás do suposto culto religioso. Nesse contexto de culto pagão, havia músicas entoadas à honra desses deuses e, portanto, eram cultos devotados a demônios. Sim, estou afirmando embasando biblicamente a você leitor que os deuses egípcios representam castas de demônios no mundo espiritual e as deidades egípcias associadas com Faraó eram a representação espiritual do próprio Lúcifer, materializadas na pessoa do rei.

A música e danças diante da imagem do bezerro eram a consumação do desejo de Lúcifer receber adoração, e ele foi ousado para realizar tal feito.

Capítulo 9: A música no Sinai e o Bezerro de Ouro

Ali no Sinai, aos olhos do mundo natural que podemos ver, havia música e danças em um culto de adoração ao bezerro Ápis, mas no mundo espiritual, Lúcifer recebia aquela música e danças, como uma adoração a sua pessoa. Lembre-se: o fogo da Glória de Deus no Sinai era o mesmo Fogo das pedras afogueadas sobre as quais Lúcifer andou! Aquele bezerro estar sendo adorado ali, era uma afronta e zombaria direta de Lúcifer roubando a adoração e os adoradores de Deus, diante do Fogo em que um dia ele esteve.

Ali aos pés do bezerro de ouro, música corrompida do inferno materializada na voz daquelas pessoas que sabiam que estavam em um contexto em que um deus egípcio era adorado, estava sendo entoada a plenos pulmões por aqueles que se viraram contra o Deus Todo Poderoso. Mais uma vez Lúcifer engana uma multidão.

Erra e erra feio quem diz ou pensa que o povo ali estava "cego" e não sabia o que estava fazendo. Ao contrário, o povo sabia muito bem o que eles estavam fazendo ali ao declarar que aquele deus egípcio os tirara do Egito. Essa foi uma ofensa muito grave e profunda contra o Deus Vivo, pois lemos no hebraico que o povo chamou Ápis pelo nome sagrado de Deus: YHWH. Pode imaginar a profundidade e a dimensão dessa ofensa ao Deus Vivo? Arão, que era o futuro sumo sacerdote de Israel, foi o responsável pela instauração daquele culto. Arão foi conivente e nesse momento, usado como um instrumento das trevas para criar o ambiente de culto ao deus Ápis e por consequência, adoração a Lúcifer.

Se fizermos um paralelo desse contexto com os dias de hoje, qualquer artista que usa de seus talentos para que uma multidão posso cultuá-lo através da música, de forma direta ou indireta, incitando as massas a reverenciarem esse artista, ou uma entidade espiritual, ou filosofia de vida e/ou comportamento contrário à Palavra de Deus, instantaneamente está ofendendo a Deus em sua conduta artística. Arão usou de arte para construir o bezerro. A arte era uma fundição de metal em escultura. A música adornou aquele ambiente espiritual e ajudou a disseminar a propagação do culto no acampamento. O som atraiu a massa. A música atraiu o povo ao culto. O culto conduziu o povo a adorar algo que não era o Deus Vivo cuja Glória no Sinai, fumegava o cume da montanha. Assim o diabo utiliza a música e seus artistas até os dias de hoje. Estando esse artista consciente ou não do que promove no mundo espiritual, não importa! Se as massas consomem músicas que contêm em si os temas que nascem na inspiração do abismo do inferno (para tais temas em música, vide Mateus 15:18-20 e Gálatas 5:19-21), esse artista passa a ser corresponsável junto com o diabo pelo destino eterno de sua audiência.

Esse trecho de Êxodo claramente mostra que a música pode estar sim dentro de um contexto espiritual de culto a uma deidade espiritual que não seja o Criador. Qualquer contexto de música que desvia a sua atenção de Deus e seu Reino, certamente tem aliança com as trevas e é abominável aos olhos de Deus! Esteja certo de que um show de música, ou um festival, tem caráter espiritual em primeiro plano travestido do aparente aspecto cultural de uma apresentação artística músical dos "músicos do momento" ou dos "dinossauros do Rock", ou a apoteose do carnaval que claramente um culto religioso e à sexualidade exacerbada, ou o boteco das esquinas infestado de músicas regadas a bebida e degradação humana na imoralidade sexual ou, as arenas de música sertaneja incitando ao adultério ou bebedeira...Um show de musica gospel que em sua natureza primária tenha o intuito da ganância financeira e o culto a ego de um artista gospel, é igualmente abominável aos oulhos de Deus. Esteja certo de que todo ambiente que contém música, criará ao redor de si uma atmosfera espiritual e os atributos dessa atmosfera serão incrustados na mente das pessoas incitando a um comportamento condizente com a mensagem dessa música que estão diretamente ligados aos atributos espirituais do ambiente.

Se você acha essa assertiva radical, esteja certo de que eu ainda estou na superfície do assunto. Vamos então ao próximo exemplo na Bíblia onde existe música dentro de um contexto de culto espiritual pagão.

Qualquer semelhança de um ser humano se prostrando ao seu ídolo da música hoje, não é mera coincidência. Da mesma forma, uma igreja que possui um grupo de louvor sem ser assistido pelo "Moisés que carrega a Palavra", entoando músicas do mundo dentro da igreja, não é coincidência...é apenas uma recriação desse cenário visto por Moisés com a diferença que talvez Ápis não seja o deus cultuado..., mas continua sendo uma abominação aos olhos de Deus. Qualquer líder ungido pelo Senhor e a frente de sua igreja que for conivente com o entoar de músicas do mundo dentro da Igreja, no altar do Senhor, coloca-se em direto conflito à Palavra de Deus, desonra a sacralidade do altar e como Arão, será indesculpável diante do Senhor caso não se arrependa e confesse o seu pecado diante do Senhor. O fogo que há no Altar do Senhor não tolera o que não seja consagrado ao Senhor, mesmo sob qualquer justificativa intelectual que possa ser apresentada, pois o que é Santo aos Olhos do Senhor, não é questionável pela retórica e relativismo da filosofia humana e muito menos justificável pela eloquência e carisma de qualquer interlocutor que se apresente como Servo do Deus Vivo. É difícil colocar suficientemente em palavras o tamanho de tal ofensa.

A música que idolatra os bezerros de ouro desse mundo jamais deve estar no Templo onde habita o Espírito do Deus Vivo e principalmente, não deve estar no meio do povo de Deus. Não se engane, o Templo que me refiro, não é feito por mãos de homens, e sim, pelas mãos do próprio Deus. Esse Templo, é o seu corpo onde deve habitar o Espírito Santo de Deus. Simples assim. Complexo assim.

Capítulo 9: A música no Sinai e o Bezerro de Ouro

Aprofunde-se e estude a História do Êxodo gratuitamente

Capítulo 10
A Música na Babilônia

Existe um grande número de livros que documentam os achados arqueológicos do que foi a antiga cidade da Babilônia localizada ao sul do país que hoje conhecemos como sendo o Iraque.

É interessante que essa cidade é citada de Gênesis a Apocalipse e tem uma imensa importância no contexto da história da humanidade. Aliás, não posso deixar de mencionar que só o fato dessa cidade aparecer na Bíblia e seus governantes serem protagonistas importantíssimos de fatos comprovados na história e arqueologia já torna uma inequívoca evidência da veracidade das Escrituras a despeito daqueles que se levantam e vociferam contra sua autenticidade.

Desde a história da Torre de Babel em Gênesis 11 até a sua definitiva queda no livro de Apocalipse, Deus aponta essa cidade como um centro da cultura antiga permeada de pecado, no entanto ali Deus realizou feitos grandiosos que impactam nossas vidas ainda hoje.

Na história da Torre de Babel, vemos a humanidade desassociada com Deus ao construir uma torre para exaltar o espírito humano e fazer-se um ídolo de si mesmo. Idéia essa que não era novidade pois foi apresentada pela serpente no Éden à Eva.

Gerações passaram depois do Éden, e o mesmo sentimento da auto exaltação é vista no discurso daqueles à frente da construção da cidade e da Torre.

"Vinde! Construamos uma cidade e uma torre cujo ápice penetre nos céus! Dessa forma, nosso nome será honrado por todos e jamais seremos dispersos pela face da terra!" Gênesis 11:4 (KJA)

É bem fácil perceber que a arrogância humana era celebrada nessa cidade e na torre. A Bíblia diz que Deus desce e vê o intento do coração homem. Ali Ele confunde as pessoas criando as línguas e então, a humanidade dali daquele local é dispersa sobre a terra. É sabido que uma parte daquele povo permaneceu na Babilônia pois próximo dali, na cidade de Ur, Deus chamou Abrao para formar o seu povo, mais tarde, Israel.

O Apóstolo Paulo, inspirado pelo Espírito Santo de Deus faz uma dramática narrativa em Romanos 1:20-23 quanto a degradação da humanidade que em sua trajetória na terra passou a adorar ídolos com a forma humana e animais.

Pois desde a criação do mundo os atributos invisíveis de Deus, seu eterno poder e sua natureza divina, têm sido observados claramente, podendo ser compreendidos por intermédio de tudo o que foi criado, de maneira que tais pessoas são indesculpáveis; porquanto, mesmo havendo conhecido a Deus, não o glorificaram como Deus, nem lhe renderam graças; ao contrário, seus pensamentos passaram a ser levianos, imprudentes, e o coração insensato deles tornou-se em trevas. E, proclamando-se a si mesmos como sábios, perderam completamente o bom senso e trocaram a glória do Deus imortal por imagens confeccionadas conforme a semelhança do ser humano mortal, bem como de pássaros, quadrúpedes e répteis. Romanos 1:20-23 (KJA)

Embora, o texto acima do Apóstolo Paulo esteja expresso na sua carta aos Romanos, e por tanto, cronologicamente não diretamente relacionado à Babilônia, particularmente eu creio que nesse trecho, o Espírito Santo revela a Paulo como a mente humana trabalha no processo em transformar elementos da natureza em objetos de culto e ou deuses e esse princípio é evidenciado em muitas culturas da terra. Os povos originários a partir da Torre de Babel, levam consigo a busca pelo divino e o paganismo que já existia naquela época.

A Mesopotâmia é reconhecida pelos historiadores, arqueólogos e antropólogos como sendo "O berço da humanidade" "O berço das civilizações", e a cidade da Babilônia, era a maior e mais importante cidade no mundo antigo. As evidências arqueológicas são irrefutáveis para o fato de que os povos daquela época prestavam cultos religiosos a deuses pagãos ligados a divindades representando elementos da natureza.

O sistema de escrita cuneiforme em tabletes de barro, foi

inventado por volta do ano 3200 aC na Mesopotâmia pelos Sumérios onde atualmente é o Iraque e Kuwait, região na antiguidade identificada entre as terras entre os rios Tigre e Eufrates, curiosamente referidos em Gênesis 2:14. A pessoa naquela época utilizava um bloco de argila úmido e com um instrumento pontiagudo semelhante a um lápis, criava sulcos que formavam palavras ou desenhos que simbolizavam idéias. Após seco, esse tablete de barro carregava em si o registro escrito e dessa forma milhares de tabletes eram criados no dia-dia daquela civilização. Graças a essa tecnologia da época, chegou até os nossos dias um dos registros mais antigos da letra de uma poesia músicada feita na Mesopotâmia por uma sacerdotisa Suméria, mais precisamente na área onde hoje é o Iraque, e a letra dessa música era dedicada ao culto da deusa-lua naquela cultura. Alguns desses tabletes possuem desenhos de caracteres que se assemelham a harpas o que aponta, a presença de música ligado a um ambiente espiritual de culto com datas tão distantes dos dias de hoje na história da humanidade. No meu ver, isso é absolutamente fascinante!

Embora a mais antiga obra músical não tenha sido encontrada na Babilônia, mas na Síria, as chamados *"Hurrian Songs"* são uma coletânea de 26 cânticos devotadas a deusa Nikkal que era uma deusa pagã da região. Novamente os tabletes de argila foram a mídia usada na época e que sobreviveu ao tempo nos possibilitando assim, conhecer a natureza da adoração à essa deusa que era atribuída à responsabilidade de guardar uma plantação de árvores que proporcionavam a alimentação do povo na época. Interessante que os deuses pagãos sempre recebiam culto fruto da respectiva atribuição do que mais importante as pessoas precisavam: provisão e riquezas! No caso dessa canção à deusa Nikkal, ela recebia uma **libação** à fertilidade. Libação é o ato que consiste na aspersão de um líquido com a intenção de cultuar uma divindade.

Para fins de ilustração, segue a letra traduzida dessa adoração e note alguns aspectos importantes como o uso da água no contexto mas principalmente, observe como o Criador dos Céus e da Terra, doador da Vida, e o Todo Poderoso, é completamente desassociado dessa adoração o que reforça ainda mais o teor pagão da canção e o ambiente espiritual da pessoa que a entoava.

Ouça-os, ouça-os, os inocentes

Para sua satisfação, ela trabalha e arranca a massa

O pedaço de massa dado a você (pelo templo) cura você, fazendo com que o pão (criança) em (seu ventre) cresça

(chame) o mensageiro, golpeie o altar (com um cetro) (durante) o festival (de Nikkal)

Golpeie o altar (com um cetro) (durante) o festival (de Nikkal)

à direita do vale (pé) das terras

(o remédio) mulher, espero que (se Deus quiser) te deixe grávida de

sua estrela (criança)

Deixe o amor renovar, seus corações novamente

os kapšili (cantores rituais) cuidam (do) pão (comida)

Refresque-a com óleo de cedro (ritual),

coroá-la e (então) vesti-la com o kariulli-ka (vestido ritual)

A "água sagrada" invoca Nikkal.

A "água sagrada" invoca Nikkal,

Ela não sabe fazer pão, seu ventre é estéril

Pai e mãe, o fogo gerará um filho

A visão dela gerará (um filho) para sua esposa.

Alguns arqueólogos encontraram evidências nos tabletes de argila que o sistema de afinação dos instrumentos utilizados nas músicas a essa deusa era proveniente da Babilônia.

No livro Gateway of the Gods, The Rise and Fall of Babylon, o autor Anton Gill argumenta que a prosperidade da Mesopotâmia estimulou o crescimento de uma classe especializada de pessoas que podiam sobreviver através de suas habilidades, os artistas. Quatro formas de artes eram especialmente prevalecentes naquela época: música, dança, literatura e escultura. O autor defende a tese de que muito provavelmente ambos, música e dança tinham suas raízes em expressões de culto a entidades espirituais em cultos religiosos porque as cenas representadas nas esculturas em auto-relevo impressas em paredes de templos e tumbas, assim mostravam. Achados arqueológicos apontam a evidência de uma tradição músical na antiga mesopotâmia onde vários reis da época se gabavam das suas habilidades em tocar um instrumento e cantar.

Eu particularmente acho esse detalhe da arqueologia tão fantástico e muito embora o texto bíblico não evidencie isso, fico a imaginar que talvez haja uma correlação do fato de Nabucodosor, rei da Babilônia como descrito em Daniel 3, possivelmente gostava muito de música e entendeu que a importância do uso dessa arte no contexto do édito real em Daniel 3, pudesse oferecer uma maneira muito contundente de sincronizar o som da música ao culto da estátua de ouro que ele ergueu na província de Dura, não muito distante da capital do seu reino.

No livro Treasures from the Royal Tombs of UR que é um apanhado de vários autores feito pelo Museu de Arqueologia e Antropologia da Universidade da Pensilvania - USA, faz uma extensa compilação de textos de grandes estudiosos sobre a Mesopotâmia. Um deles, Steve Tinney, brilhantemente explica o trabalho e a complexidade monumentais em categorizar as centenas de milhares de tabletes de argila com inscrições cuneiforme antigas catalogadas nos escombros da Babilônia. Nesse processo, foram identificados que muitos desses tabletes detalham transações comerciais do dia a dia, o que eles chamam de tabletes de caráter "econômico, legal e administrativos". Outros tipos de tabletes, foram identificados como sendo textos relacionados com a educação dos escribas da época que trazem a tona milhares de evidências da presença de conteúdo intelectual ligado a formação espiritual de adivinhadores, exorcistas, liturgistas e astrônomos que diga-se de passagem, viviam na cidade onde Abraão nasceu, cresceu e foi chamado por Deus: Ur.

É muito importante mencionar que a Cidade de Ur distava cerca de 225km (140 milhas) a sudoeste da Babilônia. Esses estudos expostos nesse livro também apontam o fato de que o ofício de sacerdotes naquele local, lidavam com o contexto da vida após a morte e muitas narrativas de rituais de consagração a deuses que estavam relacionado com a vida após a morte muito semelhante ao Egito.

O autor confessa que explorar todo esse conteúdo impresso nesses tabletes de argila desde a época de 1930 foi muito mais do que um enorme desafio pois não existia uma narrativa sequencial desses milhares de fragmentos. Porém todo o esforço foi recompensado pois valiosas informações históricas fruto da decodificação desses tabletes de argila trouxeram à luz um passado que estava fadado a desaparecer se não fosse a dedicação de arqueólogos como Sir. Leonard Wooley que por exemplo, escavou no Cemitério dos Reis em Ur uma lira, que é um instrumento músical de cordas citado nominalmente na Bíblia (Daniel 3:5 por exemplo), era utilizado na Babilônia o que valida a narrativa Bíblica de Daniel 3, onde músicos tocam seus instrumentos. Em palavras simples, a narrativa de Daniel 3, é verídica e as ciências ligadas à história da região assim comprovam o uso de música assim como descrito na Bíblia e lira, está na lista de um dos instrumentos utilizados naquele dia.

Quando o povo de Deus é trazido para a Babilônia no ano de 586AC, ali eles se deparam com uma cultura extremamente pagã, em um reino cuja capital, a Babilônia, era um centro de culto pagão da antiguidade. Ali naquele contexto, Deus lidaria com a vergonha do pecado do seu povo pelo não abandono da idolatria de deuses cananitas que existiam na Terra Prometida. Por anos e anos, durante o período do Reino de Israel e Judá, Deus usou seus profetas para alertar da eminente destruição caso não houvesse arrependimento. O povo não ouviu ao Senhor e agora, cativo na Babilônia, se depara com o mesmo pecado que os fizeram escravos numa dimensão ainda mais grandiosa.

Uma nova profundidade de significado posso ver no texto de Salmo 137: 1 *"Junto aos rios da Babilónia sentámos-nos a chorar, pensando em Sião. Nos salgueiros, que por ali havia, pendurámos as nossas harpas."* (ARC). Posso imaginar ainda mais a tristeza do povo sentado as margens desses rios, contemplando a idolatria daquela nação e com profundo pesar, lembravam da Presença do Deus de Israel nas celebrações no Monte Sião, o local onde Deus habitava em meio ao seu povo. Que cena terrível essa descrita nesse Salmo! Que sentimento de arrependimento talvez pudesse ecoar nos corações desse povo ao contemplar a grandeza da arquitetura daquele local, ou na ostentação da cultura, ou na opulência do poder mundial sobre os ombros de um homem, Nabucodonosor. Ali, naquela cidade e naquele contexto, o povo de Deus contempla o culto aos deuses da Babilônia e dentre eles, Marduque e Ishtar.

Marduque está para Babilônia de Nabucodonosor assim como Zeus está para a Grécia de Alexandre o Grande! Marduque era o mais alto deus do Panteão da Babilônia antiga. Esse deus é citado na Bíblia nominalmente em apenas uma passagem, em Jeremias 50:2 quando próprio Deus, através de uma palavra profética, traria destruição sobre a Babilônia e começaria por Marduque, o mais alto deus na hierarquia espiritual da Babilônia. Antentemos para o fato de que se Deus citou Marduque nominalmente, isso aponta diretamente para a relevância desse deus no contexto do povo da Babilônia. Outras traduções identificam esse mesmo deus por um nome diferente, Merodaque, e próximo a menção desse deus, muitas traduções constam "Bel" que na verdade, é um termo Babilônico para "Senhor".

É muito interessante que em um dos tabletes encontrados na Babilônia, foi encontrado a evidência da existência de uma hierarquia espiritual de entidades ali e especificamente a esse deus, Marduque, é creditado a responsabilidade de ter "criado" o zodíaco e os seus signos que ainda hoje, vemos tantas pessoas depositarem sua esperança e fé nisso que na realidade, é uma doutrina de demônios. O texto traduzido e transcrito que há nesse tablete lê-se o seguinte: *"Ele (Marduk) criou as estações para os grandes deuses; As estrelas, suas imagens, como as estrelas do Zodíaco, ele fixou"* Essa tradução foi feita pelo mesmo arqueólogo citado acima, Leonard Wooley e publicado em sua obra The Seven Tablets of Creation e ele afirma que a mitologia associava o próprio deus Marduque ao planeta Júpiter.

Os estudos que realizei sobre a Babilônia, me apontam claramente para a evidência inequívoca de que a raíz da astrologia que nasceu na Babilônia, é de cunho religioso e suas mirabolantes idéias e ideais, na verdade, cultuam deuses do panteão Babilônico e hoje em dia, suas entidades são personificadas em elementos da natureza tornando-se poderosas fontes de "energia cósmica" para os seus devotos desavisados da verdadeira realidade espiritual escondida que foi revelada nos tabletes outrora escondidos nos escombros das ruínas dessa cidade no Iraque. Por isso, o planeta Júpiter se torna um deus e está associado com os princípios de prosperidade, crescimento, expansão, cura, boa sorte e milagres. Para aqueles que creem nisso, Júpiter governa jornadas de grandes distâncias, grandes negócios e fortunas associadas com isso, religião, cultura e a lei! Isso me lembra muito a fala do diabo a Jesus em Mateus 4 "*tudo isso te darei, se prostrado me adorares*". Na obra The Occult Encyclopedia lê-se que *"Astrologicamente, sorte e boa sorte estão associadas a Júpiter. Este é um planeta gentil e benevolente, que deseja que cresçamos e floresçamos de forma positiva."* Isso é uma **grande mentira do diabo** porque ESTÁ ESCRITO em Jeremias 29:11 *"Porque* **sou eu** *(YHWY) que conheço os planos que tenho para vocês, diz o SENHOR, planos de fazê-los prosperar e não de lhes causar dano, planos de dar-lhes esperança e um futuro." (NVI).* Só DEUS tem o poder e autoridade de proclamar tal verdade. Não há esperança verdadeira fora de um relacionamento pessoal com o Criador dos céus e a terra através de Jesus Cristo.

No mesmo livro, em Jeremias 50:2, Deus avisa que destruiria Marduque deus na Babilônia, juntamente com suas imagens de escultura. Essa é uma direta revelação de DEUS, que figuras expressas em imagens de escultura, representam entidades espirituais do reino das trevas das quais Ele, o próprio DEUS Criador dos Céus e da Terra, abomina.

Nessa profecia, os próprios ídolos da Babilônia, que o povo de Nabucodonosor protegia com todo zelo, e dos quais esperava proteção, seria envergonhado e destruído. Bel Merodaque (ou Marduque) era a principal divindade; e o povo que se prostrasse a ele, seria confundido, e as suas imagens, despedaçadas.

Toda essa narrativa é suficiente para criar um sólido "pano

de fundo" e endossar a veracidade do texto bíblico de Daniel 3, onde lemos a incrível história da fornalha ardente que se passa na Babilônia, cidade localizada onde hoje seria o quintal do palácio do falecido tirano Saddan Hussain, deposto no Iraque na guerra travada contra os Estados Unidos em 2003. Ali, no quintal de seu palácio, repousam as ruínas da antiga Babilônia bíblica, ali também está localizada a temida cova dos leões enfrentada por Daniel e, em Dura, uma das muitas províncias do Império Babilônico lemos um incrível relato de como a música da época, foi usada dentro de um contexto político e religioso que certamente no mínimo, sua utilização inspirada nas profundezas do inferno.

Daniel fora trazido de Israel à Babilônia como escravo ainda jovem, e no contexto da narrativa de Daniel 3, ele já era um homem feito que exercia um alto cargo e de altíssima autoridade dentro do Palácio de Nabucodonosor. É importante lembrar que estamos lidando com a mais alta camada na hierarquia da nação mais poderosa da terra naquela época e Deus, novamente, coloca um servo precioso seu naquele contexto totalmente pagão.

Qualquer pessoa que aprecie pesquisar sobre a opulência arquitetônica da cidade da Babilônia, já deve ter se deparado com alguma imagem de um dos portões da cidade que era recoberto de uma espécie de azulejo azul onde vê-se animais esculpidos nas paredes desse portão. Um desses animais era um leão. Esse portão especificamente, era conhecido como o Portão de Ishtar. Ishtar era uma deusa Babilônica cuja aparência era uma mulher montada em um leão. Curiosamente, pesquise no Google e você verá fotos de soldados do exército americano na época da Guerra do Golfo (1990-1991) posando ao lado de uma estátua de um leão como que devorando um homem debaixo de si e sobre as costas desse leão, está esculpida uma sela semelhante às selas de equitação. No caso, essa sela era simbólica para montaria da deusa Ishtar. Essa escultura ficava próximo a um dos portões de entrada da Babilônia. Pesquisando mais a fundo no acervo de fotos da Biblioteca de Fotografias antigas do Congresso Nacional de Washington, encontrei imagens desse mesmo Leão de Basalto, que foi tirada entre 26 de setembro e 12 de outubro de 1932 em preto e branco. Na foto de 1932, vemos que essa mesma estátua, estava posicionada estrategicamente em uma das entradas da cidade na boca de uma enorme estrutura de tijolos de barro construída em forma de um quadrilátero afundado abaixo do nível da terra aparentando o formato de uma jaula enterrada. Nas fotos dos soldados americanos, essa "jaula" não está mais visível pois foi soterrada e sobre ela, os arquitetos do palácio de Saddam Hussain construiram um pavimento como uma praça, entretanto as fotos dos soldados (1990-1991) e as de 1932, mostram exatamente o mesmo Leão de Basalto no mesmo local, porém, em épocas diferentes.

Em Daniel 6:16 lemos que Daniel foi "lançado" em uma "cova" e que uma pedra foi colocada em cima da boca dessa cova.

O termo hebraico denota uma "estrutura construída" como um buraco o que me leva a fortemente crer que existe a grande possibilidade de que nessa foto de 1932 estejamos contemplando os restos arqueológicos do que foi a Cova dos Leões de Daniel. Mas porque menciono isso? Simples...porque a arqueologia endossa a veracidade do que lemos na Bíblia, tanto no manuscrito do Mar Morto, como no Leão de Basalto do Iraque e isso tudo, corrobora com o que o musicólogo Richard Taruskin, mencionado no capítulo 8 sobre como textos antigos podem ser capazes de nos evidenciar a música na história da humanidade.

Mas o que tudo isso tem a ver com o conteúdo sobre música? Explico.

Parece que na antiguidade, Deus usava de um método curioso para elevar os seus servos aos mais altos graus de comando nas nações para onde o seu povo estava. Foi assim com José no Egito e de modo semelhante, foi assim com Daniel na Babilônia onde ambos revelaram o mistério de sonhos do rei. Nenhum advinhador ou astrólogo do Rei Nabucodonosor foi capaz de entender o sonho da estátua que o rei sonhou, somente Daniel, como lemos em Daniel 2 (leia esse capítulo é tremendo). Por essa interpretação, Daniel foi elevado a um cargo de altíssima importância no Reino da Babilônia ao lado do próprio Rei. Então, no capítulo seguinte, lemos que um dia, Daniel foi diretamente falar com o rei Nabucodonosor, e pediu que três de seus amigos ocupassem cargos de superintendentes de negócios de províncias da Babilônia. Homens sérios, de confiança e de moral ilibada. Incorruptíveis e portanto, de confiança do Rei assim como Ele Daniel era. Seus nomes: Sadraque, Mesaque e Abedenego.

O Rei Nabucodonosor constrói a estátua que havia visto em seu sonho que se tornaria em si, um foco de adoração a ele mesmo. Eis o espírito de Lúcifer atuando diretamente no mais alto cargo da nação que leva o rei a acreditar que é um deus e portanto, digno de ser adorado! Um ídolo.

Nabucodonosor decreta que o todas as línguas, povos e nações deveriam se curvar diante dessa estátua prestando culto, assim que o som dos instrumentos músicais fossem ouvidos. Lembremos que nesse momento da História, a Babilônia era o império mais poderoso da terra, e assim, o Rei desse império, naturalmente o homem mais poderoso entre os mortais e portanto, segundo a sua perspectiva, digno de receber adoração! Note que pela extensão da sua ordem, revela-se o seu coração e o tamanho da arrogância associada a posição que a sua autoridade lhe concedia. Lembra que mencionei que o diabo está em busca de poder, autoridade e adoração? Pois bem, esse momento que o Rei revela publicamente quem o inspira a realizar esse culto a sua pessoa.

"Nisto, o arauto apregoava em alta voz: Ordena-se a vós outros, ó povos, nações e homens de todas as línguas: no momento

em que ouvirdes o som da trombeta, do pífaro, da harpa, da cítara, do saltério, da gaita de foles e de toda sorte de música, vos prostrareis e adorareis a imagem de ouro que o rei Nabucodonosor levantou" Daniel 3:4-5 (ARA)

Ali, naquele contexto de adoração à estátua de Nabucodonosor, estava a música como o gatilho que disparava a adoração do povo ao Rei. Quem ousasse não se curvar aquela imagem de escultura, seria lançado vivo na fornalha ardente. A Babilônia era uma cidade de proporções gigantescas e possivelmente milhares pessoas que for a para província de Dura aguardavam os primeiros acordes da música para então, se curvarem a tal estátua representando a figura do Rei. Ouve-se a música, e toda multidão se curva, exceto por três camaradas. Seus nomes? Sadraque, Mesaque e Abedenego, amigos de Daniel.

Interessante o detalhe que a Bíblia nos dá nessa passagem onde temos uma lista dos instrumentos utilizados pelos músicos e dentre eles, o pífaro que "coincidentemente" era também um dos instrumentos que Deus havia feito para Lúcifer na eternidade...(Ez 28:13 – leia na Almeida Corrigida Fiel). Lira, outro instrument citado nesse trecho (versículo 5 – algumas traduçoes chamam de saltério) que Wooley encontrou nas escavações de Ur! Coincidência ou não, instrumentos músicais não são menos importantes que a música em si! Óbvio! Quando a Bíblia repete uma palavra ou trecho de texto próximos entre si, isso significa que aquela menção é importante no contexto e devemos prestar atenção pois algo profundo esta "escondido" naquele trecho. Nesse capítulo, a lista de instrumentos músicais e sua função se repetem **quatro vezes**. Isso denota a tamanha importância deles no contexto da história! Deus está desejando nos chamar a atenção que músicos e seus instrumentos são sim conduintes preparadores de ambientes espirituais e nesse história, a música entoada representava o contexto espiritual por detrás do édito do rei, onde o rei era o ídolo representado pela sua imagem.

Houve adoração à pessoa do rei e o texto bíblico nos revela que esse gesto de confrontar a ordem real, resultou na condenação à morte de Sadraque, Mesaque e Abedenego a serem lançados na fornalha ardente! O ódio do rei foi tamanho que ele ordenou a fornalha ser aquecida 7x. Os três foram lançados na fornalha, mas, 4 pessoas foram vistas ali dentro ao invés de três. Os teólogos afirmam que a quarta pessoa era o próprio Filho de Deus ali, caminhando nas chamas e sua Presença, anulou o poder destruidor do fogo. Aquele fogo agora, se torna um Fogo Purificar naqueles três homens...que tremendo pensar que o Senhor exibiu ali tamanha graça e misericórdia! Eu imagino o ódio de Lúcifer ao ver aquela cena e se lembrar que um dia, ele andou sobre as pedras afogueadas do altar no céu mas o Senhor JAMAIS desceu do Trono para estar com ele ali, mas nesse trecho do livro de Daniel, vemos o Senhor com os seus servos no meio da fornalha. Esse pensamento é demais de maravihoso para mim pois mostra o poder de uma vida de adoração e santidade com Deus. As fornalhas da vida, jamais destruirão aqueles que vivem na Presença de Deus em sua Glória. *"quando passares pelo fogo, não te queimarás, nem a chama arderá em ti. Isaías 43:2"(ACF)*

Eis que o nosso Deus, a quem nós servimos, é que nos pode livrar; ele nos livrará do forno de fogo ardente e da tua mão, ó rei. E, se não, ***fica sabendo, ó rei****, que não serviremos a teus deuses nem adoraremos a estátua de ouro que levantaste. Daniel 3:17-18 (ARC)*

Essa frase "fica sabendo ó rei" é muito poderosa no contexto do mundo físico, e também no espiritual. Os três homens não só declararam isso para Nabucodonosor, mas para Lúcifer que orquestrara aquele contexto na história da Babilônia para destruir a Daniel e aqueles homens que ocupavam cargos importantes no governo da Babilônia e dessa forma, serviam ao Deus Vivo.

A Babilônia simboliza tudo que há no mundo e o seu controle está nas mãos de satanás. A igreja de Cristo tem sido assolada pela forma da Babilônia adorar construindo para si nos púlpitos da fama, os seus ídolos. A hora já chegou quando Deus levanta novos Sadraques, Mesaques e Abadengos para dizerem o mesmo "fica sabendo ò rei das trevas" que não serviremos aos seus ídolos e princípes com suas músicas abomináveis aos olhos do altíssimo.

Capítulo 10: A Música na Babilônia

Nesse capítulo de Daniel 3 da Bíblia, existe um tremendo segredo que demorei muito para entender. Abra sua Bíblia nesse capítulo e observe a quantidade de texto em que Deus se preocupa em nos mostrar o contexto no qual música está inserida. Observe que a Bíblia não se preocupa em nos falar sobre o rítmo, ou sobre a tonalidade, ou sobre letra, ou sobre qualquer outro elemento relacionada a música exceto pelos instrumentos utilizados. A Bíblia inequivocamente dedica uma quantidade enorme de texto para nos mostrar o contexto espiritual. Sabe por quê? Porque Deus quer nos ensinar que o mundo espiritual em que a música está inserida é absurdamente mais importante do que a música em si como arte.

Com esses dois textos (Êxodo 32 e Daniel 3) aprendemos que a música aos olhos de Deus, jamais será mais importante do que o contexto espiritual em que ela está inserida e o que esse contexto espiritual pode destruir ou construir a vida espiritual desse ser humano!

Não há menção na Bíblia onde música esteja em um contexto espiritual neutro. Ou o artista entoa uma música voltada para Glorificar (engrandecer) a pessoa do Deus vivo, ou a música estará sendo voltada para autoglorificação do artista e tudo o que ele representa dentro de si em sua alma. Ou a música é inspirada no céu, ou ela é inspirada no inferno. Note que aqui menciono de FONTE de INSPIRAÇÃO.

Pode observar que se você participa de qualquer tipo de culto religioso que simbolicamente utiliza ícones imagéticos (leia me: imagens de escultura), arquétipos que supostamente apontam para Deus, desconfie da fonte pois muito provavelmente nada tem a ver com o Deus Triuno da Bíblia. Segundo as Escrituras, Jesus é o único intermediador entre Deus e os homens e nenhum outro interlocutor é autorizado por Deus a realizar a tarefa de intermediar a comunicação entre o homem e Deus.

"Deus nosso Salvador, que quer que todos os homens se salvem, e venham ao conhecimento da verdade. Porque há um só Deus, e um só Mediador entre Deus e os homens, Jesus Cristo homem. O qual se deu a si mesmo em preço de redenção por todos, para servir de testemunho a seu tempo". 1 Timóteo 2:3-6 (ACF)

Todo culto religioso de qualquer natureza que lhe mostre que exista uma alternativa a Jesus como esse interlocutor, é uma religião que não lhe expõe a verdade ou exponha "meias-verdades" e portanto, está lhe induzindo ao grave erro espiritual da idolatria ou, relacionamento com qualquer entidade espiritual que Deus condena e abomina. Mesmo que no contexto houver uma música "gospel" envolvida, pode ter certeza, essa música está sendo usada para o engano se ela não te apontar para render-se a soberania de Cristo em sua vida.

A Babilônia era tão abominável aos olhos de Deus que a

devassidão que ali existia é hoje sinônimo de uma forma de pensar e maneira de viver associada ao sistema do mundo que opta em viver longe de um relacionamento com Deus através de Jesus. Esse "sistema" será definitivamente extinto nos tempos do fim conforme Lemos em Apocalipse 18, "caiu a Babilônia".

Os Sadraques, Mesaques e Abdenegos de hoje, terão em si o mesmo espírito contrito que os anciãos diante do trono tem, se dobram apenas diante do Criador, o Rei dos reis. Jesus, O Senhor.

A música nunca foi, e nunca será somente um entretenimento para a alma. Antes, a música cria um ambiente espiritual. Sempre. Não se engane ao pensar que isso não seja real. A frase que o diabo mais tem colocado na mente das pessoas nos dias atuais é "não é bem assim". Adão e Eva deram ouvidos a essa mentira...e olha no que resultou?

Estude mais sobre o mundo espiritual na música:

Capítulo 11
O impacto da música no cérebro humano

"Quem vive segundo a carne tem a ***mente*** *voltada para o que a carne deseja; mas quem vive de acordo com o Espírito tem a* ***mente*** *voltada para o que o Espírito deseja. A* ***mentalidade*** *da carne é morte, mas a* ***mentalidade*** *do Espírito é vida e paz; a* ***mentalidade*** *da carne é inimiga de Deus porque não se submete à Lei de Deus, nem pode fazê-lo".* (NVI) Romanos 8:5-7

Talvez o leitor não creia no que a Bíblia ensina e eu posso respeitá-lo por isso, mas é fato que a mente humana ainda é desconhecida em sua totalidade até pelos cientistas que lideram os estudos no campo da neurociêcia. Entretanto, note que esse versículo combina princípios científicos comportamentais e o elemento espiritual contido no ser humano.

A realidade desse pequeno versículo, nos ensina que a direção que sua mente toma, determina vida ou morte! Aplicando esse princípio à música e o meio ambiente espiritual no qual o seu ouvinte é mergulhado, é evidente lidar com o fato de que não existe neutralidade em um ambiente espiritual da música que você ouve, pois, segundo a esse princípio bíblico, ou essa música leva você a uma vida segundo Espírito Santo de Deus ou, leva você a ter uma mentalidade insubmissa a Palavra de Deus e essa mentalidade, é inimiga de Deus. Princípio bíblico!

Ah! Sim, existem aqueles que entendem e defendem a existência de músicas espiritualmente saudáveis compostas por pessoas que não comunguem da existência do bem ou mal em sua perspectiva espiritual do som pois acreditam que tal música seja somente para o deleite da alma como por exemplo músicas românticas, relaxamento, dança, ou mesmo para dar uma "vibe" na academia. Porém note que mesmo nesses contextos acima, o uso da música está diretamente associada ao estado da alma e esse é o dilema e o perigo. Por isso repito, **música é uma experiência espiritual em primeiro plano, e depois, um entretenimento para sua alma!**

Há quem queira discordar e leio muitos comentários em meu canal do YouTube de cristãos (e não-cristãos) ensandecidos defendendo suas perspectivas musicais versus o meu "ortodoxismo religioso" argumentando suas perspectivas e retóricas quanto ao seu desejo de ouvirem o que ouvem em detrimento do que exponho mas, sempre encorajo que tal discordância deva ser levada aos pés do Criador da música e o Inpirador dos autores da Bíblia e não, ao autor desse livro que agora você lê que afinal de contas, expressa a minha opinião sobre o assunto...

Levando o tema para o campo da ciência, quero destacar dois importantes nomes como o Dr.William R.Harris, autor da recém-publicada obra "Zero to Birth, How the human brain is built" iniciou sua palestra virtual em Maio de 2022 sobre o seu livro a convite de um programa de desenvolvimento do Departamento de Ciência em Harvard, que é respeitado como o maior centro mundial de estudo e conhecimento do cérebro, fazendo a incrível e maravilhosa confissão:

"Bilhões de neurônios se conectam para formar um supercomputador biológico – como?"

Um expoente no campo científico publicamente e acredito, com uma humildade absurda frente a sua posição profissional a nível mundial, simplesmente confessa que esse emaranhado de neurônios e células que carregamos em nosso crânio todos os dias realizando os processos que nos mantém vivos, é ainda um mistério a ser totalmente desvendado.

Outro profissional de renome mundial, Christof Koch, Ph.D., Cientista Chefe e Presidente do Allen Institute for Brain Science, Seattle em Washington, é um neurofisiologista e neurocientista computacional mais conhecido por seu trabalho sobre a base neural da consciência e foi perguntado o quão próximo estamos de entender o nosso cérebro e ele brincando respondeu: *"Nós não entendemos nem o cérebro de um verme"!*

MUSICOTERAPIA

Gostaria de deixar publicamente aqui o meu respeito e admiração pelos profissionais e estudantes na área de Musicoterapia que utilizam seus dons e talentos em prol do bem-estar e melhoria do desenvolvimento humano e reitero que a retórica desse livro não visa em falar mal ou minimisar o trabalho por esses profissionais. Muito pelo contrário mesmo porque se a ciencia tem utilizado tal arte no tratamento terapuetico de diversos tipos de pacientes.

Segundo a AMTA a American Music Therapy Association, é a maior associação de musicoterapia dos Estados Unidos, representando musicoterapeutas nos Estados Unidos e em mais de 30 países ao redor do mundo. A AMTA define essa area do conhecimento da seguinte forma: *"A Musicoterapia é o uso clínico e baseado em evidências de intervenções musicais para atingir objetivos individualizados dentro de um relacionamento terapêutico por um profissional credenciado que tenha concluído um programa de musicoterapia aprovado. As intervenções de musicoterapia podem abordar uma variedade de objetivos educacionais e de saúde: Promova o bem-estar, gerenciar o estresse, aliviar a dor, expressar sentimentos, melhorar a memória, melhore a comunicação, promover a reabilitação física e mais.*

Embora os primeiros registros de musicoterapia tenham surgido emu ma publicacao de 1789 chamada "Music Physically Considered", um artigo muito interessante da "Psychology Today" aponta o aprendiz-de-rei, o jovem Davi, como o primeiro Musicoterapeuta que utilizou essa arte como instrumento de alívio da depressão e melancolia do Rei Saul de Israel conforme lemos em 1 Samuel 16.

Davi foi chamado ao palácio do rei para tocar a sua harpa e o texto nos conta que conforme Davi tocava, o rei se sentia aliviado de tudo o que lhe fazia mal e lembremos que o texto explicitamente expoe que a dor em sua alma (depressão e melancolia) era de origem espiritual. Jamais poderia afirmar que todo tratamento clínico de musicoterapia seja de cunho espiritual mas afirmo que toda música vai abrir um ambiente espiritual para todo e qualquer paciente e creio firmemente que Deus tenha criado um mecanismo no cérebro humano que através dessa arte, pode trazer um melhor bem-estar para a alma porém, biblicamente falando a cura completa da alma humana só ocorre através de Jesus Cristo. Novamente, reforço que a musicoterapia pode ser uma tremenda benção científica e saúdo respeitosamente os profissionais do ramo.

NANOTECNOLOGIA

A vasta maioria dos cientistas do campo da Neurociência conseguem explicar como o cérebro desenvolve o raciocínio e articula uma palavra em uma frase dentro de um contexto, mas Deus o Criador do cérebro humano e consequentemente, Criador do mecanismo intelectual e habilidade da fala, conhece a intenção dessa palavra, antes mesmo dela ser pronunciada e vir a existência. Isso, a ciência jamais conseguirá igualar ou se quer, ultrapassar e muito menos, explicar.

Capítulo 11: O impacto da música no cérebro humano

Recentemente, meu filho Lucas veio correndo me mostrar um vídeo que ele viu no Tik-Tok de um rapaz tetraplégico que implantou um chip da empresa Neurolink de Elon Musk que o permitia a usar sua mente para mover o mouse no computador e jogar uma partida de Xadrez. Isso é a chamada Nanotecnologia que a equipe de Elon Musk (Tesla, SpaceX...) e Bryan Johnson (Ceo Kernel) lideram o desenvolvimento de materiais que possibilitam a transmissão de impulsos elétricos que se "comunicam" com os impulsos elétricos do cérebro humano. Isso significa que a ciência dos nossos dias tem chegado ao ponto de possibilitar a conexão de supercomputadores ao cérebro humano.

O debate inevitável aponta extremos de tal tecnologia por exemplo, melhoria na qualidade de vida de deficientes, melhoria na capacidade de aprendizado e aumento da capacidade de memória do cérebro, possibilidade do cerebro humano se contectar de forma mais efetiva com a Inteligência Artificial e conexao com a internet diretamente via o seu cérebro. Agora, adicione isso ao novo brinquedo da Apple o oculos virtual Vision Pro e você começa a ver um pequeno vislumbre do que a tecnologia atual está aparentemente engatinhando.

Entretanto, essa mesma tecnologia aplicada ao cérebro vem sofrendo críticas pelo alto risto de causar "acidentes cerebrais" ou mesmo infecções, abuso e aplicação incorreta da ciência como forma de manipulação de massa, pouquíssimas (ou quase nenhuma) pesquisas realizadas sobre o efeito a longo prazo das BCIs (Brain Computer Interfaces – Interfaces de Cerebrais de Computador) e ainda, invasão de propriedade e privacidade.

Você pode imaginar o efeito devastador de um hacker invadir a sua interface cerebral e roubar a sua identidade, conta bancária, aplicações financeiras, transmissão de posses e ainda por cima, colocar um bug no sistema de forma a lançar no cérebro maneiras de manipular sua forma de pensar sobre qualquer assunto, inclusive, sua fé. Aliás...não precisa um hacker, basta alguém mau intensionado.

Nem a inteligência artificial que para obter um resultado semelhante precisa imputar as informações dentro de um banco de dados pré-existente para só então, como o próprio nome diz, artificialmente desenvolver uma linha de raciocínio que já está pré-programada coonsegue desvendar o intento da palavra que está no pensamento do homem.

Deus faz esse desvendamento da mente humana instantaneamente em 8 bilhões de cérebros ao mesmo tempo e por essa e tantas outras razões, é impossível comparar ou encontrar palavras para começar a explicar a mente de Deus.

"Quem pode conhecer a mente do SENHOR? Quem é capaz de lhe dar conselhos?" Isaías 40:13 (NTLH)

A grande e inquestionável verdade é que a mente humana continua ser um mistério até mesmo para os maiores cientistas do assunto nos maiores centros de pesquisa científica no mundo e o fato é que, mesmo mais de seis mil anos após Adão e Eva, a ciência tem que se render ao fato de que ainda não conhece essa máquina chamada cérebro.

Esse fascinante campo da ciência aplicada ao cérebro se torna ínfimo quando lemos um simples versículo que denota uma pequena faceta de quem Deus é como o Supremo Criador do Universo e do ser humano. Assim Lemos no Salmo 139:4

"Ainda a palavra me não chegou à língua, e tu, SENHOR, ***já a conheces toda****."* (ARA)

A MENTE HUMANA

Pondere um aspecto interessante do nosso cotidiano que muitas vezes, não damos a menor importância. Pense em uma laranja! Isso mesmo! Mentalize você sentado à mesa e na sua frente, um prato, e uma faca para descascar essa suculenta fruta e antes de devorá-la, preste bem atenção nas suas características!

Sua casca exala um cheiro específico que a destaca de todas as outras frutas. Esse cheiro está registrado no seu cérebro e mesmo lendo essas palavras, você talvez consiga se "lembrar" desse cheiro, e por consequência, lembrar da doçura ou amargor de seu paladar. Você é capaz de lembrar da textura de seus gomos, lembrar da cor da laranja, não é mesmo? Muito provavelmente, você poderá se lembrar do suco que você tomou com uma refeição específica e, se você cavucar aí na sua memória, você pode até se lembrar de algum momento na história da sua vida onde o fato de consumir uma laranja te marcou para sempre! Vou te ilustrar isso com um exemplo de algo marcante na minha história.

Quando eu era pequeno, e amava sentar-se ao lado do meu querido avô, e ver ele descascar uma laranja com o seu canivete suiço enquanto ele contava histórias distantes ocorridas na sua vida. Lembro de algumas delas como por exemplo da vez que o fusca dele atolou na estrada de um sítio que ele era dono e que ficava na região de Itaboraí no interior do Rio de Janeiro. Ele estava levando uma peça de um trator que trabalhava na terraplanagem de algum terreno ali naquela região. Nada demais...só um "causo" com várias tiradas engraçadas que eu ria muito!

Mas o que tem laranja a ver com isso? Bem, quando ele viajava para ir ao sítio, ele me pegava 6f a noite para ir dormir na casa dele e logo Sábado bem cedo, já rumávamos para a estrada! No caminho, ele constumava parar em um local na beira da estrada e comprava o que ele dizia ser "a melhor laranja que ele já comeu na vida"! Mesmo estando no capô da frente (quem teve fusca entenderá) através da ventoinha, o aroma daquelas laranjas inundava o carro! Chegada a hora do almoço, debaixo de uma árvore frondosa ali no sítio, ele estendia uma lona verde grossa (daquelas que cobrem a caçamba de caminhão para proteger a sua carga), preparava cuidadosamente o lanche que nesse dia específico me recordo que era frango assado, arroz, farofa e Coca-Cola! De sobremesa ele descascava a laranja comprada na estrada e durante aqueles momentos, ele me ensinava a apreciar a beleza da natureza ao compartilhar o quanto ele gostava daquele sítio, o quanto aquilo o fazia lembrar dos bons momentos da infância dele, de estar ali e apreciar o cheiro da mata, do barulho da água na nascente do rio, do chacoalhar preguiçoso das folhas ao vento na copa das árvores que embalavam o inevitável cochilo depois do almoço.

Note quanta informação o meu cérebro armazenou na minha memória que está associado a experiência de comer uma laranja com meu avô na minha infância.

Note quanta informação eu consegui transmitir a você leitor, e só de escrever essas linhas, imediatamente vem ao meu coração um sentimento de alegria, saudade e amor pelo meu avô que um dia, reencontrarei na Glória!

Essa lembrança está gravada na minha mente e depois de mais de 45 anos da ocorrência desses fatos, apenas porque eu pensei em uma laranja, todo esse universo de imagens, sons, cheiro, sabor e sentimentos "vieram a superfície" da minha mente e causaram no meu emocional, um sentimento de felicidade e nostalgia enquanto escrevia essas palavras a você leitor.

Como compositor de música que eu sou, posso afirmar que em um nível ainda mais profundo na mente, a música tem um poder infinitamente maior de armazenar informações no cérebro humano e agreagar a isso, emoções fortíssimas que desencadeiam gatilhos comportamentais no ser humano que tem o potencial enorme de influenciar a vida de uma pessoa para o bem ou para o mal.

Mas, de onde vem esse mecanismo de associação na memória? Como isso acontece? Resposta simples para uma pergunta complexa: Deus fez.

A resposta complexa para essa pergunta simples, se chama Neurociência que é a ciência que estuda as funções do sistema nervoso e do cérebro. Eu preciso confessar a você que eu não sou médico, cientista e nem vou aqui tentar me colocar como tal! Sou um curioso do assunto e acho simplesmente fascinante conhecer mais sobre a Neurociência aplicada à Música.

Na minha opinião um dos "segredos" do conhecimento sobrenatural que Deus ensinou ao "Querubim da guarda ungido" (Lúcifer) que era "cheio de sabedoria" (Ezequiel 28:12) foi como utilizar a música para atingir o coração da audiência no céu de forma a inspirar essa audiência a adorar o seu Criador! Lúcifer tinha (e ainda tem) o perfeito entendimento de como compor música e fazer dessa música um ambiente propício para criar uma atmosfera de adoração.

Lembremos que ao expulsar Lúcifer do céu, Deus não retirou dele esse conhecimento e Ele sabia que Lúcifer usaria esse conhecimento para manipular a mente do homem. A questão é que ele não usa mais seus dons e talentos para o Senhor, mas para glorificar a si mesmo através dos séculos e dos seus súditos, ou artistas, como queira chamar! Os seus dons e talentos foram corrompidos e desacralizados na essência de seu uso original e propósito eterno.

Você talvez deva se perguntar *"Se Deus é tão poderoso e sábio, porque ele permitiu Lúcifer manter esse conhecimento sabendo que ele destruiria o homem que ele criaria mais tarde utilizando arte que Ele Deus criou e ensinou a Lúcifer?"*

A resposta é simples! Deus JAMAIS usará o mesmo método de Lúcifer para atrair o homem a si! Deus jamais usará mecanismos de manipulação mental para atrair o homem a si. Deus utilizou (e ainda utiliza) o método que Ele julga mais eficaz: Seu amor, através do perdão de Jesus exibido na cruz!". Lúcifer fará de TUDO para ocultar isso do homem.

Após sua queda, Lúcifer levou consigo o conhecimento da música

A tua soberba foi lançada também no Sheol, na sepultura, junto com o ***som de glória das tuas harpas****. Eis que agora tua cama é feita de larvas, e tua coberta de vermes.* Isaías 14:11 (KJA)

Até hoje, Lúcifer usa esse mesmo conhecimento para destruir o homem e afastá-lo do propósito de conhecer Deus e a obra da Cruz.

Por isso o Apóstolo Paulo escreveu em 2 Corintios 4:4 "*...o deus deste século cegou o entendimento dos **incrédulos**, para que lhes não resplandeça a luz do evangelho da glória de Cristo, o qual é a imagem de Deus.*" (ACF)

Note bem no versículo acima que os "incrédulos" são aqueles que não creem! Mas não creem em que ou em quem? A resposta Lemos em João 3:17-21. Não creem Jesus como Filho de Deus enviado ao mundo!

Porquanto Deus enviou o seu Filho ao mundo, não para que julgasse o mundo, mas para que o mundo fosse salvo por ele. Quem nele crê não é julgado; o que não crê já está julgado, porquanto não crê no nome do unigênito Filho de Deus. O julgamento é este: que a luz veio ao mundo, e os homens amaram mais as trevas do que a luz; porque as suas obras eram más. Pois todo aquele que pratica o mal aborrece a luz e não se chega para a luz, a fim de não serem argüidas as suas obras. Quem pratica a verdade aproxima-se da luz, a fim de que as suas obras sejam manifestas, porque feitas em Deus. Joao 3:17-21 (JFAA)

Cegar o entendimento, significa trabalhar na mente humana de tal forma ao ponto de que o homem não possa discernir a a mensagem do evangelho que é o perdão de Deus através de Jesus que morreu na cruz para salvação desse homem! Essa afirmação de Paulo é ao mesmo tempo tão profunda quanto é verdadeira!

Me permita lhe dar um exemplo do que significa "cegar o entendimento do incrédulo". Imagine-se em em um quarto totalmente escuro sem nenhuma fresta de luz. Nesse quarto você caminha para uma janela buscando luz, mas no chão desse quarto existe um alçapão que te leva a morte devido a profundidade da queda em um abismo escondido ali!

Então, imagina que alguém que já esteve nesse mesmo quarto, sabendo do perigo desse alçapão e a eminência dessa pessoa nesse quarto cair ali e morrer, aperta o interruptor na parede para acender a luz e mostra esse alçapão e alerta para essa pessoa não ir na direção daquela janela porque encontraria a morte certa ao cair naquele alçapão.

Uma vez a luz acesa, essa pessoa passa enxergar a sua volta, ver os cômodos no quarto e as possíveis áreas onde poderia tropeçar, e de forma clara, vê pela primeira vez o tal alçapão da morte por causa da luz que alguém apertou o interruptor para acender!

Entretanto, mesmo com tudo o que foi descortinado e explícitos à sua frente, essa pessoa não aceita o fato de que aquela luz seja proveniente de uma lâmpada no teto sobre a sua cabeça e debate consigo mesmo que é impossível aquela luz produzir aquela luminosidade à sua volta e ela passa acreditar que qualquer outra coisa produziu aquela luminosidade, menos a lâmpada e por analogia direta, questiona a veracidade da real existência do alçapão.

A energia que acionou a incandescência daquele filete dentro do bulbo da lâmpada então, não existe! É mero fato da cabeça de desse louco que acendeu a luz! Por essa razão, o alçapão revelado que estava no quarto escuro é um mero detalhe do ambiente e por isso, não denota qualquer risco afinal de contas, existe uma tampa sobre o tal alçapão e essa pessoa verdadeiramente acredita que mesmo que ela pise ali, a aparência dessa tampa, parece ser forte o suficiente para sustentar o seu peso e portanto, mesmo escuro o quarto lhe é seguro suficiente relativizando assim, o verdadeiro perigo daquele alçapão.

Nessa ilustração que fiz acima, o quarto escuro significa "viver sob domínio do império das trevas"! O alçapão com a suposta tampa, são as músicas que lhe convidam a relativizar a segurança de suas escolhas em relação ao mundo em que você vive.

O ascender do interruptor é o ato de Deus enviar alguém para lhe dizer, que esse alçapão nesse quarto escuro, vai te levar para morte eterna longe de Deus e você não sabe, mas você está preso nesse quarto e não conseguirá sair dali sozinho! As algemas que te prendem nesse quarto escuro, chama-se pecado. Você só sai desse perigo eminente de morte eterna se você for retirado dali por Jesus. A energia que acende a lâmpada nesse quarto escuro é o Espírto Santo que te mostra a verdade da morte eterna longe de Deus e abre os seus olhos, a lâmpada é Jesus anunciado e a luminosidade, é o evangelho que conduz esse homem que está nas trevas, até à Cristo, a luz do mundo. A chave para remover as algemas espirituais e sair desse quarto chama-se Jesus.

O trabalho de Lúcifer com o homem acontece no nível da mente e ele é mestre em lhe oferecer as músicas que construirão esse quarto escuro na sua mente relativizando tudo e impedindo você a descobrir que Deus enviou seu filho para regatar essa vida que está destinada a separação eterna por causa do pecado!

O objetivo desse capítulo do livro, é descortinar como o diabo trabalha para "cegar o entendimento" e usarei a Neurociência em Música para mostrar o lado técnico e a Bíblia, para o lado espiritual.

Durante o intenso período de estudo para filmar a série Satanismo da Música que existe no meu canal do YouTube, eu mergulhei nesse assunto como nunca antes, e rapidamente percebi o universo de informação existente nessa área. Eu jamais vou esquecer de uma dessas madrugadas que claramente, o Espírito Santo me acordou para me falar sobre isso! Sim, parece coisa de doido, mas aconteceu. Em meu espírito, ouvi: "Marcio, para esse vídeo, estude sobre MEMÓRIA COGNITIVA EM MÚSICA". Foi uma frase apenas que desencadeou uma busca intensa. Eu tenho que confessar que eu já havia ouvido o termo "cognitivo" em algum lugar, mas não lembro daquilo me despertar o interesse tanto é que nem pesquisei... mas quando o Espírito Santo falou ao meu coração, aquilo foi um despertamento profundo!

Mas, o que isso siginifica?

Esse tema é extremamente complexo e que vai muito além do meu entendimento, mas eu me atreverei a compartilhar com você da forma mais simples que eu conseguir, para ajudar e facilitar a compreensão do que preciso comunicar a seguir.

Cognição é uma função psicológica ligada ao processo de aprendizado do ser humano bem como o seu respectivo desenvolvimento intelectual e emocional. Você ja deve ter ouvido alguém dizer que todo bebê nasce com a sua mente como se fosse uma folha de papel em branco e conforme vai crescendo, essa folha de papel armazena ali, o seu aprendizado. Esse processo cognitivo, o impacta para o resto da vida pois estará profundamente ligado com a sua forma de enxergar e perceber o mundo a sua volta e consequentemente, influenciará suas escolhas.

Memoria Cognitiva em Música diz respeito as emoções e comportamentos que vão sendo armazenadas no seu cérebro e que estão diretamente ligadas à sua experiência de consumir música ou seja, quando você ouve música, no seu cérebro é armazenado uma série de informações que residirão ali para sempre até o fim dos seus dias.

Sou grato a Deus pela vida de pessoas como o Professor Dr. Hélio dos Santos Pothin cujo magnífico trabalho sobre Os Efeitos da Música no Corpo em Fisiologia Humana preencheu uma lacuna enorme e que impactou profundamente o meu entendimento nessa área do estudo sobre a música.

Lembra do capítulo 1 desse livro da experiência na capela? Lembra que eu me perguntava "como" a música poderia ter afetado tanto a minha vida a ponto de um demônio horrível habitar em mim?

Pois bem, há uma ligação do mundo físico com o espiritual através música e o ponto de junção desses dois universos está no seu cérebro. O aspecto espiritual já abordei com exaustão com capítulos anteriores, mas como a física do som, transforma-se em impulsos elétricos no cérebro, e esses, transformam-se em "experiências cognitivas" e consequentemente, espirtuais?

A matéria prima da música é o som, que por sua vez, é uma forma de energia em movimento no ar. A acústica define como sendo ondas de compressão e descompressão do ar. Podemos recriar visualmente esse fenômeno físico ao jogarmos uma pedra no meio de um lago com águas paradas. Quando a pedra bate na superfície da água, vemos as ondas que são formadas e se dissipam em direção às margens desse lago. Isso é uma forma bastante simples de entendermos o som trafegando no ar em direção ao seu destino! A margem do lago no exemplo que citei, é como se fosse o tímpano do seu ouvido e a partir da recepção da soma ali, um interessantíssimo processo de transformação de energia desencadeia em seu cérebro.

O tímpano é uma membrana como se fosse a pele de um

tambor, que separa o ouvido externo do ouvido interno. Essa membrana, recebe a compressão e descompressão do ar causada pelo som, e ela vibra interpretando as frequências sonoras recebidas. A pressão que ê imposta ao seu timpano é determinada pelo volume (ou intensidade de decibéis) do som que você está exposto ou que você escolheu ouvir. Você não tem escolha quanto a intensidade do som da turbina de um avião, ou das ondas do mar batendo nas pedras, mas você tem a possibilidade de escolher quão alto você ouve música. Isso é obvio, não? Porém, existe um mecanismo no seu cérebro que desencadeia um processo químico que afeta você.

Quando as frequências sonoras atingem o outro lado dessa membrana chamada tímpano, ali existem os 3 menores ossos do corpo humano, e são esses ossinhos (martelo, bigorna e estribo), que passam essa vibração sonora recebida para um tubo mais interno no seu crânio que possui um líquido. Dentro desse tubo, esse líquido é estimulado a vibrar conforme as frequências recebidas e essa vibração atintge milhares de células com pequenos filamentos como se fossem minúsculos cílios dos olhos, que estão nas paredes desse tubo. Esses filamentos, ao receberem essa vibração, transformam essa vibração em impulsos elétricos, também chamados de estímulo elétricos. Sons muito altos, podem lesionar esses pequenos cílios que se regeneram, mas, a exposição extrema ao som alto, pode lesionar a célula onde estão esses cílios e consequentemente, a perda de audição gradativa.

Esses estímulos elétricos uma vez em contato com esses pequenos cílios, geram uma substância química chamada “neurotransmissor”. Essa substância química induz um potencial de ação e esse potencial de ação precisa “viajar” através de condutores de impulsos elétricos. Esses condutores elétricos são os famosos neurônios. No fundo, neurônios são células que conduzem um processo químico de condução de estímulo elétrico no sistema nervoso do cérebro. Esses neurônios, estão conectados entre si através de sensíveis terminações nervosas. O impulso elétrico carregado dentro do neurônio, passa de um neurônio para o outro neurônio criando assim um “caminho” de condução de corrente elétrica dentro do seu cérebro para justamente, ser um conductor de um estímulo nervoso. Algumas dessas terminações nervosas entre neurônios, podem não conduzir essa corrente elétrica e a isso chama-se de “inibição nervosa” e em termos técnicos SINAPSE. Esse mecanismo de transmissão de condução e inibição de terminações nervosas é que possibilita o cérebro determinar os diferentes impulsos elétricos serem conduzidos a um ponto de chegada chamado CÓRTEX. Novamente, pense nas camadas de uma laranja! Então...o córtex é como se fosse a casca da laranja que envolve todo o resto.

O cortex é composto de dois lados específicos, o hemisfério direito e o hemisfério esquerdo. Considere que o hemisfério cerebral direto do cérebro está por detrás do seu olho direto. Da mesma forma, o hemisfério esquerdo, atrás do olho esquerdo. Existe a parte frontal de cada um desses hemisférios, que se localizam logo junto a testa até o próximo o ouvido, e a parte de trás, que vai do ouvido até a base do crânio na coluna cervical.

Ambos os lados participam da decodificado do estímulo nervoso em música, entretanto, cada lado, é responsável em executar o processamento dessa decodificação de diferentes formas.

A música que você ouve é inicialmente decodificada na região frontal do hemisfério direito. A compreensão e interpretação da língua que falamos, está por exemplo no lado esquerdo do cérebro.

Toda essa explicação aparentemente complexa serve para nos ensinar que todos os diferentes elementos da música como melodia, harmonia, rítmo, timbre e andamento são decodificados ao mesmo tempo em diferentes áreas do cérebro. Me permita aprofundar mesmo que você não seja técnico da arte...

HARMONIA é o conjunto de notas tocadas ao mesmo tempo para dar sentido a idéia músical sendo tocada utilizando-se um determinado timbre. A harmonia, é decodificada na área pré-frontal do hemisfério direito do cérebro humano. Coincidentemente, ali tambem se encontra o centro de processamento da razão e do raciocínio. Todo músico desenvolve essa área pois precisa racionalizar a estrutura e sequência de notas em uma música. Todo ouvinte, mesmo não sendo musicista, "entende" e percebe essa racionalização de forma quase que imperceptível pois quem nao é musicisita apenas "sente-se bem" com a música que houve por isso, o termo HARMONIA. Por quê? Porque racionalmente, aquela harmonia sendo ouvida, construiu um contexto musical que possibilita a Melodia de ser compreendida e naturalmente, apreciada.

O local onde a harmonia é decodificada chama-se Cortex Pré-fontal que está do lado direto, e é o mesmo local onde estão também a sua consciência, a sua mente, onde ocorre o controle de pensamentos e idéias. É nesse local do cérebro que "delega" a responsabilidade de estabelecer as relações emocionais dos estímulos que recebemos. É nesse local onde armazenamos o conceito do que é "certo" e "errado". Esse é local onde a nossa RAZÃO reside e trabalha. Esse local, é o último local no cérebro a ser amadurecido quando completamos aproximadamente 21 anos, algun defendem a idade de 25 anos. Por isso o jovem na sua maioria, sempre reage mais na emoção aos estímulos ao redor de si! Por quê? Porque a área onde se encontram as emoções são é a última área amadurecida do cérebro humano e fica fácil de compreender o mecanismo cerebral do comportamento que não leva em consideração a razão. Por isso, vemos muitas vezes notícias de comportamentos absurdamente descabidos de jovens porque, o jovem naturalmente não tem em si um acervo de experiências vividas que o possibilite discernir o certo ou errado daí a importância de exemplos sadio de adultos maduros. Daí a importância de cultivar um relacionamento com Deus desde cedo...etc etc etc.

MELODIA é uma idéia músical em sequência de notas individuais como se fosse uma história contada a partir de sons...por isso você diz ao lembrar de uma melodia "conheço essa música!". Incrível descobrir que logo abaixo do Cortex Direito, existe uma estrutura chamada de sistema "límbico". Esse sistema límbico é responsável pelas respostas emocionais, comportamento e a memória. É nesse exato local do cérebro, onde a MELODIA é decodificada. É nesse local, que fica armazenado justamente todas as emoções e os reflexos de comportamento e lembrança que uma MELODIA imprime na mente para sempre. Assim o seu cérebro registra na memória a experiência emocianal e o comportamento que uma música causa em você. Mesmo que os anos avancem, aquela lembrança está registrada na sua mente. Ambos, emocão e melodia são armazenados no mesmo local do seu cérebro.

Essa é a razão pela qual uma pessoa ouve uma música que teve forte influência emocional no seu passado, e as mesmas sensações e sentimentos são aflorados por gatilhos na mente que podem desencadear comportamentos a partir de uma simples audição de uma música antiga trazendo potencialmente sérias consequências tanto no lado positivo quanto no lado negativo. Às vezes, basta você pensar em uma música e os gatilhos de comportamento são acionados. Aí reside o poder da melodia no cérebro humano e esse elemento da música é o elemento que você lembra em primeiro lugar ao pensar emu ma canção que você gosta. Nesse local, nascem os poderosos gatilhos da mente assim que uma melodia é "relembrada". É nesse local que as principais amarras das trevas são colocadas através da música: nas suas emoções.

Os anos de estudo me levaram a concluir que a MELODIA é o principal aspecto espiritual de uma música. Sabe por quê? Lembra que em capítulos anteriores discorri sobre Lúcifer ter em seu corpo um pífaro? Discorri que o pífaro é um instrumento de sopro que cria melodia que é uma idéia musical. A fonte de inspiração de uma melodia está no ambiente espiritual em que o sopro de inspiração é gerado. Fique MUITO atento quando um artista tenta dissuadir sua audiência com idéias mirabolantes da fonte de sua inspiração. Preste atenção que o artista que não é de Deus SEMPRE usará um misticismo abstrato mascarado de algo intelectualmente aceitável e até culturalmente louvável. Alguns deles chegam a ousadamente atribuir o crédito de sua música a

Deus! A questao é, Deus ou deus? É bem fácil distingüir! Basta você prestar atenção que o artista que serve a deus (com d minúsculo) nunca atribuirá honra à pessoa de Jesus porque se isso for feito, conduzirá sua audiência à Presença do Criador (lembre de João 14:6, o caminho, a verdade e a vida, ninguém chega ao Pai se não por mim) que é o local onde Lucifer o proíbe.

Na vasta maioria das vezes, o artista mundano vai atribuir honra ou a si mesmo, pessoas a sua volta, sorte, ou a entidades espirituais com quem esse se relaciona (leia-me: cultua). Observe os frutos da vida desse artista. Não caia nessa conversa fiada porque **toda melodia nasce no reino do espírito** que sopra no pífaro de seu autor e chega até você. A "fonte do sopro" é a parte imaterial da melodia e pode ser de natureza divina ou pode ser de natureza profana, **eis o mistério além das notas** no qual o título desse livro foi inspirado. O sopro vai conter em si os atributos espirituais da fonte que estarão decodificados e armazenadas em um envelope sonoro chamado MELODIA. Ao ouvir uma música, você realiza o processo inverso de desenvelopar um código sonoro que contém em si, atributos espirituais que serão armazenados no seu cérebro e firmemente agarrados à sua alma e consequentemente, o seu espírito. Por isso músicas geradas em almas depressivas, te levam a depressão. Por isso músicas tristes (sofrência por exemplo) te leva à tristeza e dor. Por isso músicas regadas à imoralidade sexual, te levam a incitar o desejo de tal prática. Por isso músicas geradas em almas que odeiam Deus, te leva a criar uma repulsa a viver uma vida totalmente condizente com a Palavra e isso afeta inclusive aos músicos que tocam no Altar do Senhor pois é exatamente nesse contexto que nasce a mentalidade do "não é bem assim" que nunca oferece uma passagem Bíblica que sustente uma conduta oposta a "guardar a Presença" - tolos, cegos e rebeldes. Geralmente, amam mais a música do que a Glória do Pai.

Eu sei exatamente como esse mecanismo na mente funciona porque a habilidade musical que Deus me deu, eu me posicionava conhecedor de uma arte que a audiência ali na igreja não dominava, e por isso eu me achava no direito de ser "imune" por conhecer as músicas. Isso é o pecado da **iniquidade** que reside nas sombras do silêncio escondido do coração e só Deus pode ver pois a falsa humildade do sorriso no rosto depois do tapinha no ombro e do *"obrigado, graças a Deus por isso"* esconde (músicos entenderão isso bem!).

Até que um dia, Deus me mostrou uma pequena pitada do poder do Fogo Consumidor nas pedras afogueadas em minha vida. A soberba foi desnudada em mim. A arrogância foi confrontada em mim. A falsa humildade foi descaradamente exposta e isso foi vergonhoso demais para eu suportar. Foi uma das grandes lições na minha caminhada como músico do Senhor. Pequei na minha soberba e arrogância, me arrependi e mudei. Deus me libertou do espírito de Caim e de Lúcifer que na minha busca pelo sucesso, a música tentou impregnar a minha alma enquanto no Altar do Senhor. Quão tolo fui em pensar que o dom que Deus me deu, fosse capaz de causar qualquer coisa no reino do espírito. O dom nada mais é do que uma habilidade dada por Deus e o espírito (ou intenção) no coração em usá-lo, define se é o espírito de Lúcifer ou o Espírito Santo. Eu deixo aqui o meu testemunho, porque eu vivi isso, e sei que pequei e sei que isso é abominável diante do trono do Altíssimo. Jesus me lavou disso... Simples assim, complexo assim. Alias, diga-se de passagem, sabe por que escancarei o meu testemunho a voce nesse trecho? Porque o meu dom é decodificar o sopro do Espírito no meu pífaro, ou seja, criar melodia, ou seja, compor música. O fogo Consumidor do Senhor me transformou com o testemunho da história de Bezalel que para mim, tão importante quanto Davi, nos deixou um legado absolutamente incrível...

NUNCA SE ESQUEÇA, ou a melodia te leva até os pés de Deus através de Cristo, ou ela te repele dEle mesmo que seja gradualmente.

Entretanto, há quem diga que músicas do mundo as fazem se aproximar de Deus. Mentira do diabo. Só através de JESUS alguém chega até Deus...e isso também significa que música gospel não é sinônimo de ser "pura espiritualmente falando" principalmente, se a fonte de inspiração nasceu de um coração corrupto, ganancioso e cheio de arrogância ou se quem a executa, possui um coração corrompido pelo espírito de Lúcifer.

No ser humano, o aparelho respiratório que está intimamente ligado ao canto, é o pífaro e este, é simbolicamente uma figura do local onde a "inspiração é soprada". Na vasta maioria das vezes, um compositor contrói sua obra musical ao redor de uma idéia melódica e é essa a gênese espiritual de uma música que posteriormente é armazenada no cérebro humano. Deus SOPROU o seu fôlego de vida no pífaro de Adão, e ali, nasceu a primeira melodia de volta ao Criador...embora a Bíblia não tenha registrado isso, eu creio que a primeira palavra pronunciada por Adão, tenha sido uma palavra que glorificou a Deus em forma de melodia.

Por isso, sempre que você se lembra de uma música, o seu cérebro executa uma melodia ali armazenada e depois, os gatilhos da mente se encarregam de produzir tudo o que está relacionado àquela melodia sejam emoções ou comportamentos ou, os dois combinados. Entedemos então Tiago 1:14-15 "*Mas cada um é tentado, quando atraído e engodado pela sua própria concupiscência. Depois, havendo a concupiscência concebido, dá à luz o pecado; e o pecado, sendo consumado, gera a morte*". (ACF).

A melodia pode ser usada para "atrair" o homem a um processo que o leva a pecar e esse processo começa na sua mente! Isso se chama tentação. Entende o poder de como o diabo pode usar a música!? Da mesma maneira, Deus utiliza esse mecanismo para amaciar o coração do homem e estender um tapete sonoro que o leva direto para sua doce e santa presença libertadora.

O RITMO é decodificado em outra área do cérebro que fica do lado esquerdo. É nesse mesmo lado do cérebro onde são organizados os movimentos fisicos que diretamente impactam o rítmo do nosso corpo. Entenda rítmo como diferentes comportamentos do organismo humano, como por exemplo a frequência cardíaca, a respiração, temperatura do nosso corpo, sono, liberação de hormônios. Outros tipos de rítmos do nosso corpo, também são controlados ali, principalmente como as diferentes articulações mecânicas e motoras com articulação do falar, a velocidade do nosso andar, dançar e observe que esses rítmos dependem direta ou indiretamente da presença de música. Esse rítmos afetam todo o resto do nosso corpo. Em música, a repetição de cadências rítmicas em curto espaço de tempo, estimula essa área do cérebro e por isso, o indivíduo se sente atraído a dançar ou se exercitar. Dificilmente você verá alguém ouvindo música clássica numa academia de ginástica. A vasta maioria das academias de ginástica vão executar músicas de alta intensidade rítmica para causar no frequentador desse ambiente, o estímulo cerebral para liberar um hormônio para causar nessa pessoa, o desejo de se exercitar. Da mesma forma, o rítmo acelerado pode estimular à dança.

O nosso organismo è controlado por estímulos nervosos,

mas também, hormônios e em ambos, estímulos nervosos e hormônios, dão ordens específicas para os membros do nosso corpo. Na medida em que a atividade física é executada, naturalmente, esses mesmos hormônios e/ou estímulos nervosos pode inibir algumas funções cerebrais e normalmente, a area inibida em nosso cérebro afeta o raciocínio. Por exemplo, conforme uma pessoa entra na cadência rítmica de uma dança, a produção de hormônios aumenta, a injeção de combustível para os músculos (glicose) aumenta, e muitas vezes, percebe-se que a inibição do racional dessa pessoa, a leva a comportamentos extremos. Isso é regra? Claro que não porque o indivíduo tem o poder de decidir ainda, mas, é exatamente nesse momento que o gatilho do mecanismo comportamental é acionado através da música.

Agregue a isso tudo que o efeito da música no cérebro acarreta a produção de dopamina que é um hormônio que proporciona um mecanismo de recompensa em dar PRAZER ao seu corpo, rapidamente você percebe que o ambiente de música, é o perfeito local para o palco de uma guerra espiritual para conquista da mente de uma pessoa.

A algum tempo atrás, havia uma brincadeira no Instagram muito engraçada em centenas de stories em diferentes perfis de seus usuários chamada HeadBanger Challenge (em traducao literal: Desafio do Batedor de Cabeça). Esse termo “headbanger” é atribuído aos metaleiros que sacodem a cabeça violentamente ao som alucinante das suas músicas prediletas de suas bandas que possuem em si, um rítmo alucinante. O desafio consistia em tocar segundos das principais músicas dessas bandas, e concentrar-se de tal forma a não sucumbir ao desejo sacudir a cabeça. O resultado era muito interessante (e por várias vezes engraçado) porque os verdadeiros metaleiros tentatavam de toda forma não sacudir a cabeça. Inconscientemente, na verdade o que eles estavam fazendo era um esforço mental da razão enviando ordens em seus cérebros para inibir as áreas mais atingidas pela música que possuem os gatilhos cognitivos de comportamento tentando desfocar a atenção. Era um jogo da mente! O impacto deaquela música era tão devastador em suas mentes que invariavelmente, os metaleiros perdiam o desafio porque era inevitável não sacudirem a cabeça ao som de suas músicas mais amadas.

Nessa simples brincadeira, fica inequívoco e evidente o poder da música no desencadear do comportamento por causa da carga de dos hormônios de dopamina e adrenalina no cérebro humano que causam prazer e por sua vez inibem a área cerebral da razão que tentava de todo modo não sucumbir a ordem cerebral: *"Cidadão ouve, mas não sacoleja a cabeça! Guenta aí!"*

A ciência explica a influência da música no comportamento humano e isso não saiu da cabeça de um crente doido (eu) que decidiu escrever um livro sobre o assunto! Aliás, vai na Amazon.com e veja a enormidade de livros sobre o tema. Pesquise no Google e confronte se o que eu lhe escrevo aqui seja incorreto? Mas, da mesma forma, confronte a si mesmo com a própria Palavra de Deus sobre o tema. Música estava no contexto da dança que Miriã fez após a travessia do Mar Vermelho (Êxodo 15). Música também estava na dança que a filha Herodias usou para conseguir a cabeça de João Batista em uma bandeja (Mateus 14:6). Qual a diferenca das duas músicas e das duas danças? O espírito por destrás! Uma trouxe vida pois glorificava a Deus, a outra, trouxe a morte, atributo do inferno.

No âmbito espiritual, esteja certo de que o diabo sabe perfeitamente como utilizar a música para o mal principalmente porque música existe para lhe dar PRAZER.

Agregue a esse ambiente de música, letras que induzem o ouvinte a práticas contrárias a Palavra de Deus, cria-se o perfeito ambiente de jurisdição espiritual para o aprisionamento do indivíduo no império das trevas através do seu comportamento e porque os gatilhos da mente impressos no cérebro assim o fazem.

Agregue a esse ambiente, feitiços espirituais ligados à alta magia, bruxaria e outras práticas esotéricas e ocultistas, o ouvinte está juridicamente preso no mundo espiritual, cego pela artimanha do diabo mesmo que aquela música lhe cause prazer e que seja inocente aos seus ouvidos! Esse é o alçapão da morte no quarto escuro.

Agregue a esse ambiente elementos para entorpecer o ser humano tais como o álcool e as drogas, o poder de ação destrutiva da música é potencializado ao extremo e a perpetuação desse contexto espiritual na vida de uma pessoa pode levá-la a resistir o Evangelho de tal forma que o destino daquela aquela alma será o inferno eterno! É isso que Lemos em Apocalipse 20:15 *"E, se alguém não foi achado inscrito no Livro da Vida, esse foi lançado para dentro do lago de fogo."*

No meu entendimento, a música é o principal meio de estabelecimento voluntário e/ou involuntário de pactos espirituais com o diabo. Em se tratando de grandes artistas, o principal objetivo desse pacto para o diabo é dar a ele a autorização e o mecanismo no mundo fisico de implementar os seus intentos para destruir o homem sob pretexto de conceder a esse artista, as riquezas e as glórias desse mundo.

Inúmeros metaleiros descrevem a sensação de poder invencível que passam a sentir depois de ouvirem suas bandas. Do mesmo modo, muitos caem no engano do sexo rápido nas festas de rave eletrônico, ou bailes funk, ou festas de peão sertanejo! Por quê? Por causa do gatilho acionado através da música na mente e todo o ambiente em que ela está. E dessa forma, perpetuam uma vida de pecado e no mundo espiritual, o diabo conquista um adorador que com sua vida, expressaram adoração ao diabo mesmo sem saber. Assim, o diabo conquista mais uma alma para o seu reino!

Agregue a esse ambiente, letras que subliminarmente lhe conduza a confissões de concordância de práticas espirituais que mesmo inconsciente você nem se dê conta, cria-se um PACTO ESPIRITUAL. Por que isso acontece? Por que nas palavras? Porque Jurisidição espiritual é <u>concedida e consolidada</u> através da palavra que você declara. Por isso a confissão é TÃO importante na hora de aceitar Jesus com Senhor de sua vida.

Se, com a tua boca, confessares Jesus como Senhor e, em teu coração, creres que Deus o ressuscitou dentre os mortos, serás salvo. Porque com o coração se crê para justiça e com a boca se confessa a respeito da salvação. Romanos 10:9-10 (ACF).

Porque no momento em que de livre e espontânea vontade a pessoa declara Jesus como seu Senhor, nesse exato momento, no mundo espiritual acontece uma quebra de vínculo com as trevas, e estabelece, um novo vínculo com Jesus. A pessoa que era presa no império das trevas, é solta e transportada espiritualmente para o Rei no Deus através de Jesus. É isso que está escrito em Colossenses 1:13, *"Ele nos libertou do império das trevas e nos transportou para o reino do Filho do seu amor".* (ARA)

Toda essa explicação técnica do impacto da música no cérebro é para lhe mostrar que melodia registra emoções, harmonia lhe causa sensações e rítmo afeta o comportamento e letra distrai o seu processo de racionalização. Por essa razão, mais áreas do seu cérebro são impactadas pelos impulsos nervosos e a somatória dessas áreas inibem a área no cérebro onde reside a razão e a consciência.

Se o diabo conseguir maximizar o impacto no seu cérebro de todas essas áreas, e através do canto fazer você confessar mesmo que inconsiciente os termos de jurisdição espiritual, ele poderá então colocar à venda espiritual que cega o entendimento da pessoa e endurece o seu coração para compreensão do evangelho. Esse processo de "compactuar com as trevas" pode também ocorrer com pessoas que se dizem cristãs, mas se recusam a abandonar a música que acalenta sua alma!

Porque o coração deste povo está endurecido, de mau grado ouviram com os ouvidos e fecharam os olhos; para não suceder que vejam com os olhos, ouçam com os ouvidos, entendam com o coração, se convertam e sejam por mim curados. Mateus 13:15 (ARA)

O versículo acima foi dito por Jesus para aqueles que conheciam a Palavra de Deus! Teoricamente, os teólogos de plantão na época que ainda assim eram cegos! Entretanto esse princípio se aplica para todos que se fecham a ouvir a Palavra de Deus.

Ai daqueles que relativizam a Palavra de Deus em benefícios próprios para justificarem seus comportamentos desalinhados com essa mesma Palavra de Deus!

Ai daqueles que se dizem conhecedores e praticantes da verdade divina, mas defendem a música do mundo sobre pretexto de alicerçarem suas escolhas pessoais relativizando a verdade do evangelho e assim, diminuindo o valor e poder da obra de redenção da Cruz.

Ai daqueles que utilizam a música consagrada a Deus para enganar o povo de Deus para enriquecimento próprio, por ganância e para fins de manipular os simples de coração. Maiores castigos receberão de Deus.

Se você for um curioso estudante da Bíblia, você vai se deparar que com a realidade de que toda vez que música aparece na Bíblia em um contexto desassociado com Deus seja ele um culto pagão ou não, é muito interessante que o fim do contexto em que essa música aparece no texto, ou está associada a calar a pregação da Palavra de Deus ou está associada com morte sendo essa morte física ou espiritual. Por que será? Coincidência apenas? Obvio que não!

Quer alguns exemplos?

Foi assim no bezerro de ouro no Sinai, e claramente foi essa a intenção com Sadraque Mesaque e abedenego em Daniel 3, foi assim na festa de Herodes em Marcos 6 na dança da filha de Herodias...

Em Marcos 6, João Batista se tornou um estorvo para o

governador porque declarou a VERDADE contra o adultério que esse déspota estava cometendo com a mulher de seu irmão. Isso irritou profundamente Herodes. João Batista proclamava a verdade do que a Palavra de Deus ensina! Aos olhos de Deus, segundo Sua Palavra e Lei, adultério é pecado e se aplica a qualquer pessoa de qualquer esfera da sociedade de qualquer cultura, época e nação.

Numa festa de aniversário, a filha de Herodias, dançou perante o rei e seus convidados! O Rei concedeu a ela o direto de pedir qq coisa! Ela pediu a cabeça de João Batista numa bandeja!

Certamente o ambiente no qual que aquela dança ocorreu deveria ser altamente sensual e posso lhe afirmar que não foi ao som de um louvor que exaltava os atributos da santidade de Deus! Aquela música CERTAMENTE estava cheia da peçonha mortal do inferno porque produziu MORTE. E o alvo da morte, nesse caso, carregava em si a voz do Espírito de Deus em João Batista declarando a Palavra de Deus para quem quisesse ouvir que anunciava principalmente a vinda do Messias!

Não é possível assumir, que música teve apenas um papel coadjuvante nesse contexto! Claramente aquela música, criou um ambiente propício para o propósito de satanás, que era eliminar a possibilidade da luz da verdade da Palavra de Deus ser declarada por João Batista! Herodes que já era cego, pertencente ao império das trevas, foi literalmente enfeitiçado pela sua própria carnalidade e lascívia e aquela jovem cheia de malícia, foi usada pelo diabo. Aqueles músicos naquele dia, foram coparticipantes e coniventes na criação daquele ambiente espiritual. Fato.

Por isso Jesus nos deixou o ensinamento que *"O ladrão vem apenas para roubar, matar e destruir; eu vim para que tenham vida e a tenham plenamente."* Quem é esse ladrão? É aquele que rouba do homem a chance de ver a luz do evangelho. Essa é um direta referência a pessoa de Lúcifer, o Querubim da Guarda Unigdo, expulso do céu, e hoje, chamado de o Pai da Mentira, o diabo.

Antídoto divino…

Os hebreus utilizavam os Salmos Bíblicos para fixar verdades e princípios da Palavra de Deus em suas mentes e corações. Por isso o Livro de Louvores da Bíblia, Salmos, começa no seu primeiro capítulo com a frase que é uma advertência e tremendo conselho a quem o lê:

FELIZ será o homem que não andar segundo o conselho dos ímpios (que são aqueles que não estão nem aí com as coisas de Deus), *nem se detém no caminho dos pecadores* (que são aqueles que preferem viver segundo as suas perspectivas pessoais desconsiderando DEUS), *nem se assenta na roda dos escarnecedores;* (esses são aqueles que permanecem no pecado e zombam das coisas de Deus) *antes tem seu prazer na lei do Senhor, e na sua lei* ***medita*** *de dia e noite* (esses sao aqueles que preferem

Deus ao mundo e focam suas MENTES na Palavra).

Assombrosamente a Bíblia nesse mesmo capítulo 1 de Salmos, nos ensina que a LEI DE DEUS é capaz de gerar no nosso cérebro um estímulo que nos causa PRAZER uma vez que essa pessoa MEDITE nessa Palavra de dia e de Noite. Por que isso? Porque os impulsos cerebrais causados pela meditação dessa palavra são poderosas partículas divinas, santas que saneiam, curam e restauram a sua MENTE. Por isso lemos em Romanos 12:2, que a transformação da nossa mente é o que nos leva a conhecer a boa, agradável e perfeita vontade de Deus. De outro modo, o diabo sabe que a destruição dessa mente, impedirá o homem de conhecer quem seja Deus. Além da confissão de Jesus como Senhor, **O único remédio para uma mente destruída pela música do inferno está em ler, recitar e meditar a palavra de Deus de dia e de noite.**

E o ensino das escrituras promove DISCERNIMENTO e alimenta o seu Cortex da razão com os princípios do SENHOR, segundo a MENTE de Deus que nos ensina:

Como purificará o jovem o seu caminho? Observando-o conforme a tua palavra. De todo o meu coração te busquei; não me deixes desviar dos teus mandamentos. Escondi a tua palavra no meu coração, para eu não pecar contra ti. Salmo 119:9-11 (ARA)

Sabe por que esse princípio de esconder a Palavra no Coração é válido, porque o próprio Deus nos diz em sua Palavra

Capítulo 11: O impacto da música no cérebro humano

"Pois eu bem sei os planos que estou projetando para vós, diz o Senhor; planos de paz, e não de mal, para vos dar um futuro e uma esperança. Então me invocareis, e ireis e orareis a mim, e eu vos ouvirei. Buscar-me-eis, e me achareis, quando me buscardes de todo o vosso coração." Jeremias 29:11-13 (AA)

O diabo sabe do poder que existe quando o homem busca a Deus em sinceridade e é por essa razão que o ciclo de preferência de estilo de música das massas altera nos veículos de comunicação sempre tendo como ponto de partida os jovens daquela geração. Por quê? Porque são presas mais fáceis e uma vez algemados espiritualmente dentro de um contexto músical, levam esse gosto desse contexto músical para o resto da sua vida. Cérebros não totalmente desenvolvidos fisiologicamente são como terreno fértil para plantação e colheita daquela geração. Assim como a terra descansa depois de um period de safra e o plantio tem que acontecer em outra area, assim, a mente humana passa por ciclos de diferentes estilos de música. Terreno, plantio e safra. Geração, música e eternidade. Percebe o ciclo da cadeia espirtual?

No ocultimo, a cadeia espiritual implementada na mente humana se chama egrégora. Aí se encontra um dos embriões para o tal conflito de gerações. Aproximadamente, a cada 10 a 20 anos, o estilo musical da massa muda. É cíclico! Minha época de juventude, a molecada amava o hard rock e heavy metal que hoje, é um estilo considerado pelos detentores de distribuição de mídia em música, como um estilo ultrapassado. Observe que o estilo musical que impera hoje, como por exemplo o rap e suas infinitas variâncias, e os adultos de hoje, em sua maioria, acima dos 40 anos, detestam.

Existe uma verdadeira Guerra invisível pela conquista da mente humana e você é o principal foco de atenção para Lúcifer colocar com a sua autorização uma venda sobre os seus olhos que te impedirão de contemplar a glória de DEUS expressa em Cristo.

A música é uma experiência espiritual em primeiro plano, disfarçada de entretenimento para sua alma. Sua mente é um campo de batalha de dois reinos. Você escolhe o reino que deseja estar assim como, suas diretas consequências.

Lembre-se, sua "Convicçao Pessoal" hoje em vida, é um direto sinônimo do seu "destino eterno". Pondere o que lhe escrevo...

Aprenda mais sobre o assunto nos links abaixo:

Capítulo 12

O Sistema do mundo, artistas e o veneno que mata uma alma vazia.

O título desse capítulo pode causar estranheza ao leitor no contexto desse livro, mas como já dizia minha saudosa avó Onilha, "*Cabeça vazia, oficina do diabo*".

Na minha singela opinião, tentei explicar no capítulo anterior como a mente humana é um dos mais incríveis dispositivos criados por Deus por sua complexa estrutura de funcionamento! Ali está o elo entre o reino do espírito e ali está a razão que move a vida em si. Não é à toa que existe uma batalha territorial invisível para conquistar a mente do ser humano e por fim, sua alma.

Em Julho de 2023, visitei Los Angeles na Califórnia e como um bom turista, fiz o famoso passeio do "roteiro das celebridades em Hollywood". O motorista nos levou a conhecer as mansões dos grandes ícones da música que marcaram a história com suas carreiras. Me deparei com verdadeiros palácios da era moderna que produzem as músicas que embalam e enfeitiçam as multidões da terra.

Confesso que senti um misto de admiração, angústia e indignação. Admiração porque de fato, se trata de uma estratosfera de opulência, de riqueza que nem a mídia consegue transmitir de maneira efetiva. Angústia porque milhões e milhões se enfeitiçam por algo que a Bíblia tem como os seus dias contados e indignação porque sou limitado em meus recursos para bradar ao mundo a verdade de Cristo por isso, sonho e oro por um exército do Senhor em espalhar a mensagem desse livro.

O texto de Mateus 4:8-10 é uma inequívoca evidência do caráter de quem o diabo é, suas intenções e principalmente o tamanho de sua arrogância e audácia. Da mesma forma, esse trecho mostra quem Jesus é, o poder de Deus que havia (e ainda reside) sobre Ele, mas principalmente o compromisso de amor eterno dele comigo e com você.

Levou-o ainda o diabo a um monte muito alto, mostrou-lhe todos os reinos do mundo e a glória deles e lhe disse: Tudo isto te darei se, prostrado, me adorares. Então, Jesus lhe ordenou: Retira-te, Satanás, porque está escrito: Ao Senhor, teu Deus, adorarás, e só a ele darás culto. Mateus 4:8-10 (ARA)

Para compreendermos a profundidade dessa passagem de Mateus, devemos voltar alguns versículos antes, e lembrar que a "Tentação de Jesus" foi precedida pelo seu Batismo no Rio Jordão. Esse trecho da Bíblia é tão incrível porque essa é a única passagem de toda Escritura onde claramente a Trindade Divina se manifesta na Bíblia quando Deus Pai, fala do céu, Deus Filho sendo batizado por João e Deus Espírito Santo repousando sobre Jesus como uma pomba. Ali, Jesus ouve do Pai: *"Este é o meu Filho amado, em quem me comprazo."* Mateus 3:17 (ARA)

É claro que Jesus já sabia quem ele era mesmo antes do batismo, Ele tinha total consciência de sua natureza divina e o propósito pelo qual Ele viera ao mundo, mas por uma razão misteriosa, DEUS Pai declara isso em alto e bom som. Eu posso considerar que talvez Jesus não precisasse que Deus Pai em alto e bom som falasse isso, mas como na Bíblia nada é por acaso, essa declaração posteriormente, foi muito importante para imprimir na mente de Jesus a verdade daquela afirmação trazida pela voz inequívoca e inconfundível que o Pai tem como lemos no Salmo 29:4 *"A voz do Senhor é poderosa; a voz do Senhor é cheia de majestade."*

O interessante é que a primeira coisa que saiu da boca do diabo por duas vezes foi "*Se tu és o Filho de Deus...*" o diabo é mestre em lançar a dúvida quanto à Palavra de Deus na mente humana! Muitos sucumbem às armadilhas do diabo por não terem sua verdadeira identidade revelada por Deus! Jesus sabia quem Ele era e o engano da dúvida de identidade foi o alçapão do engano com o primeiro Adão, e tentativamente, com o último Adão! O primeiro Adão caiu, o último Adão, cheio do Espírito de Deus, cheio da Palavra e consciente de quem ele era, respondeu ao diabo em cada tentação colocando a Palavra de Deus dizendo: "Está Escrito..." A Palavra de Deus revela quem nós somos nele! Qualquer outra referência, estará sob risco de estar dissociada com a perspectiva de

Deus a nosso respeito e por tanto, fora do propósito para o qual foi criado.

No contexto do capítulo 4 de Mateus, depois do árduo período de 40 dias de jejum, chega o pai da mentira, o diabo, e o leva a um alto monte e ali, mostra a Jesus todos os reinos do mundo e a Glória deles como se Jesus não soubesse! Lembremos de João 1:3 onde lemos que *"Todas as coisas foram feitas através dele (Jesus), e, sem Ele, nada do que existe teria sido feito."*

Pois bem, existem nesse detalhe de Mateus 4:8-10, algumas profundas lições que devemos tirar sobre o modo como o diabo opera. Primeiro, ele leva Jesus a um alto monte.

Óbvio que um leitor menos atento, vai fazer uma associação simples de que era uma questão de "panorama" da cena que ele apresentaria a seguir ao mostrar os reinos no mundo, certo? Parcialmente certo. A fama associada ao sucesso, eleva o artista a um patamar de resplendor perante a sua audiência. Alguns a nível nacional, outros, a nível mundial. A Bíblia nos revela que o diabo tem o poder de lhe mostrar coisas que vão aguçar a cobiça que há no "ter" e no "ser". Quando ele mostra a Glória terrena, ele não está mostrando somente riquezas. Ali, o termo "Glória" no Grego significa, dignidade, honra, poder e adoração. O diabo está oferecendo a Jesus, o amor da humanidade bastando para isso apenas que ele Jesus, se lançasse aos seus pés em adoração. A Glória terrena é a humanidade em si e a adoração que essa presta aos seus ídolos. O diabo não é onisciente, mas pense por um minuto e tente se colocar na perspectiva de Jesus ali naquele local! A oferta do diabo significava que ele, Jesus, poderia obter essa posição de estima e honra global da humanidade sem com isso, precisar passar pelo sofrimento da Cruz!

O pacto de Lúcifer demanda adoração a ele, e a entrega da alma em submissão a sua autoridade em troca de Glória terrena. Simples assim. Na Bíblia, um pacto é algo de duração efêmera, algo temporário feito por interesse mútuo e é executado através de uma troca de favores. Já uma aliança denota uma conotação mais profunda que não tem volta, eterna, e o acordo é selado com sangue que simboliza um compromisso de vida!

A Bíblia diz no Salmo 24:1, *"Do SENHOR é a terra e tudo o que nela existe, o mundo e os seus habitantes."* Deus é dono de tudo e de todos, porém o domínio da criação foi roubado das mãos de Adão e Eva pelo diabo, no Éden.

Na dimensão em que a Bíblia nos revela, o diabo tem domínio sobre a terra, e o direito de posse temporário porque lemos em Apocalipse 5, que o Cordeiro é o único que possui a autoridade de abrir o livro lacrado com os 7 selos! Por quê? Porque aquilo era uma figura de que a terra pertence ao Cordeiro de Deus. Jesus tem a posse de tudo, *"Toda a autoridade me foi dada no céu e na terra"* Mateus 28:18 (NAA).

Domínio é um controle temporário, posse é um governo por tempo ilimitado. O diabo é um usurpador (ladrão), e por isso a oferta dele a Jesus tinha fundamento na jurisdição de domínio, visando a posse. Mas, então o diabo ofereceu uma mentira? Não, ele ofereceu uma recompensa terrena de um mundo debaixo de seu domínio em troca da alma prostrada aos seus pés. Isso é real e muitos caem nesse engano.

A resposta de Jesus foi contundente; *"Retira-te, Satanás, porque está escrito: Ao Senhor, teu Deus, adorarás, e só a ele darás culto."*

Jesus sabia muito bem quem o diabo era! Eis o ex-querubim da guarda ungido querendo mais uma vez inverter os papéis de adorador e adorado. Ele Lúcifer, em função de seu cargo outrora dado por Deus, se prostrava na eternidade passada tantas vezes aos pés de Jesus. Já expulso e exonerado do seu cargo, ele viu o Criador do Universo criar todas as coisas através do Filho (Joao 1:3)! O diabo sabia que se ele conseguisse convencer Jesus a se prostrar em adoração a ele, ali seria feita uma aliança eterna de governo da Criação e o destino da humanidade seria usurpado das mãos de Deus Pai para sempre. Isso seria a maior catástrofe da humanidade e traria consequências eternas. Por quê? Porque a cruz não mais teria sentido de existir e Jesus teria entregado ao diabo o direito de comandar o destino eterno da humanidade. O diabo é sórdido e sujo! Ali no oculto do deserto da Judéia, em algum monte...ninguém teria visto essa aliança! Mas, Jesus de forma magistral o relembra de seu erro na eternidade que ele Lúcifer, optou a não adorar a Deus!

Capítulo 12: O Sistema do mundo, artistas e o veneno que mata uma alma vazia.

Jesus preferiu a vergonha pública em cima de um monte (Calvário), versus a aliança oculta no alto de um monte oferecida pelo diabo para obter as Glórias do mundo. Jesus optou pela Glória do Pai e permanecer firme no propósito de resgatar o homem do pecado. Ele optou por morrer a nossa morte para que vivêssemos sua vida.

Dois montes, duas alianças. Um monte, o diabo oferece glória do mundo, fama, riquezas, honra na terra em uma vida efêmera. O outro monte, vergonha pública na cruz, morte e dor e após, Glória no Céu, riquezas, poder e autoridade debaixo da Gloriosa mão do Todo Poderoso, porém, eternamente.

No monte com o diabo, a pessoa é presa dentro de um Sistema cujo objetivo final não é somente levar mais uma alma para o inferno, mas ser um servo que trabalhará incansavelmente para levar outras milhares de almas consigo. No monte chamado Gólgota, aos pés da cruz, rendida a Jesus como seu Salvador, a pessoa é transportada de um reino para o outro que significará perdão de seus pecados passados, presentes e futuros; vida eterna com Deus.

"Ele nos libertou do império das trevas e nos transportou para o reino do Filho do seu amor". Colossenses 1:13 (ARA)

Uau... parece ser uma escolha inequívoca para quem tem a revelação da Palavra, mas não é o que se vê no meio musical hoje em dia porque muitos, se venderam ao diabo e o seu Sistema e fazem questão de deixarem isso muito claro.

E não sejais cúmplices nas obras infrutíferas das trevas; antes, porém, reprovai-as. Porque o que eles fazem em oculto, o só referir é vergonha. Efésios 5:11-12. (JFAA)

Qualquer pessoa que faz aliança com o diabo consciente ou inconscientemente se torna cúmplice da perpetuação da obra do malígno na terra e será condenado no tribunal de Deus a passar a eternidade no inferno ao menos que em vida, se arrependa, largue seu caminho errado, confesse seus pecados aos pés de Cristo.

Paulo nos revela em Efésios 6:13 as patentes dos exércitos celestiais das trevas que ele chama de forças espirituais do mal. Nesse trecho de Efésios lemos que existe uma luta, ou porque não dizer, uma guerra espiritual tremenda *"porque a nossa luta não é contra o sangue e a carne, e sim contra os principados e potestades, contra os dominadores deste mundo tenebroso, contra as forças espirituais do mal, nas regiões celestes."* (ARA) Mas, por que será que existe essa guerra? Posso oferecer algumas razões, mas no meu modo de ver, uma das principais é o controle da mente humana através da manipulação da comunicação de massa para que o homem não conheça a verdade do evangelho.

Para isso, o espaço aéreo espiritual é patrulhado fortemente. Explico.

A Bíblia nos ensina que existem três níveis de céu. Existe o primeiro céu que é o azul que enxergamos de dia e o estrelado, à noite. Esse céu não mais existirá um dia conforme Apocalipse 21:1. A região celestial que Paulo nos relata em Efésios 6:12 é o segundo céu, onde estão as forças do exército das trevas invisível aos nossos olhos e ele chama de "regiões celestiais" e o terceiro céu, é onde Deus e os seus anjos estão e o acesso é só através de Jesus (João 14:7).

Em Daniel 10:11-20, lemos o incrível relato do anjo Gabriel que teve sua jornada "resistida" pelo "Príncipe do reino da Pérsia". Esse termo "resistir" no hebraico, denota a atitude de alguém que "se levantou contrariamente em oposição". Gabriel trazia uma mensagem do próprio Deus a Daniel exilado na Babilônia! Essa mensagem era tão importante que esse "príncipe da Pérsia" fez de tudo para impedir que essa mensagem fosse entregue. A luta foi tamanha, que Miguel, o "príncipe celeste de Israel" (Daniel 10:21) se juntou a Gabriel e juntos, venceram a batalha e a mensagem foi finalmente entregue a Daniel depois de 21 dias. O pequeno detalhe do versículo 20, "o príncipe **CELESTE**" de Israel, claramente nos revela que a Bíblia está nos descortinando um pouco do mundo espiritual na região do segundo céu que existia (e ainda existe) sobre a Babilônia.

Acredito que você conheça o "Principado de Mônaco" por causa das corridas de Fórmula 1 ou talvez pelas celebridades de Hollywood badalando e ostentando a sua riqueza ali nos cobiçados carpetes de famosos festivais de cinema.

Capítulo 12: O Sistema do mundo, artistas e o veneno que mata uma alma vazia.

Pois bem, Mônaco é uma pequena extensão de terra que se encontra próximo à famosa Riviera Francesa banhada pelo mar Mediterrâneo! Na verdade, esse pedaço de terra é um país soberano, com suas leis e governo próprios sob o comando de um Príncipe, que controla todo o "Principado de Mônaco". No contexto da Bíblia, o mesmo princípio de territorialidade nas regiões celestiais também é sinônimo de autoridade na hierarquia do inferno. O capítulo 10 de Daniel é tremendo em nos revelar isso.

Então, o termo "Principado e Potestade" que Paulo menciona em Efésios 6:12 são ambos uma direta referência a entidade espiritual que possui uma altíssima patente militar no Reino das Trevas que controla uma região sendo esse hierarquicamente abaixo apenas do próprio Lúcifer, príncipe governador de tudo. Por isso em João 14:30, Jesus chama o diabo de "*Príncipe desse mundo*" descortinando a nós a sua influência a nível Global.

Nesse mesmo trecho em Daniel 10:20, o anjo Gabriel revela que o "*Príncipe da Grécia*" estava vindo para se juntar ao "*Príncipe da Pérsia*" em uma nova batalha. Qualquer pessoa que por curiosidade olhar no mapa da terra, verá a enorme distância geográfica entre as duas regiões de terra (Babilônia – Iraque hoje em dia e a Grécia no Mar Mediterraneo). A menção de "príncipes" da Grécia e Pérsia nos revela que existe o governo da territorialidade espiritual satânica sobre nações e reinos, e que demônios de alto escalão são destacados para o governo espiritual do local.

Por analogia, não seria incorreto assumir que cada nação ou região da terra, tem um principado e potestade destacado por Lúcifer para o controle territorial e a influência dessa potestade e sua identidade espiritual se revela na cultura de uma nação ou império (como na época de Daniel) e principalmente na religião geralmente pagã e nas artes associadas a essa expressão religiosa, sendo que a mais importante delas é a chamada "mãe de todas as artes", a música. Mas, o que mais essa potestade e príncipe territoriais controlam? A resposta para essa pergunta nos revela algo tremendo sobre o que acontece nas regiões celestiais onde operam essas entidades. No contexto da Grécia por exemplo, o prícipe daquela região influenciou profundamente a cultura da época, e claramente vemos essa influência ainda hoje. Basta para isso estudar um pouco de mitologia grega e você perceberá rapidamente que todas as representações mitológicas, além de serem uma expressão religiosa da época, são na realidade, entidades das trevas que enganam o homem com suas histórias e contos que serviam para eles entenderem o mundo e como não havia conhecimento científico desenvolvido, a mitologia era um mecanismo de manipulação das massas para assegurar que o "Sistema" era implementado em estabelecer controle da mente humana.

Em Apocalipse 2:13, Jesus menciona sobre o *Trono de Satanás* que existia na cidade de Pérgamo na época da igreja primitiva. Alguns teólogos defendem a idéia de que esse trono, nada mais era do que o conjunto de pensamentos religiosos e o Sistema romano opressivo daquela época que manipulava a população do império em um profundo sincretismo entre a cultura Grega espalhada por Alexandre, O Grande, e a cultura vigente, sendo essa, do império romano que tanto assolava os Cristãos da época. Alguns autores como o magnífico livro de David E. Graves, Jesus Speaks to Seven of His Churches que explica isso detalhadamente – altamente recomendo!

Entre os anos de 1878 e 1886, dois engenheiros alemães negociaram com o governo Turco o direito de excavarem uma estrutura arquitetônica que existia no topo de uma montanha onde ficava a acrópole do maior centro da religião pagã daquela época na cidade de Pérgamo. Essa estrutura, foi identificada como sendo o Altar de Zeus. Esse altar foi escavado, desmontado, etiquetado, e enviado para a Alemanha e ali, foi reconstruído. Hoje, essa relíquia se encontra no Pergamon Museum em Berlim para ser visitado por quem desejar. Se você for um curioso como eu sou, pesquise isso no Google e veja as imagens. Você notará que esse altar, tinha o formato de um grande trono. Nesse altar eram sacrificados animais em culto a Zeus. É impressionante você observar que nas escadarias desse altar e em sua área superior, foram esculpidas cenas de "deuses menores" da mitologia grega como se todos eles, se curvassem a Zeus que figurativamente estava "assentado" no alto desse altar, no alto de uma montanha com a cidade e seus adoradores aos seus pés. Eu estive em Pérgamo na Turquia em setembro de 2023 filmando a Série do Apocalipse para o meu canal no YouTube, e fiz questão de filmar em frente a esse local onde existia esse altar.

Na minha humilde forma de entender, faz todo sentido Jesus mencionar esse "trono de satanás" (Apocalipse 2;13) e associarmos essa menção como sendo o Altar de Zeus e não pura e simplesmente a uma ideologia religiosa da época. Na carta narrada a João, Jesus direciona a uma igreja de uma cidade e marca um local, um endereço físico quase como se fosse um GPS da época em que existia um TRONO, algo imaterial representado em um local físico e não uma filosofia ou forma de pensar. Trono de Satánas, denota o local de onde se assenta um ser que exerce um controle espiritual de um reino e não uma filosofia de um sistema, muito embora, o conjunto de idéias e idologias, possam refletir o governo que emana desse trono.

Fica mais fácil ainda de discernir isso quando lemos em Isaías 14:13-14, onde Deus nos revela o coração de Lúcifer como sendo desejoso de ter o seu **trono** estabelecido no local mais alto e ali se assentar em um **monte** elevado.

Se você morasse em Pérgamo naquela época, e ouvisse a leitura da carta de Jesus dada a João para sua igreja que existia ali naquela cidade, ouso afirmar que certamente, você diria: *"Uau, o Mestre sabe onde estamos, e ele se refere ao trono de Zeus ali na acrópole na nossa cidade..."*

Zeus era a entidade espiritual mais elevada dentro da mitologia grega naquela época, e Jesus está fazendo a seríssima revelação de que o culto realizado naquele altar, era um culto oferecido diretamente ao diabo. As magníficas esculturas da mitologia nas escadarias desse altar (que hoje estão no museu em Berlim), são representações das castas dos demônios que atuvam dentro daquela cultura e sociedade através da mitologia greaga. Não importa a quão magnífica era (e ainda é) a arquitetura desse altar, aliás, isso apenas corrobora com o fato de quão influente uma potestade de uma nação pode ser através das artes...no caso de Apocalipse 2:13, o culto pagão abominável aos olhos do Senhor em um magnífico exemplo arquitetônico de um altar esculpido em mármore na cidade de Pérgamo.

Esse exemplo, é uma prova contundente de que o mundo espiritual agiu na época em Pérgamo para cegar o entendimento do homem de ver a Glória de Deus, revelada em Cristo adicione a isso, a perseguição aos Cristãos e a obrigatoriedade de se cultuar os imperadores romanos que se tornaram entidades espirituais no reino. E desde sempre, o destacamento e objetivo principal de uma potestade territorial é fazer de tudo o que for possível para criar estratégias no mundo fisico usando seus servos, de forma que esses, imponham ou manipulem maneiras da cultura, religião, educação, política, artes, moda e todo o sistema vigente, para a finalidade de cegar o homem para que a Palavra de Deus não chegue a esse homem.

Por isso, voltando ao trecho do livro de Daniel 10, a Guerra dos Príncipes da Pérsia e Grécia contra Gabriel e Miguel é uma revelação tremenda de que os príncipes das trevas lutaram para que a revelação da Palavra de Deus não chegasse até Daniel...e consequentemente, **a mim e a você hoje**.

O controle do espaço aéreo no tráfego de conteúdo na região do segundo céu é real, é um fato indiscutível, porém será sempre questionado por muitos principalmente, por aqueles que não conhecem ou desprezam a Palavra de Deus! Mas esse tema jamais será desprezado por quem conhece o mundo espiritual, principalmente, os que exercem esse controle debaixo do commando da potestade vigente.

Existe o controle e influência espiritual da produção intelectual e distribuição de conteúdo de massa na mídia debaixo de um "principado" ou região sob o commando de uma ou mais Potestades que por hierarquia, respondem diretamente para o diabo como o comandante mundial das trevas. Controle do tipo de mensagem que a mídia transmite! Controle das "fontes comunicadoras" das mensagens a serem distribuídas com o objetivo do controle e manipulação da mente humana. Esse controle e/ou governo está nas mãos do "Príncipe das potestades do ar" e Paulo nos revela em Efésios 2:2 quem ele é: o diabo.

No livro "Iluminatti na Indústria da Música", o autor Mark Rice, cita uma alarmante declaração feita pelo falecido Sr. Anton Lavey nos anos 80. Caso você não saiba, Lavey foi o fundador da igreja de satanás e autor da bíblia satânica e fez a seguinte declaração pública: *"Muitos de vocês já leram meus escritos identificando a TV como o novo deus. Tem uma pequena coisa que eu negligenciei de mencionar até o presente momento - a televisão é a* ***maior e principal maneira de infiltração*** *para a Nova Religião Satânica".*

Eu tenho que concordar com essa declaração uma vez que cresci na época que a televisão era a principal responsável em propagar a vasta maioria do repertório de conteúdo que instigava a audiência a se distanciar a tudo que diz respeito a Deus!

Lembremos dos programas infantis na decada dos anos 70, 80 e 90 que bombardeavam sua audiência com um contexto de aparente inocência, mas em segundo plano, semeava na mente dos baixinhos a sexualização infantil, infusão de encantamentos de bruxaria etc etc. Quem nunca foi dormir com medo da Cuca ou fantasiou com os traços reveladores de apresentadoras infantis?

Lembremos dos grupos musicais que exibiam dançarinas que explicitamente exibiam seus corpos simulando o ato ou você acha que boquinha da garrafa se relaciona com um refrigerante sendo destampado? Podridão a céu aberto disseminado via satellite no país inteiro.

Lembremos de bandas que usavam o humor para disseminar a podridão da imoralidade sexual do mundo na mente das criancas e ainda são aclamados como grandes ícones...que piada de mal gosto.

Interessante que a mídia simplesmente deixou de fora que o amado Exagerado, Rebelde e por vezes, blasfemo Cazuza recebeu os cuidados de uma humilde enfermeira poderosa serva do Senhor, Ana Costa, e foi essa mulher, que Deus usou para levar o cantor aos pés de Jesus no seu leito de morte...morreu salvo! Incrível que a mídia simplesmente ESCONDEU isso da audiência que o amava! Por quê?? Porque não interessa para o sistema do mundo controlado pelo diabo em expor a Glória de Deus e a Salvação através de Jesus Cristo em cadeia nacional.

Assista ao testemunho da Ana no processo de conversão de Cazuza.

Embora hoje vivamos num momento de franca decadência desse meio de comunicação (TV), o princípio de Lavey se perpetua e de certa forma é amplificado através dos smartphones onde o conteúdo está cada vez mais direcionado para infundir na mente do indivíduo o conteúdo que o afasta do Senhor com o intuito de permanecer preso ao sistema desse mundo, a saber: imoralidade sexual, impureza e libertinagem; idolatria e feitiçaria; ódio, discórdia, ciúmes, ira, egoísmo, dissensões, facções e inveja; embriaguez, orgias e coisas semelhantes. Essa lista de conteúdo temático, está descrita em Gálatas 5:19-21 e o Apóstolo Paulo deixou um aviso bem claro que *"Aqueles que praticam essas coisas não herdarão o Reino de Deus."*

Nesse contexto, a música talvez tenha sido a forma mais efetiva de iniciar essa influência na mente humana e é bem nítido atestar o impacto devastador do mundo das trevas. Alguns exemplos disseminados pela televisão.

Elvis Presley por exemplo, foi um grande ícone disseminador de música nos anos 50, 60 até 1977 quando morreu, mas em sua trajetória sempre causou um frenesi nacional e mundial com sua dança sensual que levava o público feminino à loucura (porque não dizer histeria). Idolatria pura...e os inúmeros livros que revelam o seu envolvimento espiritual com ocultismo embora fãs mais ferrenhos bradem enrraivecidos quando expostos a realidade dessa verdade!

Os Beatles em 1964 explodiram mundialmente depois da apresentação no programa de Ed Sullivan em NY com a audiência recorde de 73 milhões de expectadores e disseminaram sua música repleta de rebeldia disfarçada de uma ingênua melodia e, mais tarde, escancarando ao mundo suas verdadeiras raízes espirituais centradas no hinduísmo, budismo e no ocultismo de Aleister Crowley famoso esotérico e satanista cuja foto está na capa do álbum Sgt Peppers. Divagação filosófica vazia minha? Pesquise no Google e veja por si! Simples assim!

Maddona por exemplo que recentemente em sua turnê mundial, realizou no Madison Garden em NY uma coreografia na música Like a Prayer que claramente é um ritual satânico e a letra dessa música, JAMAIS, coroa a pessoa de Cristo embora o palco até contenham cruzes. Sacerdotiza do illuminati que caminha rapidamente para o seu destino eterno mas não antes de um último passeio ao redor da terra com sua turnê de celebração de uma vida entregue ao seu chefe para o usufruto própria das glórias dessa vida ampliando ainda mais a sua egrégora e tudo o que nela contêm, na mente de fãs cegos que aplaudem sua obra.

A música ganhou uma nova dimensão depois da transmissão na televisão pois associado ao poder do som, adicionou-se o poder da imagem. O famoso dito popular *"Uma imagem vale por mil palavras"* é muito real no contexto pois trouxe um poder exponencial de infundir na mente da audiência a mensagem que seu interlocutor desejasse através dos vídeos Clips.

No dia 1 de agosto de 1981 ocorre a primeira transmissão da MTV que traria uma expansão ainda maior e os artistas produziam seus videoclipes e cada vez mais a indústria passou a depender do poder da imagem para impactar a sua audiência. Isso alavancou o volume de distribuição de conteúdo nas "ondas do ar" e o poder do impacto visual foi agregado ao já existente poder do som disseminando a simbologia satânica das seitas, pactos e alianças às quais muitos artistas pertencem...pesquise sobre "símbolos de illuminati + o nome de artista, jogadores, políticos, empresários e você vai perceber que isso não é uma "teoria da conspiração" ao contrário, é uma comprovação de que o inferno atua amplamente em praticamente todas as esferas intelectuais da sociedade mundial! Vale ressaltar que hoje, somos expectadores e coparticipantes do avanço descontrolado do consumo da mídia social e do poder que o mundo espiritual influência nas massas, principalmente nos jovens.

Capítulo 12: O Sistema do mundo, artistas e o veneno que mata uma alma vazia.

Diversas plataformas permitem qualquer um transmitir mundialmente seu conteúdo e rapidamente, os jovens possuem múltiplos acessos gratuitos a uma enormidade de informação jamais vista na história da humanidade.

Como autor, LaVey cita na sua "Bíblia Satânica" dizendo: *"Os tempos mudaram. Os líderes religiosos já não pregam que todas as nossas ações naturais são pecaminosas. Não pensamos mais que o sexo (ilícito) é sujo - ou que ter orgulho de nós mesmos é vergonhoso - ou que querer algo que outra pessoa tem é cruel... Se você quer uma prova disso, basta ver quão liberais as igrejas se tornaram. Ora, elas estão praticando todas as coisas que vocês [satanistas] pregam. Os satanistas ouvem essas e outras declarações semelhantes o tempo todo; e concordam de todo o coração".*

O liberalismo cultural abraçado por muitas igrejas que orgulhosamente se autodenominam como modernas, abrem as portas de entrada para o mundanismo se fazer presente no culto ao Senhor...e a música, muitas vezes se presta ao desserviço de estender o tapete vermelho para isso.

Lideranças que defendem a presença exclusiva de jovens inexperientes no seu ministério de louvor, sem o devido pastoreio, correm um seríssimo risco de permitir que tal imaturidade espiritual, introduzam erros teológicos graves justamente através da porta de entrada de onde o querubim foi expulso: a adoração. Tal imaturidade e inexperiência certamente podem comprometer a integridade da Presença de Deus e tolices teológicas em letras cantadas de músicas vazias transitam livremente nos púlpitos dominicalmente e tambem nas playlists das plataformas digitais.

A exposição da música néscia às massas sem um sólido e sério compromisso com a PALAVRA pode levar pessoas ao engano. Não são poucas as atitudes imaturas, declarações e técnicas de ministração humanas absolutamente impensáveis e antibíblicas que semanalmente vemos a mídia social expor a Igreja ao ridículo público.

As igrejas ditas modernas elegem o rostinho bonito, cabelo com o corte da moda, roupa colada e som pasteurizado para serem sinônimos de uma cultura recheada de modismos e trejeitos que nada têm a ver com uma atitude de vida bíblica expressa na Palavra em termos de adoração, enquanto as ovelhas ou morrem de inanição espiritual ou morrem por ingestão de comida envenenada do mundo. As pessoas são conduzidas a se converterem ao sonho (devaneio) de um homem ao invés do evangelho verdadeiro de Jesus. Os púlpitos não mais exibem um servo de Deus com a Bíblia aberta! Para quê? Basta projetar no telão e usar o smartphone no culto...e durante o culto, disputar a atenção às escapadelas da mente na mídia social! Sei disso porque eu comecei a me enveredar nesse rumo e percebi o engano da mente! Passei a levar a Bíblia impressa no papel no culto, e curiosamente, notei ser um dos únicos e ainda virei alvo de piada. Patética evidência da modernidade e do distanciamento das raízes básicas que importam!

Lembro de um jovem compositor de uma grande igreja australiana de alcance global a Hillsong, que compôs e cantou músicas suas para uma audiência de milhões de jovens durante anos e de repente, um belo dia, teve a audácia de manifestar-se publicamente na mídia social dizendo que estava "perdendo legitimamente sua fé em Cristo"...isso é uma prova de que experiência na PALAVRA fala mais forte do que a experiência sob os holofotes da fama dos "palcos gospel" porque quando os ventos da lábia maldita do inimigo sopram trazendo consigo a mesma conversa fiada de sempre como foi no Éden dizendo: "será mesmo que Deus disse isso?" aquele que não está profundamente enraizado na Palavra, sucumbirá às artimanhas das trevas. Basta ver o caminho de alguns dos mais badalados "cantores gospel" que sob pretexto de "serem luz no mundo", se desviaram de forma grotesca e abertamente confrontam as bases da fé que os ajudou a construir seus nomes na indústria gospel e os cofres de suas contas bancárias.

O ano de 2023 está marcado para sempre como sendo o ano em que vimos nascer a era da Inteligência Artificial (I.A.) onde o ChatGPT sendo capaz de interagir com o seu usuário respondendo todo tipo de pergunta que vai desde criar soluções para problemas matemáticos até análises de texto, inclusive a própria Bíblia! Isso sem contar as ferramentas aplicados à mídia, business e todas as esferas do conhecimento humano. O mundo experimentará no futuro as consequências disso, sendo essas, boas ou más.

Entretanto em se tratando da preparação da infraestrutura de um governo mundial, essa tecnologia já desponta como uma poderosa ferramenta nas mãos do Sistema do Anticristo para manipulação de massa pois a base de funcionamento da IA está no fato de que ela se utiliza apenas do conteúdo armazenado dentro dela. Diferente do mecanismo de pesquisa do Google por exemplo que varre as páginas da internet para trazer o resultado de uma pesquisa baseado em relevância, a IA se utiliza de um banco de dados próprio o que proporciona ao detentor da tecnologia o controle do que é exibido no resultado de busca de seus usuários. O poder de manipulação de massa estará nas mãos de quem tiver o controle de inserção de informação. Adivinha quem?

Eu ouso dizer que a tecnologia de Inteligência Artificial é tão importante no nossos dias quanto foi a inovação da Tecnologia Nuclear que trouxe uma espantosa transformação para a indústria e medicina no início do século XX...mas, bastou uma guerra mundial para o homem transformá-la em uma arma mortal deflagrada no dia 6 e 9 de agosto de 1945 em Hiroshima e Nagasaki, no Japão, com a explosão da bomba atômica matando quase 230.000 pessoas e deixando um rastro sombrio do fantasma de uma guerra nuclear até os dias de hoje.

Capítulo 12: O Sistema do mundo, artistas e o veneno que mata uma alma vazia.

O poder da Inteligência Artificial será visto em uma crescente, culminando nos dias que antecederem a Batalha de Armagedom predita na Bíblia em Apocalipse 16:16.

A indústria de Hollywood vem "profetizando" ao mundo esses avanços tecnológicos há muitos anos através dos inúmeros filmes curiosamente chamados de futurísticos ou como estrategicamente categorizado pela indústria com um título poderoso e inquestionável de *Ficção Científica*! O próprio termo engloba em si, uma grande dualidade! Ciência se comprova..., mas ficção nada mais é do que uma mera idéia irrealista de algo de um futuro distante.

Na verdade, esse tipo de filme é uma forma bastante ardilosa de inspirar, enfeitiçar, cativar a mente da audiência mundial preparando-a assim, para aceitar como o "novo normal" o fato de que a tecnologia será (talvez devesse dizer que já é) algo que vai trazer grandes benefícios à humanidade em um futuro não muito distante. Um exemplo disso o filme Minority Report lançado em 2002 e estrelado por Tom Cruise, exibe várias cenas dele interagindo com telas de computador suspensas no ar como um universo holográfico super tecnológico processando milhares de informações. Eu me lembro vividamente pensando "Uau, que tremendo seria se isso de fato existisse"! Passaram-se 22 anos e a Apple lançou o Vision Pro que é um óculos que proporciona uma experiência muito semelhante vista no filme de Tom Cruise. E sabe de uma coisa? Eu fui pessoalmente ver e fiquei maravilhado com a tecnologia mas o preço exorbitante do "brinquedo" U$3,500 e a percepção de que nesse exato momento dessa tecnologia, ela cria uma prisão virtual para mente em um mundo privado, e por isso, me desencorajou totalmente. Não demorou muito para um monte de vídeos de pessoas nas mais bizarras situações aparecerem com os tais óculos na rua, metrô manipulando as telas flutuantes em seus ambientes virtuais.

Hollywood cria uma falsa perspectiva de que o "lado sombrio da força" afinal de contas, não é tão ruim assim e você está exposto a relativizar o que seja de fato, o mal e o bem. A serpente do Éden continua ativa, somente muda o tipo de mídia...

Que me perdoem os fãs, mas a interminável e enfadonha saga de **Star Wars** que é tão amada por milhões no mundo inteiro, o vilão Darth Vader representante do "lado negro da força" tem uma legião de fãs dos quais a vasta maioria talvez deva desconhecer que o seu peitoral foi inspirado em Ezequiel 28:13 nas nove pedras do peito de Lúcifer. Coincidência? Óbvio que não. Falei sobre isso no meu canal também e o mi-mi-mi dos fãs foi inevitável, mas a inspiração em Lúcifer para o personagem é fato conhecido, inequívoco e alegar que não passa de uma estratégia poética de cinema e marketing é um atestado de que essa ilusão de Hollywood atingiu o seu objetivo de relativizar o

poder das trevas e a realidade de um mundo espiritual que não está nas galáxias distantes, mas sim, nas regiões celestiais onde essa pessoa está submersa e cega espiritualmente falando.

Estendo essa cegueira até mesmo para os sonolentos (ou sonâmbulos) cristãos que se levantam para defender a Saga com mais veemência do que se levantam para proclamar o evangelho de Jesus ao mundo. Conhecem mais o enredo da Saga do que o enredo da Palavra que leva alguém a Cristo e à vida eterna. Percebe o poder do impacto conteúdo do mundo na mente humana?

Voltando ao texto bíblico, no Novo Testamento em Efésios 6:12, Paulo aponta o demônio territorial chamando-o de Potestade. No Antigo Testamento, o anjo Gabriel identifica essa mesma entidade espiritual que era (e ainda é) o demônio que governava sobre a área da Babilônia (hoje, a região do Iraque e Irã) chamando-o de "Príncipe da Pérsia".

Entretanto, no meu modo de ver, o mais importante e mais tremendo do que a revelação de que existiu uma batalha espiritual, é o fato de que essa batalha espiritual aconteceu por causa do conteúdo que havia nessa mensagem vinda do Trono de Deus. É óbvio que Lúcifer e o seu "príncipe da Pérsia" não sabiam o teor dessa mensagem, porém não podemos esquecer jamais o fato de que Lúcifer conhecia (e conhece) muito bem quem Gabriel era e sua importância dentro da hierarquia do Reino de Deus do qual ele havia sido expulso! Fico a imaginar que os demônios territoriais observavam Daniel em suas súplicas e quando alertados da entrada de Gabriel no espaço aéreo do segundo céu sobre a Babilônia e, conscientes da magnitude hierárquica que Gabriel possuía (e ainda possui) no Reino de Deus, imediatamente, o inferno sabia que boa coisa não poderia ser e partiram para o ataque para impedir a mensagem de ser entregue!

Por essa razão, o principal demônio que cuidava da região onde Daniel estava, o "Principe da Pérsia" (a Babilônia que ficava na área do Império Persa), certamente deve ter sido avisado para imediatamente impedir que a mensagem de Gabriel chegasse até o tal homem de Deus, Daniel, que ousava continuar a orar mais fervorosamente ainda depois de ter sido liberto da Cova dos Leões! Que fé era aquela que incomodava as mais altas regiões celestes!? Que profundidade de relacionamento com o Altíssimo foi capaz de mover os céus! Que incrível imaginar que do seu Trono, Deus viu em Daniel alguém digno de confiança a receber e disseminar tamanha mensagem!

Mas...que mensagem misteriosa era essa que a presença do seu portador foi capaz de abalar o sistema de segurança da zona espiritual militar do inferno sobre a Babilônia? O que será que Deus havia confiado a Gabriel a ponto dele, Gabriel, simplesmente invadir território inimigo para levar aquela mensagem até Daniel? Gabriel carregava consigo a mais importante profecia de todo o

Antigo Testamento que tratava sobre os eventos da história futura que marcariam a chegada do Messias ao mundo bem como eventos que dizem respeito ao fim dos tempos, época em que você e eu vivemos hoje. Essa profecia pode ser lida em Daniel 9:21-27.

Na passagem de Daniel 10, Deus nos ensina que o inferno se levantará contra o tráfego de conteúdo que proclame o Reino de Deus e a chegada do Messias, seja nas regiões celestiais ou, seja nos veículos de comunicação de massa da atualidade. Da mesma forma, essa passagem bíblica nos dá evidência do total interesse do mundo espiritual em deter o controle do tráfego aéreo da informação e disseminar às massas a agenda do inferno através da cultura de massa que existe na música, cinema, rádio, TV, moda, filosofia, literatura com um único objetivo: encobrir o evangelho e cegar o entendimento dos perdidos impedindo a pessoa de viver o seu propósito divino e arrebanhar o máximo de vidas para o inferno eterno longe de Deus.

Mas, se o nosso evangelho ainda está encoberto, é para os que se perdem que está encoberto, nos quais o deus deste século cegou o entendimento dos incrédulos, para que lhes não resplandeça a luz do evangelho da glória de Cristo, o qual é a imagem de Deus. 2 Coríntios 4:3-4 (ARA)

Agora, pense sobre o seguinte prisma... depois de aceitar Jesus como seu Senhor e Salvador, o Espírito Santo, passa a habitar dentro do homem, certo? Através da Sua Palavra, a Bíblia, Deus entrega uma mensagem de redenção ao homem. Quando essa pessoa decide se levantar, e tentar fazer com que essa Palavra chegue ao maior número de pessoas percebe-se as inúmeras tentativas que "coincidentemente" acontecem na vida dessa pessoa para impedir que o espalhar do evangelho aconteça. Coincidência ou o mundo espiritual das trevas milita contra as coisas de Deus? Viagem da minha cabeça ou realidade factual que só entende quem tenta pregar a Palavra?

Efésios 1:13-14 "Em quem também vós estais, depois que ouvistes a palavra da verdade, o evangelho da vossa salvação; e, tendo nele também crido, fostes selados com o Espírito Santo da promessa. O qual é o penhor da nossa herança, para redenção da possessão adquirida, para louvor da sua glória." (ARC)

A presença do Espírito Santo de Deus dentro do homem é o selo de Deus nesse homem. E agora, o Espírito de Deus entrega suas mensagens na **mente** desse homem via oração, Palavra e adoração em um verdadeiro download celestial do Criador. Isso significa que Deus fala diretamente ao coração do homem e essa mensagem é destinada à Igreja como Corpo de Cristo e também àqueles que estão perdidos no mundo, caminhando para o inferno. Isso ocorre na mente humana!

Uma vez essa mensagem recebida, o servo de Deus precisa

de alguma maneira trafegar essa mensagem para ela chegar em seu destino final. É nesse momento que existirao dois tipos de batalhas! Um que ocorre na mente e outro fora dela nas circunstâncias da vida.

Na mente, o diabo tentará dissuadir o homem de espalhar a mensagem de Deus principalmente através da perpetuação de uma vida oculta em pecado o que faz esse homem se calar. Nas ciscunstâncias da vida, ele trabalhara para criar situações que desviem sua atenção.

Agora, pense e pondere! Quais são os métodos de entrega da mensagem do evangelho? áudio, imagem e texto. Como essas mensagens são entregues? A tecnologia de distribuição de conteúdo possibilita isso de várias formas! Quem detém o poder de controle de distribuição de conteúdo? Quem controla os algorítmos de distribuição de massa? Qual o porquê da diminuição da entrega de mensagens cristocêntricas em um mundo repleto de malignidade em mídia? Contrapor-se a isso é assumir que o famoso caixote na praça pública com um irmão engravatado esbravejante com a Bíblia na mão seja uma alternativa de um método eficiente de proclamação do evangelho! Possivelmente pode até ser e louvo a Deus quem assim o faz, mas a nível de alcance mundial, certamente esse método não é efetivo.

Capítulo 12: O Sistema do mundo, artistas e o veneno que mata uma alma vazia.

Entende agora que o mundo jaz no malígno e quem detém o controle do sistema que rege esse mundo vai fazer o máximo para evitar que a mensagem que é entregue por Deus a você, chegue no destino final que são os perdidos? Por quê? **Porque interessa para as trevas que as vidas permaneçam nas trevas.** Interessa para as trevas, a desconstrução dos princípios da Palavra de Deus na mente do ser humano. Então, a estratégia do inferno é exercer poder e controle na produção e distribuição de conteúdo para jogar na mente do homem o veneno que causa e/ou perpetua a cegueira espiritual.

Às vezes, o inferno não tem nem muito trabalho... basta se utilizar da própria concupiscência (desejo) desse homem e oferecer aquilo que ele busca: prazer, prazer e prazer. Deleite da alma e do corpo em todas as formas possíveis e imagináveis contanto que sejam contrárias à Palavra de Deus. Esses são os tais "prazeres do mundo".

Mas...como o diabo faz isso? Através de uma complexa rede de influência das chamadas sociedades secretas que atuam em diferentes esferas da sociedade que controla e manipulam a cultura, política, educação e a falsa religião.

A própria mídia manipuladora das massas promove a oposição àqueles que usam a Bíblia para delatar o conteúdo de massa dos "agentes" de tais sociedades secretas chamando tais denúncias do termo quase que pejorativo de "teoria da conspiração" e essa mesma mídia, alerta o público que tais teorias, sejam provenientes de mentes ortodoxas de Cristãos extremistas de direita "desconectados" com a atualidade e compromisso de um futuro "de um mundo melhor". Entretanto essa fobia anticristã no fundo é uma grande armadilha ideológica porque até mesmo o conteúdo de cursos de alta magia de um dos mais conceituados autores no tema, explica como o diabo atua dentro da esfera de seu reino através de uma dessas sociedades secretas utilizando os seus artistas, digo, servos:

"Satã recompensa seus servidores com poderes pessoais e facilita-lhes satisfazer e realizar seus desejos. Satanistas verdadeiros são raros, a grande maioria dos que se dizem tal são simplesmente pessoas possuídas por forças desconhecidas que invocaram – e seu destino será a cadeia, o manicômio ou a tumba, depois do suicídio." JRR Abraão.

Essa frase ilustra muito bem o desenrolar do pacto com as trevas e essas chamadas "sociedades secretas" que são a porta de entrada para os indivíduos que almejam sucesso, riquezas, prestígio, poder e influência! Interessante "coincidência" por serem exatamente os mesmos aspectos encontrados no coração de Lúcifer por ocasião de sua expulsão sumária do céu. Ressalto mais uma vez, leia Ezequiel 28 e Isaías 14.

Capítulo 12: O Sistema do mundo, artistas e o veneno que mata uma alma vazia.

A história registra exemplos de inúmeros artistas/compositores que fizeram pactos e alianças espirituais com diabo para obter o sucesso em suas carreiras. Você, leitor, pode pesquisar por si e verificar a enormidade de exemplos das tão chamadas "estrelas da música" desde os tempos mais remotos da música clássica, passando por grandes nomes do rock, até os atuais rappers, MCs e outros que emporcalham a mídia com suas letras e músicas imundas repletas de imoralidade sexual pútrida, convite à ostentação, consumo de drogas, ridicularização da família etc.

É importante deixar bem claro que não faço desse livro uma cruzada contra qualquer estilo músical ou seus respectivos representantes mesmo porque não é o meu papel julgar o ser humano, mas quem sabe, mais ousado ainda de minha parte, seria crer que esse livro possa ser um instrumento de Deus para ensinar você, leitor, a desenvolver a aptidão de descortinar a obra das trevas por detrás do que pode parecer uma inocente música que você ou alguém próximo de você que curte!

A multiplicação mundial da música

O barateamento da tecnologia aplicada à produção músical e a facilidade da disponibilização de música nas plataformas digitais de alcance global proporcionou alguns fenômenos interessantes. Por exemplo, o crescimento exponencial da oferta de música gratuita a um público cada vez mais se acostumando com a efemeridade de uma música e a relativização do que seja “boa música”. Para quem estuda ou conhece música, isso é simples de perceber, mas a massa manipulada aplaude uma música semelhante a Gênesis 1:2, sem forma e vazia!...a única esperança é saber que Deus use a boca de seus servos para dizer: haja Luz e assim separar luz e trevas!

Em seu livro “A song of Dance and Death” Troy Talyor, escreve: *“Tudo começou séculos atrás, quando os primeiros acordes sombrios foram compostos em rebelião a Deus”.* Mas, o que é exatamente um “acorde sombrio”? Vamos entender o que seja um “acorde” e depois explicar a razão de ser sombrio!

Para o leitor que talvez não tenha um conhecimento técnico em música, um “acorde” são notas tocadas ao mesmo tempo formando uma estrutura sonora chamada de ‘harmonia’. A sequência cíclica de vários acordes, cria a espinha dorsal de uma obra musical. Quando você vê alguém tocando violão ou guitarra por exemplo, você nota que ele posiciona os dedos no braço do instrumento, e com isso ele está construindo a harmonia da música no instrumento e o que ele canta, é a melodia daquela música sendo tocada.

Os acordes são estruturados sequencialmente por “intervalos” de notas. Mentalize o teclado de um piano, onde existem as teclas pretas e brancas. Elas são a representação física dos intervalos de notas, que no fundo, são diferentes frequências sonoras. Quando tocadas juntas obedecendo a um princípio matemático de espaçamento (ou intervalo), um acorde então é formado. A combinação de acordes proporciona a criação de ambientes propícios para tocar as emoções humans através de experiências sensoriais. Em música, o compositor utiliza a harmonia para criar propositalmente ambientes e sensações justamente para causar no ouvinte a experiência sensorial que aquela obra está desejando comunicar. Vide trilha sonoras em cinema!

A história não registra quem ou quando, mas a igreja medieval se levantou contra a utilização de uma progressão harmônica de intervalo de notas, que uma vez tocadas, causavam uma sensação de desconforto por causarem uma sonoridade sombria trazendo uma atmosfera pesada ao ambiente. A essa progressão sombria, a igreja medieval chamou de "intervalo do diabo" ou "trítono do diabo" e por causa dessa atmosfera sonora sombria e obscura, proibiu-se que tal "intervalo de notas" fosse utilizado no contexto da música sacra uma vez que essa música, tem a intenção oposta de que é justamente criar uma atmosfera de paz e agradável de modo a construir um ambiente propício para se louvar a Deus. Essa perspectiva foi expressa de forma brilhante pelo grande compositor Johann Sebastian Bach (1685-1750) *"O objetivo e fim final de toda música não deve ser outro senão a glória de Deus e o refrigério da alma."*

Muito poderia ser dito sobre esse "intervalo do diabo" ou

"trítono do inferno" ou "acorde do diabo".

Particularmente eu discordo completamente dessa "teoria maligna" da estrutura de acorde por uma simples razão! O que cria uma atmosfera maligna espiritualmente falando é o "conjunto do todo da música" que começa com a fonte espiritual da canção passando pelo propósito do coração de quem compôs a obra que contém aquele acorde dentro do contexto da música, a natureza espiritual em que se encontra entoada essa obra, a quem aquela música foi consagrada e por fim, quem a toca dentro do ambiente específico onde ela é ouvida.

Todas, absolutamente todas as notas musicais foram criadas por Deus para louvor de sua Glória. Quando se estuda música, aprende-se que harmonia existe para agregar sensações que possibilitam a criação de ambientes emocionais que cativam a atenção do seu ouvinte. Por exemplo, suspense, tensão, descanso, resolução, relaxamento… e, dissonância harmonica é utilizada para conceder um "ambiente emocional" no contexto de música. Tecnicamente falando, lembremos da Quinta Sinfonia de Beethoven? Tensão o tempo todo!

Esse tal "trítono do inferno" em termos técnicos nada mais é do que uma dissonância harmônica que cria uma tensão e suspense no contexto da música e sim, causa um desconforto sonoro. Eu acredito que Bach talvez nunca usaria essa estrutura não só para evitar um desconforto com a igreja, mas também por uma questão simplesmente de estética pois o objetivo na música que ele se propunha a fazer, era levar o seu ouvinte a experiência sensorial de profunda reverência diante de sua audiência primária: DEUS, e ao seu ouvinte secundário: aquele que cultua DEUS. Mas, se Bach usasse o tal trítono em uma música sua, tenho pra mim que ele como compositor dificilmente seria percebido como alguém propositalmente utilizando esse artifício técnico estético com o intuito de prover um ambiente espiritual demoníaco! Jamais!

Certamente, a utilização dessa técnica harmônica na faixa de abertura do primeiro álbum do **Black Sabbath** em 1970 por exemplo, se torna perfeitamente cabível conceitualmente pois o intuito não é louvor a DEUS, não é inspirado por DEUS, e a atmosfera criada como consequência, não leva o ouvinte a uma experiência com o divino. Aliás, muito pelo contrário pois há dezenas de relatos que ouvintes desse álbum tiveram horríveis experiências espirituais pois essa música, abre um portal espiritual das trevas. Os fãs que me perdoem, mas o fato dos membros da banda supostamente professarem a fé cristã em nada justifica de que o conceito estético do album era apenas marketing da indústria fonográfica da época. Jesus jamais ensinou a seus seguidores a se utilizarem de elementos espirituais das trevas para proclamar o evangelho ou qualquer outro aspecto do relacionamento com Deus. Luz e trevas são opostos e jamais andam juntas.

O coração do homem que é corrupto e corre para o mal, vai utilizar-se desses recursos em música para criar a atmosfera que sua música demanda de si para criar um espelho de sua alma no mundo físico e trazer para o ambiente aquilo que sua alma está mergulhada. Isso significa que se um músico, consagrado ao diabo utilizar-se dessa "ferramenta" sensorial para criar música e expor à sua audiência, ele está criando um ambiente propício para o mundo espiritual em que ele está inserido para assim, manifestar no mundo físico para seus ouvintes.

Essa mesma sequência harmônica, utilizada por um músico consagrado a Deus pode também criar um ambiente de tensão na adoração a Deus! Os religiosos fariseus que me perdoem, mas... tensão sim! Medo sim!! Medo e temor talvez fossem os primeiros sentimentos do Sumo Sacerdote entrando no Santo dos Santos diante da Glória de Deus e talvez se esses mesmos sentimentos de tensão, temor da Presença de Deus existissem no coração dos ministros no altar no contexto da adoração na atualidade, a igreja não fosse exposta a vexames e escândalos diante de uma sociedade incrédula por causa do vão testemunho de muitos que se autodenominam "servos de Deus", mas negociam e comercializam sua presença no Altar, sem contar a conduta moral altamente questionável. Mas... isso é assunto para outro livro!

A história registrou o fato de músicos terem feito pactos com o diabo e são muitos! Embora eu concorde com o jargão *"não acredite em tudo o que você lê na internet"* a melhor forma de se pesquisar sobre esse tema ainda é na Internet e também em livros...pesquise e você vai ver por si, mas dois deles, da época clássica valem a citação.

Em 1692, nascia em Piran na Eslovênia, **Giuseppe Tartini** que se tornou um compositor e violinista do Clássico Barroco. Ele era um prolífico compositor e escreveu mais de 100 peças, sendo na sua grande maioria, concertos de violino. Ele é conhecido pela sua *Sonata Para Violino em Sol Menor*, conhecida como *A Sonata do Trinado do Diabo*. A história conta que essa obra foi dada a ele em um sonho. Nesse sonho ele realiza um pacto de sangue com o diabo e em troca, Tartini recebe a melodia da obra que o torna famoso até os dias de hoje! De extrema complexidade, o próprio compositor não conseguia executá-la passou anos de sua vida estudando para conseguir executá-la. Pesquise e comprove.

Em 1782 nascia em Gênova na Itália, **Niccolo Paganini** que na tenra idade de 7 anos iniciou seus estudos de violino e se tornou o maior virtuoso na história desse instrumento e segundo fontes da época, seu virtuosismo foi fruto de um suposto pacto em que a própria mãe o iniciou. Aos 15 anos já excursionava pela Europa e existem contos de que no auge de seu virtuosismo ele era capaz de tocar 12 notas por segundo e suas mãos eram tão grandes e ágeis que ele era capaz de cobrir 3 oitavas no violino. Traduzindo isso para quem seja leigo no tema, isso significa que a mão dele era descomunal o que facilitava na desenvoltura do instrumento! Sua obra *24 Capriches* é considerada por muitos como a obra mais complexa e por isso, extremamente difícil de execução para violino. O virtuoso guitarrista sueco Yngwie Malmsteen, famoso mundialmente por sua assombrosa técnica e agilidade (que alguns detestam...outros amam), publicamente expressou diversas vezes sua profunda admiração e direta influência musical no seu modo de tocar guitarra, por causa da obra de Paganini.

Trazendo para o contexto do século XX, no fim dos anos 70, o jovem John Fusco, anos depois de sair da estrada como um músico de blues, viajando pelas cidades no sul dos Estados Unidos teve a ideia de escrever o roteiro de um filme como sua tese de bacharelado na Tisch School of the Arts da New York University e ganhou o primeiro lugar nacionalmente do FOCUS Awards (Films of College and University Students). Assim nasceu o filme Crossroads (em português A Encruzilhada) inspirado na história do lendário Rei do Blues do Delta do Mississippi, Robert Johnson. Tal prêmio levou seu roteiro a ter seus direitos comprados pela Columbia Pictures enquanto seu autor ainda era um estudante. O filme Crossroads foi produzido e posteriormente lançado em março de 1986.

A vida, obra e morte do músico Robert Johnson são envoltas no mais famoso mito da História do blues que conta que ele vendeu sua alma ao diabo em uma encruzilhada do Mississippi em troca de obter o virtuosismo ao instrumento e as glórias que isso lhe traria tais como, fama, dinheiro, projeção artística, mulheres e todo o resto...e em troca, após a morte, tal pacto demandava dele a eternidade no inferno.

No livro "Up Jumped the Devil, the real life of Robert Johnson" seus biógrafos alegam que esse mito não passa de uma grande bobagem, mas os autores não conseguem explicar a razão de tantas menções ao diabo nas poucas músicas que ele deixou gravadas que se tornaram verdadeiros hinos na história do blues influenciando músicos como Jimmy Page, Jeff Back, Keith Richards, Jimmy Hendrix, Eric Clapton, que é notavelmente o maior discípulo de Johnson! Aliás Clapton disse em uma entrevista *"algumas coisas que ele faz (no violão blues) são impossíveis de serem reproduzidas"*. Tal afirmação, proveniente de um músico da envergadura de Clapton, aponta que o virtuosismo de Robert Johnson poderia ser uma real evidência do resultado de um pacto. No mínimo, isso é muito intrigante!

Mito ou não, como explicar por exemplo a origem da inspiração da letra da música de Johnson chamada "Me and the devil blues" (Eu e o blues do diabo)?

Cedo esta manhã

Quando você bateu na minha porta

cedo esta manhã ooh

Capítulo 12: O Sistema do mundo, artistas e o veneno que mata uma alma vazia.

Quando você bateu na minha porta

E eu disse: "Olá Satanás"

"Eu acredito que é hora de ir"

Eu e o Diabo Estava andando lado a lado Eu e o Diabo, ooh

Estava andando lado a lado

E eu vou bater na minha mulher até eu ficar satisfeito

Ela disse que você não vê por que

Que eu a perseguiria por aí

Agora baby, você sabe que não está me fazendo bem, não é?

Ela diz: "Você não vê o porquê",

ooh Que eu a perseguiria por aí

Deve ser aquele velho espírito malígno

Tão fundo no chão

Você pode enterrar meu corpo

Para baixo pelo lado da estrada

Baby, eu não me importo onde você enterra meu corpo quando eu estiver morto e enterrado

Você pode enterrar meu corpo,

ooh Para baixo pelo lado da estrada

Capítulo 12: O Sistema do mundo, artistas e o veneno que mata uma alma vazia.

Então meu velho espírito malígno

Pode pegar um ônibus Greyhound e andar

Tão deprimente, essa letra vira um hino na história do blues e seu autor, aos 27 anos, morre envenenado por um marido enciumado. É fato conhecido que as últimas palavras em vida de Robert Johnson, contrastam tremendamente com a letra dessa música! Antes do último suspiro, Robert diz *"Eu oro para que meu redentor venha e me tire da minha sepultura"* e essa frase dita por ele, foi transcrita usando a escrita de seu próprio punho e esculpida na lápide de sua sepultura na cidade de Greenwood, Mississippi.

A frase-confissão de Robert Johnson é uma direta menção a esperança da ressureição dos mortos dita pelo próprio Jesus. Não deve haver nada mais aterrorizante do que chegar no último momento da vida sem a certeza do que há de vir. Foi assim para Johnson, foi assim para Cazuza que também, morreu salvo apesar da mídia nunca ter mencionado! Pesquise. Fiz um vídeo em meu canal sobre isso e entrevistei a enfermeira Ana Costa que levou Cazuza a Cristo.

Capítulo 12: O Sistema do mundo, artistas e o veneno que mata uma alma vazia.

A Palavra de Deus, deve ter certamente ecoado na mente de Johnson em seus últimos momentos...

"Eu sou a ressurreição e a vida; quem crê em mim, ainda que esteja morto, viverá; E todo aquele que vive, e crê em mim, nunca morrerá." João 11:25-26 (ARC)

Se houve de fato um pacto, qual a razão para tamanha transformação de pensamento mesmo à luz de toda suposta fama que ele tanto almejou (mas nunca alcançou em vida)? É fácil discernir a mudança drástica do conteúdo da letra de *"Eu e o blues do diabo"* com o conteúdo da sua última frase em vida. Percebe-se claramente que para Robert, as glórias terrenas de nada valiam no momento em que a vida estava prestes a chegar ao seu ponto final e o homem se vê frente a frente com a terrível realidade de deixar esse mundo, sentar-se diante do Criador e prestar contas de sua vida antes de enfrentar sua escolha de onde passar a eternidade.

Talvez, ali no leito de morte, Johnson tenha se lembrado da frase dita por Jesus em um de seus sermões na Galiléia: *"Portanto, de que adianta uma pessoa ganhar o mundo inteiro e perder a sua alma?"* Marcos 8:36 (KJA)

O filme Crossroads de 1986 nos mostra claramente que a sua história é construída em cima de um pacto com o diabo. O personagem Willie Brown (interpretado por Joe Seneca), na sua adolescência, fez um pacto com o diabo em uma encruzilhada e nesse pacto, gerou-se um documento escrito onde continha essa dívida. Porém o tal pacto não resultou no sucesso de Willie, e já na velhice, ele sabia que chegava a hora de pagar a conta com o diabo ao se ver chegando ao fim de sua vida. Willie sabia que após a sua morte, sua alma pereceria eternamente no inferno em pagamento de uma dívida com o diabo.

Um jovem estudante de música em NY, (Ralph Machio, aquele ator que também interpretou o papel principal de Karate Kid) decide abandonar o violão clássico na renomada escola Julliard em NY. O seu profundo amor pelo blues o leva a uma jornada no estado de Mississippi em busca de uma suposta música perdida de Robert Johnson. Nessa viagem ele conhece Willie Brown, gaitista blues man. Ele se comove com a história de Brown e decide pagar o preço para obter o cancelamento de tal dívida com o diabo que Brown tinha contraído. Os dois voltam à encruzilhada onde o pacto havia sido feito e um homem muito bem-vestido, representando um demônio, os encontra ali e diz que para conquistar a liberdade de tal pacto, era necessário o Lightning Boy (personagem de Machio) vencer Jack Butler (no filme, interpretado pelo famoso guitarrista Steve Vai que tinha 23 anos na época) em um duelo de guitarra em um bar, que era uma metáfora do inferno. Ali naquele bar, o próprio diabo aparece de posse do documento que continha a dívida impagável de Willie Brown.

Esse duelo ficou extremamente famoso e é um marco na

história da guitarra! Pergunte isso para qualquer guitarrista sério e com mais de 20 ou 30 anos de instrumento! No filme, Jack Butler é derrotado pelo Lighting Boy e o diabo é obrigado a rasgar a escritura de dívida e Willie, liberto, foi isento de pagar com sua vida!

Impossível esquecer do que leio em Colossenses 2:13-15 *"E a vós outros, que estáveis mortos pelas vossas transgressões e pela incircuncisão da vossa carne; vos deu vida juntamente com Ele, perdoando todos os nossos pecados;* ***e cancelou a escrita de dívida****, que consistia em ordenanças, e que nos era contrária. Ele a removeu completamente, pregando-a na cruz; e, despojando as autoridades e poderes malígnos, fez deles um espetáculo público, triunfando sobre todos eles na cruz."* (KJA)

No auge dos meus 15 anos, acho que assisti esse filme umas trocentas vezes porque o duelo de guitarra, mesmo que dublado, é de fato muito fascinante.

Entretanto, será que esse filme é uma mera ficção ou de fato o diabo oferece o tal pacto na vida real para músicos que almejam a fama e as glórias desse mundo? Será que isso é realmente só um mito? Os mais céticos provavelmente rirão e dirão para si exatamente a mesma coisa que os biógrafos do livro citado sobre a vida de Johnson: *Nunca houve um pacto...tolice!*

Pois bem, não foi isso o que Bob Dylan disse em rede

nacional em 2004 em uma entrevista ao jornalista Ed Bradley no programa 60 Minutes. Nessa entrevista, Bob Dylan faz referência a um acordo com o diabo corroborando o que ele mencionou em sua música intitulada "Crossroads" (Encruzilhada). Não acredita? Vá no YouTube e pesquise...assista também, meu vídeo no canal, pontuei essa entrevista...

Ele disse:

-"Isso (o suposto pacto) remonta a essa coisa do destino. Fiz uma barganha com... isso... há muito tempo, e estou cumprindo minha parte."

O repórter meio confuso, pergunta:

"Qual foi o seu trato?"

"Para chegar aonde estou agora", disse Dylan.

"Devo perguntar com quem você fez o trato?" Dylan ri e gagueja,

"Ha, você sabe. Com o- o- você sabe, com o Comandante-Chefe".

"Nesta Terra?" pergunta o jornalista, e Dylan responde

"Nesta Terra e no mundo que não podemos ver."

Anos mais tarde, além da sólida e bem-sucedida carreira (aos olhos do mundo é claro), Dylan recebe em 2016 o prêmio Nobel da

Literatura! O mundo de fato jaz no malígno como lemos em 1 João 5:19.

Tenho que lembrar os nomes de tantos cujas vidas foram ceifadas na obscura estrada da fama, Jimmy Hendrix, James Joplin, Amy Winehouse, Michael Hutchence (INXS que curiosamente significa In Excess - em excesso), Jim Morrison, Kurt Cobain do Nirvana por exemplo, e tantos outros! Pare para pensar por um minuto e pergunte-se o que leva o ser humano que alcança tamanha fama, sucesso e dinheiro, simplesmente liquidar com a própria vida, seja suicídio ou acidente fruto do excesso de drogas e álcool!

Quão grande é o vazio da alma humana que nunca encontrou Deus e tentou no sucesso e glória do mundo, preencher o vazio da alma cujo tamanho só caberia ao próprio Deus.

Quão vazio Elvis Presley morreu no auge da fama, aos 42 anos em 16 de agosto de 1977 constipado, sentado numa privada tendo em mãos o livro "Em busca da Face de Jesus" ... que cena terrível e irônica ao mesmo tempo. Bastaria ele abrir a Bíblia que estava na cabeceira da sua cama, ler **1 João 1:9**, e começar tudo do zero em uma nova vida..., mas a fama, a glória, os contratos, as multidões, o feitiço e encantamento do mundo da música eram forças maiores que consumiam e prendiam sua alma e sua mente que, sedenta, tateava em busca de um caminho que o levasse de volta aos braços daquele dos quais ele jamais deveria ter saído: Jesus.

Capítulo 12: O Sistema do mundo, artistas e o veneno que mata uma alma vazia.

Eu tenho alguns livros sobre o tão chamado Clube dos 27 que envolve uma sombria coincidência onde grandes artistas de expressão mundial morreram no auge de sua fama na idade de 27 anos e depois de ler os pontos principais de cada um deles...(embora muitos autores genuinamente tentaram explicar esse fenômeno com idéias mirabolantes, esoterismo, numerologia, fórmulas infundadas) culpando um suposto pacto secreto com o diabo via as chamadas sociedades secretas mundiais, tais hipóteses, se tornam tão tolas frente à inequívoca fragilidade humana e vazio existencial de quem vive longe de Deus tornando uma presa fácil para o diabo manipular e depois descartar!

- Jim Morrison, Insuficiência cardíaca fruto do excesso de álcool e drogas, 3 de julho de 1971
- Jimmy Hendrix, morreu asfixiado no próprio vômito fruto de overdose de drogas, 18 de setembro de 1970
- Janes Joplin, causa da morte: overdose de heroína, 4 de outubro de 1970.
- Kurt Cobain, 5 de abril de 1995, suicídio com arma de fogo
- Amy Winehouse, causa da morte inconclusiva, mas existem fortes evidências que tenha sido overdose de drogas no dia 23 de julho de 2011
- Robert Johnson, considerado o Pai do Blues, morreu envenenado por um marido ciumento em 16 de agosto de 1938

- Brian Jones, líder original do Rolling Stones, morreu afogado em uma piscina presumidamente drogado em 3 de julho de 1960

Esses são alguns dos nomes mais famosos sempre citados pois são músicos mais icônicos amados pelas massas mundo a fora. Entretanto, na minha opinião, em toda minha pesquisa sobre esse tema, encontrei apenas um único livro que dissecasse esse assunto de forma brilhante que me ajudou a discernir o reflexo do mundo espiritual no mundo natural. Não consegui encontrar nenhum livro que combinasse ambos os aspectos, espiritual e natural. Existem diversos em ambas as áreas..., mas nenhum que realmente harmonizasse esses dois universos tão distintos, mas tão próximos. É absolutamente inevitável que a Bíblia seja trazida dentro desse contexto ainda mais por se tratar de um tema onde TODOS NÓS passaremos um dia: a morte.

Depois de muito pensar, ler e estudar sobre esse tema, cheguei a uma conclusão simples, porém não menos complexa: O homem não foi criado para receber "Glória". O homem foi criado para dar Glória...e Glória a Deus. Quando o homem recebe e guarda a Glória que não lhe pertence, isso abre as portas para sua autodestruição e consequente, morte. Morte espiritual em primeiro lugar e depois, morte física. Pode não ser um reflexo imediato, mas certamente o destino final é a morte.

Capítulo 12: O Sistema do mundo, artistas e o veneno que mata uma alma vazia.

"Eu sou o Senhor; este é o meu nome; a minha glória, pois, a outrem não darei, nem o meu louvor às imagens de escultura." Isaías 42:8 (ACF)

O tipo de "glória" a que Deus se refere nesse versículo, não é a honra que o alto cargo do governo, ou patente militar, ou prêmio Nobel, ou qualquer outra premiação terrena que vemos. O tipo de Glória aqui, se refere ao termo "Kabod" que aparece 200 vezes na Bíblia. Brilhantemente, o falecido Mestre das Escrituras, Dr. Myles Munroe, escreveu em seu livro "The Purpose and Power of God's Glory" as seguintes palavras; *"Glória é a manifestação da natureza de alguém através do seu trabalho. Em essência, quando nós usamos os nossos dons e talentos para materializar as visões e sonhos dados pelo Criador, nós estamos manifestando a nossa glória. Você foi criado para glorificar o seu Criador através da produtividade daquilo que você faz. Entretanto, glorificar a Deus não está limitado a louvar o Senhor, mas ao invés colocar suas mãos na massa a produzir coisas positivas e completas em si que tragam (toda) honra à pessoa do Criador."*

Receber a Glória do mundo não necessariamente precisa estar ligado com um pacto satânico. Tiago 1:14-15 nos ensina isso claramente "*Mas cada um é tentado, quando atraído e engodado pela sua própria concupiscência. Depois, havendo a concupiscência concebido, dá à luz o pecado; e o pecado, sendo consumado, gera a morte"*. (ACF)

Capítulo 12: O Sistema do mundo, artistas e o veneno que mata uma alma vazia.

Concupiscência é outro nome para DESEJO. O homem, por causa da sua natureza pecaminosa, é atraído e enganado pelo seu próprio DESEJO que alimenta sua busca desenfreada para obter o que mais aspira. Obstinação é o ponto máximo da busca da realização desse desejo e a Bíblia ensina que alguém obstinado é uma pessoa que possui um coração endurecido... Faraó no Êxodo, os magos no Egito etc.

O Psicólogo Prof. Michael Owen, faz uma profunda e brilhante análise da ALMA humana, em seu livro *"The 27 Club - Why Age 27 Is so Important"* Diferente dos outros livros sobre esse mesmo tema, ele se aprofunda na complexidade da alma humana utilizando Psicologia Analítica e a teoria de Carl Jung sobre o Complexo de Puer (quando se trata de homem) e o Complexo de Puella (quando se trata de uma mulher). Essa teoria é também chamada de "Complexo de Peter Pan".

Basicamente em ambos os casos a pessoa que possui esse "complexo" desenvolve uma dificuldade de amadurecer emocionalmente e com o passar do tempo, a idade cronológica não reflete e não se alinha com a idade psicológica. Michael Jackson por exemplo, era um grau extremo de Complexo de Puer.

Todos os grandes nomes da música contidos na sua vasta maioria, eram de uma forma ou de outra representações icônicas do Complexo de Puer ou Puella, definido na Psicologia de Jung. No mundo natural físico, Jung desvendou esse mistério da alma humana.

Embora esse livro trate muito do aspecto espiritual humano, é imperativo lembrar que somos CORPO, ALMA e ESPÍRITO... e omitir uma análise ainda que superficial quanto à complexidade desse labirinto chamado ALMA HUMANA, seria um grande erro de minha parte. Culpar o diabo por todos os problemas da ALMA do homem, também seria de igual erro, muito embora ele se utilize da debilidade e condição espiritual desse mesmo homem para agir em favor de seu reino.

A Bíblia diz que quando Deus "soprou" o fôlego da vida no barro...aquela escultura de argila, se tornou ALMA vivente. Esse termo ALMA VIVENTE traduz-se do Hebraico como um "ser faminto". Fome pelo alimento dado pelo Criador que era a sua própria vida através de Sua Palavra. O homem tem fome de Deus...fome pelo eterno em uma busca insaciável pelo divino e adiciona-se a isso o fato que lemos em Eclesiastes 3;11 "*Tudo fez formoso em seu tempo; também pôs o mundo no coração do homem, sem que este possa descobrir a obra que Deus fez desde o princípio até ao fim"*. (ARA)

Junte essa complexidade da ALMA, com o fato de que o homem caiu no Éden e perdeu o acesso a DEUS...e agora, vive esfomeado pelo Eterno em busca de preencher um buraco vazio dentro de si chamado eternidade e porque esse homem possui uma alma que puxa de um lado para a liberdade sem limites e para outro lado, a necessidade de aprovar-se frente às circunstâncias da vida... esse homem se torna presa fácil para uma serpente plantar em seu coração uma mentira que com o intuito de destruir: *"Camarada...se você apenas se tonar um deus... recebendo a glória desse mundo, tudo estará bem! Bora, eu te ajudo! Basta voce me servir!"* ... e essa é a grande mentira que engoliu o clube dos 27, o clube dos 30, dos 40 e de todos os clubes que escolheram se submeter a essa mentira. No caso daqueles que têm alma de artistas e já estão sob os holofotes da fama, descobrem rapidamente que o espírito livre dentro deles, precisa de "rotas de escape" porque a fama, a droga, o sexo, o álcool, o dinheiro e toda "glória" ...jamais preencheram e/ou preencherão o vazio da alma que se chama, ETERNIDADE.

A sociedade americana, principalmente os jovens, sofreram uma forte influência filosófica na década de 60 que impulsionaria a revolução contracultural promovendo o liberalismo extremo, sexo livre, as famosas experiências psicodélicas causadas pelas drogas e todo esse pensamento inflamou o conteúdo comportamental da música. Os primeiros grandes nomes dessa época tais como Jim Morrison, Jimi Hendrix, Janis Joplin e Brian Jones, todos morreram idealizados como ícones de uma época liberal. No fundo, viviam como se estivessem em um culto a entidade grega de Dionísio que era o deus Baco, de onde vem o termo bacanal, as orgias regadas ao álcool, sexo, drogas e agrega-se o rock´ n´ roll. No fundo, todos eles viviam em suas respectivas vidas, contextos e realizando diferentes expressões de Puer e Puebla de Jung, onde a criança da alma se opunha à idade adulta e lutava para permanecer criança. O devaneio dos excessos escancarou as suas almas...e se tornaram verdadeiras "oficinas do diabo com suas vidas vazias, endeusando-se a si mesmo, e permitindo o endeusamento que a sociedade lhes propunha." Isso me lembra Mateus 4:8-9.

Talvez infelizmente, essas pessoas nunca tenham lido ou se leram, nunca entenderam ou nunca desejaram pôr em prática em suas vidas o que Jesus nos ensinou em Mateus 4 na tentação no deserto: *"Adorarás somente ao Senhor teu Deus"*.

A glória desse mundo encontrou uma alma vazia e ali envenenou e matou uma vida. A lista de histórias e artistas que escolheram o pacto com satanás é quase que infindável demandando um livro inteiro e ainda assim, talvez fosse insuficiente, mas como discernir quem é quem nessa indústria?

A única forma de uma mente não se tornar a oficina do diabo, é ter uma mente cheia de DEUS através de Jesus Cristo e vazia do mundo. O oposto é fútil, efêmero, enganoso em substância e mata. Aprofunde mais sobre o mistério do Clube dos 27.

Capítulo 13

Aleister Crowley, legado e influência maligna na música moderna.

A Europa do Séc. XVIII celebrou a vida de um dos maiores nomes da História da Música, Johann Sebastian Bach.

Ele foi um músico que compunha para reis, mas o seu trabalho como um músico contratado pela igreja foi o principal condutor com que ele pôde revelar ao mundo seu amor ao Senhor no exercer silencioso do seu trabalho, compondo suas músicas. Esse foi um verdadeiro Bezalel...

Ele escreveu um acervo de obras musicais que mais tarde o elevariam ao patamar de um dos maiores compositores da história da música. Ele assinou talvez as obras musicais mais belas jamais compostas pelo homem. Por uma questão de gosto pessoal, há quem possa discordar, porém existe uma grande maioria que assim o considera como "o maior de todos".

Algumas das obras de Bach, ainda hoje, são entoadas com bastante frequência como por exemplo o famoso trecho Coral de Jesus Alegria dos Homens, The Brandenburg Concerto (que amo demais), a Paixão Segundo São Mateus (a canção de arrependimento da traição de Pedro nessa obra me leva às lágrimas) dentre outras! Bach viveu 65 anos e morreu no anonimato em 28 de julho de 1750 e por pouco, suas obras não foram perdidas, mas Deus usou o jovem compositor Mendelssohn que as descobriu em um velho baú, mas isso é assunto amplamente coberto nas biografias de Bach! O compositor deixou um magnífico legado de música na liturgia de adoração e nos deixou uma profunda e sublime reflexão sobre música:

"O objetivo final de toda música não deve ser outro senão a glória de Deus e o refrigério da alma." J.S. Bach

Eu sei que essa breve introdução contrasta com o protagonista desse capítulo, Aleister Crowley, o profeta da lei de Thelema! Independente se você nunca ouviu falar nesse homem ou se você nunca pesquisou mais a fundo, deixarei bem claro aqui que existe uma enorme chance de você leitor, tenha sido de alguma forma influenciada pelo legado malígno que ele deixou ao mundo, principalmente, atravé da influência espiritual na música dos anos 60 até os dias de hoje. Diametralmente oposto à frase de Bach, a perspectiva que Crowley deixou sobre música é:

"...o único teste da música é seu poder de exaltar a alma."

Essa pequena frase sumariza um universo de verdades escondidos no fundo do coração da vasta maioria de quem trabalha com música e isso é inegável. As ramificações do significado dessa frase afetaram, afetam e ainda afetarão muitas vidas através desse poderoso instrumento chamado: música. Exaltação da alma é, no fundo, o objetivo máximo do artista já que sua arte é um reflexo de quem ele é, ou seja, sua alma. O artista pode querer mascarar essa verdade exercendo uma contundente falsa humildade, mas no fundo, a arte exibe quem ele (a) é, e o prêmio à essa arte, é a fama e o reconhecimento que o público dá.

No início do Século XX, a Inglaterra seguindo o exemplo histórico de civilizações como a Babilônia, Egito, Grécia, Roma se consolida com uma influente escola do ocultismo que também enviaria os seus “missionários” ao mundo ensinando e disseminando arte da magia oculta através dos seus rituais e práticas embutidos na arte disseminada nos mais diversos veículos de massificação cultural.

Essa escola precisava de uma estrutura e organização e muito embora já existissem seitas iniciáticas esotéricas, Aleister Crowley foi o cérebro que organizou e preparou o terreno para tais ensinos serem organizados e catapultados mundialmente através da revelação que obteve, que deu origem então ao movimento religioso, filosófico e espiritual intitulado como Thelema.

Não me atreverei a ser um biógrafo seu, mas é importante conhecer um pouco da trajetória de um menino crescido e criado no evangelho de Jesus Cristo e que um dia, conscientemente se tornou o real filho pródigo vivendo intensamente na lama do mundo e de lá, espalhou mais lama a um mundo que ainda hoje o exalta e dissemina seus ensinamentos a uma juventude longe de Deus. A diferença dele para o filho pródigo da Bíblia é que Aleister nunca saiu da lama e nunca se voltou para o Pai. Ali ele ficou. Ali ele construiu sua vida e legado. Ali ele morreu e de lá, nunca sairá.

Apenas 125 anos após a morte de Bach, nascia na Inglaterra no dia 12 de outubro de 1875 Edward Alexander Crowley, em uma família rica pertencente a um seleto secto do Cristianismo fundamentalista da época chamado "Irmandade Plymouth". Crowley cresceu em berço de ouro, desfrutando da riqueza da família e a sua biografia o apresenta como sendo alguém extremamente esnobe. Ele se orgulhava em dizer que suas origens, embora não comprovadas, remetiam aos místicos Celtas, razão pela qual mais tarde em sua vida, ele mudou o seu nome abolindo Edward, e adotando a tradução galênica da língua Celta, de Alexander para Aleister. Então, seu nome passou a ser Aleister Crowley.

O grande paradoxo dessa história começa com o interessante fato que, seu avô também Cristão, fez fortuna com a produção de cerveja e espalhou pelo país pequenos pontos de venda de cerveja e lanches rápidos semelhante à idéia de uma rede McDonalds atual, salvo as devidas proporções! A enorme herança do seu avô chegou muito cedo para o seu Pai, Edward Crowley, que levava uma vida extremamente requintada e isenta de preocupações com o cotidiano financeiro de uma família de classe alta da época. Edward, pai de

Aleister, se tornou um famoso pregador do evangelho na Inglaterra e era comum ele levar seu filho consigo para suas cruzadas evangelísticas. Seu pai também era um excelente escritor e autor dos panfletos utilizados em suas cruzadas com os temas do fim dos tempos e a ressurreição de Cristo. Como pregador e evangelista, Edward era extremamente eloquente e encantava o menino pela sua forma de entregar a sua mensagem ao pregar as verdades do Evangelho. Essa característica foi muito bem absorvida por Aleister que mais tarde, teria em si, tal eloquência ao discorrer suas idéias.

Cotidianamente o seu pai iniciava o dia lendo a Bíblia e Crowley desenvolveu uma familiaridade com a Palavra muito grande graças a essa prática diária de seu pai. Ele conhecia o evangelho. Ele conheceu a salvação de Jesus, mas a pregação do eminente Dia do Juízo Final com forte ênfase no fato de que todos iriam para o inferno, exceto aqueles que fossem salvos (o que biblicamente não deixa de ser verdade), aliada à rígida educação que recebeu ao longo de seus primeiros anos podem ter sido o embrião de um comportamento rebelde que mais tarde, seria exatamente o combustível para ele se tornar a antítese do ministério do seu pai e Aleister passou a pregar exatamente tudo ao contrário do que está na Bíblia.

Edward Crowley, seu pai, morreu de câncer na língua quando seu filho ainda tinha 11 anos. A história da vida de Aleister registra que a mudança drástica do seu comportamento ocorreu logo após o funeral de seu pai. Ele estudava em uma escola cristã da denominação que seu pai pertencera, e ali, naquele ambiente, ele percebeu que algo mudara em relação a sua perspectiva do mundo que ele percebia como sendo real. Algo aconteceu no coração daquele menino que ficou claro para todos ao redor que não se tratava apenas de uma mudança emocional fruto do impacto da perda do seu pai, mas nitidamente, para ele, algo havia radicalmente mudado no que tange ao mundo espiritual que o cercava. Crowley posteriormente disse *"eu simplesmente fui para o lado de satanás; e não sei dizer porque".* Contrário ao que Jesus ensinava na Bíblia em viver uma vida "separada de santidade" Crowley agora *"sentia um forte desejo de servir a um novo mestre."* Ele dizia abertamente: *"Eu era ansioso por me distinguir (das outras pessoas) por cometer pecado".*

Talvez a morte de seu pai representaria o fim da repressão sentida pela rigidez de uma educação Cristã do Séc. XVIII.

Aleister era tão determinado em "provar o seu ponto" - e não foram poucas as vezes - que ele questionou a Bíblia para seus professores em sala de aula os quais se mostraram despreparados para prover sólidas respostas às profundas indagações daquele jovem. Ele varava horas e horas debruçado na Bíblia para tentar encontrar formas de desautorizar os famosos sermões de seu pai que outrora, o enchiam de orgulho. A luz desse orgulho que um dia fazia seus olhos brilharem ao ver seu pai pregar, foi se apagando conforme ele mergulhava nas profundas águas de um oceano de rebeldia em busca da servidão de um "novo mestre", um "novo caminho", e uma "nova verdade" para uma "nova vida" que ele nem mesmo sabia exatamente o que era.

A introdução à adolescência e juventude foi infelizmente feita por tutores educacionais inflamados pelas suas próprias concupiscências que o levaram a práticas íntimas com homens mais velhos. Isso o fez ver quanta falsidade dos pseudocristãos perpetradores de imundícias sexuais existia nos bastidores daquele contexto em que ele se encontrava e então, isso o fez experimentar a vida mundana real longe de Deus, e isso o agradou e ele desejou viver isso ainda mais.

Suas inúmeras incursões íntimas com diversas prostituas e mulheres da sociedade aristocrata eram troféus como em ato consciente de rebeldia que ele cometia. Ele era bissexual e não omitia isso de ninguém.

Para Aleister, até o resto de sua vida, a prática da intimidade sexual além de ser o seu máximo deleite, em sua mente, era um ato de repúdio, rebeldia e afronta a uma "autoridade invisível" que o proibia de fazer tais coisas. Solidificava-se nele um profundo repúdio à Deus.

O perigo de enfrentar o proibido o instigava a cultivar uma alma de criança em um corpo adulto. Ser criança significava ter o incontrolável impulso de transgredir contra as regras de uma autoridade imposta.

Crowley, na realidade, exibia o mais alto grau de um Puer como definido por Jung. Alguém que não conseguia crescer emocionalmente e precisava ir aos extremos do prazer da sua alma para satisfazer o seu ego de criança dentro de um corpo adulto. No caso de Aleister, sexo (de toda forma), rebeldia contra Deus e a busca pelo ocultismo esotérico: eram nesses extremos que ele buscava satisfação.

O comportamento promíscuo e deliberadamente descontrolado, levou a sua própria mãe a chamá-lo de a "Besta 666" do livro de Apocalipse! Sua adolescência foi marcada por inúmeros problemas de relacionamento e brigas na escola e não foram poucas as vezes que sua mãe se viu obrigada a mudá-lo de escola por causa das inúmeras confusões centradas na sua personalidade forte e caráter moral altamente questionável para o contexto social de sua época.

Crowley desenvolveu o gosto por alpinismo e apreciava grandemente a prática desse esporte. Foi no verão de 1898 em uma dessas aventuras, ao escalar uma montanha nos Alpes Suíços, que Aleister levou consigo em sua bagagem um livro que ele considerava incompreensível e por isso o fascinava. Se tratava de um importante livro sobre o esoterismo da Cabala judaica e essa foi a porta de entrada para a busca do mundo espiritual mais profundo. A propósito, Madonna enveredou pelo mesmo caminho espiritual!

Aleister Crowley finalmente teve acesso a sua herança em 1896 e embora por toda sua vida, dinheiro nunca tivesse sido um problema, ao completar 21 anos de idade, ele teve acesso ao direito de usufruir como bem entendesse a sua fortuna e como um jovem milionário viu diante de si uma estrada pavimentada para o seu pecado predileto de estimação: sexo e mais sexo. A tríade perfeita do homem mundano: distância de Deus, dinheiro à vontade e sexo livre eram a base de sua vida e o seu total despreparo para lidar com a fortuna que lhe fora deixada, dava a ele asas para voar alto e adquirir tudo aquilo que ele sempre quis ser e fazer. Nunca houve um sacrifício para se obter o que ele queria...tudo veio fácil, aliás, muito fácil. Perfeito paralelo do filho pródigo bíblico, não?

Crowley era extremamente inteligente, um ávido leitor, poeta, escritor e sua mente lógica, o tornara um profundo analista do mundo ao seu redor, entretanto aos 21 anos de idade, ainda não sabia o que fazer de sua vida, e embora sua mente artística o puxasse para um lado, sua mente altamente intelectual e analítica o puxava para outro e talvez aí tenha nascido o seu interesse pela área diplomática que logo em seguida foi descartada.

Nesse momento, embora cheio de vitalidade, talentos, dons e sonhos, o jovem Aleister entra em profunda depressão e a lembrança das sábias palavras de Salomão *"Vaidade de vaidades, tudo é vaidade"* se tornaram uma dolorida realidade em seu coração.

Foi nessa época que ele internalizou a premissa da "primeira nobre verdade" de Buda que, traduzindo em palavras mais simples, defende o fato de que "a vida é sofrimento" e particularmente, não tenho aqui a intenção de manipular a opinião do leitor a criar nenhum tipo de pré-conceito contra nenhuma prática de fé, esse é apenas um relato factual da vida de Crowley e essa premissa budista, uma vez internalizada em sua alma, o levou também a exercitar e desenvolver a prática de um "Niilismo Espiritual" que o acompanharia para o resto de sua vida.

Para fins de esclarecimento, Niilismo é uma corrente filosófica que rejeita aspectos fundamentais da existência humana, como por exemplo o conhecimento, moralidade ou significado existencial. Crowley parece ter abraçado uma das correntes do Niilismo que defende que os valores humanos são infundados, que a vida não tem sentido, que o conhecimento é impossível ou que algum conjunto de entidades não existe ou não possui um sentido evidente de sua existência.

Obviamente que tais valores são totalmente opostos a tudo o que a Bíblia lhe expôs na infância, adolescência e início de juventude, entretanto a essa altura da vida, a distância e a aversão pelas coisas de Deus eram tamanhas que o Niilismo em sua mente, alicerçou a fundamentação necessária para trafegar para um mundo espiritual que o acompanharia até a sua morte.

Crowley conclui que o mundo espiritual das seitas ocultas seria o objeto maior de sua busca, não como fuga de um mundo material em decadência, mas porque a imortalidade proposta nessa nova jornada da vida seria capaz de transcender a superficialidade de um mundo em franca decadência. No meu modo de ver, esse me parece um discurso mais intelectualizado do grande engano da serpente ali no Éden... *"É certo que não morrereis. Porque Deus sabe que no dia em que dele comerdes se vos abrirão os olhos e, como Deus, sereis conhecedores do bem e do mal".* Gênesis 3:4,5 (ARA). Aleister certamente conheceu o bem e o mal, porém optou pelo mal proposto pela serpent do Éden.

A busca pelo mundo espiritual oculto se tornou o significado e propósito fundamental de sua existência, e a partir disso, Crowley iniciaria a sua jornada rumo à descoberta, ensino e organização do que seria a base do ocultismo na face da terra.

Lembremos que o Apóstolo Paulo, vivendo na cidade de Éfeso nos deixou uma tremenda revelação quanto à existência de uma luta espiritual que não é contra carne e o sangue e "sim contra os principados e potestades, contra os dominadores deste mundo tenebroso, contra as forças espirituais do mal, nas regiões celestes" (Efésios 6:12). Crowley, com sua mente lógica e analítica, partiu em sua jornada de vida em busca de um relacionamento pessoal e direto com quem controlava todo o sistema desse mundo tenebroso descrito por Paulo: o diabo.

A idéia de que um Deus Supremo Criador jamais poderia ter o direito de reger sua vida alimentava a sua determinada e incansável busca do seu eu na imensidão de um mundo espiritual obscuro e a ele, desconhecido até então! Aleister passa a ser um ávido pesquisador dos mistérios de antigas seitas que lidavam com o mundo espiritual e encontrou na Egiptologia, os primeiros passos dessa busca.

A Ciência da Egiptologia era significativamente nova na época de Crowley pois, 74 anos antes de seu nascimento em 1801, o exército de Napoleão invadiu o Egito em uma expedição militar com cerca de 35 mil soldados para conquistar aquele país! A despeito do fracasso de sua campanha militar e política, O imperador francês teve a brilhante idéia de levar consigo em seus navios, 500 estudiosos de altíssimo calibre tais como historiadores, cientistas, arquitetos, desenhistas e arqueólogos cuja tarefa principal era estudar e mapear os costumes do Egito. Lembremos que essa era uma cultura até então desconhecida para os Europeus e os tesouros dessa esquecida civilização seriam trazidos para a França nessa época e hoje, estão expostas no Museu do Louvre em Paris. Essa história é absolutamente fascinante pois na sua primeira incursão pelo país, a equipe de Napoleão descobre o famoso Vale dos Reis nas proximidades de Tebas com dezenas de tumbas e artefatos. A famosa Pedra Roseta foi por ele descoberta e isso permitiu que os cientistas decifrassem o significado dos hieróglifos. Essa descoberta abriu portas para o entendimento dos rituais espirituais protagonizados nos desenhos deixados nas paredes de templos, tumbas e palácios. Um extenso volume com desenhos detalhadíssimos retratando a arquitetura egípcia foram trazidos para a Europa e foi publicada uma extensa obra chamada Description de I'Egypte em 10 volumes com 837 gravuras com mais de 3.000 desenhos. Você pode comprar essa obra na Amazon se desejar – fantástica!

Assim, nasceu a Egiptologia...e assim nasceu a pesquisa e revelação dos segredos ocultos dos perigosíssimos rituais espirituais ligados aos deuses do Egito. Lembra no livro do Êxodo 7:9-13 dos magos de Faraó serem capazes de transformar suas varas em serpentes no momento de um dos confrontos com Moisés? Isso era parte da magia negra do Egito que Crowley certamente se interessava!?!

Coincidência ou não, todo esse acervo da cultura egípcia estava disponível na infância Crowley e, sendo a França vizinha da Inglaterra, as primeiras seitas iniciáticas ocultistas, utilizaram desse recém-descoberto conhecimento e embasamento para suas pesquisas. Entenda agora que toda vez que você vê um símbolo egípcio dentro de um contexto de arte atual, muitas vezes, está ligado de uma forma ou de outra a um contexto de ocultismo e poderes espirituais. Entende agora o porquê de símbolos egípcios na maçonaria e rosa cruz? Entende agora a razão de muitos cantores e bandas utilizarem símbolos egípcios em seus clips, gestos, danças, capas de álbum, roupas, jóias...etc.

O interessante é que todo esse conteúdo que Napoleão produziu, contribuiu grandemente para evidenciar o fato bíblico do que DEUS disse a Moisés em Êxodo 12:12 quando ele DEUS, executaria juízo sobre todos os deuses do Egito. Nessa passagem, DEUS nos revela que os deuses do Egito representam o mundo das trevas, e cada praga do Egito como lemos em Êxodo 7 a 12, representava um deus egípcio específico cultuado por aquela civilização. Trocando em palavras mais simples, cada deus egípcio representa uma casta demoníaca no contexto egípcio de culto. O Egito estava profundamente mergulhado no ocultismo, feitiçaria, bruxaria e suas práticas sempre foram abomináveis aos olhos de Deus. Esses deuses migraram na cultura e folclore para diferentes partes do mundo travestidos de nomes locais em cada região. Continuam sendo demônios disfarcados. Sim, eles também estão no Brasil, EUA e America Central disfarçados por outros nomes e representações imagéticas em inúmeros cultos religiosos. Pesquise.

Como dito anteriormente nesse capítulo, Crowley conhecia a Bíblia e ele sabia muito bem que o princípio espiritual de governo territorial dos Principados e Potestades que Paulo narrou em Efésios

6, era tambem aplicável de alguma maneira com os deuses do Egito. Ele sabia que os deuses do Egito eram representações espirituais demoníacas e portanto, eram alvo direto de sua atenção e desejo de contato. Se havia um Príncipe da Pérsia e um Prícipe da Grécia, certamente, existe um Príncipe do Egito...sem aqui querer usar um trocadilho com o desenho animado de 1998 que curiosamente usa o mesmo título em referência à pessoa de Moisés!

O Ano de 1898 foi um ano importante pois Crowley ingressa em sua primeira seita iniciática chamada A Ordem Hermética da Golden Dawn que era uma sociedade secreta dedicada ao estudo das chamadas "artes mágicas ocultas". Essa sociedade atuava (e ainda atua) principalmente na Inglaterra e muitos dos seus conceitos, ainda hoje, são considerados centrais no estudo da "Wicca (Bruxaria) e do Thelema (Filosofia Esotérica e Ocultista fundada por Crowley - explico adiante).

Alguns anos se passaram e suas raízes na busca dos rituais de magia (leia-me, busca de poderes das trevas) eram aperfeiçoados e Crowley encontrou na sua esposa a perfeita parceira para desvendar os rituais de ocultismo que ele desenvolveria a seguir. Foi exatamente em sua viagem de lua de mel no Egito que sua esposa, dentro de um museu, praticando suas preces diante de uma determinada escultura do deus Hórus, foi "canalizada" (a Bíblia chama isso de possessão demoníaca) e ali, ela recebeu a orientação de dirigir seu marido a um determinado local da cidade, onde ele seria "doutrinado" pelas entidades espirituais. Nos dias e horas marcados, Aleister "ativou" as invocações específicas ao deus Hórus, e uma entidade que se identificou como Aiwass se manifestou fisicamente e entregou a ele o que seria o LIVRO DA LEI que continha em si, todas as normas e diretrizes que seriam empregadas no "Sistema iniciático" que estava para iniciar chamado Thelema. Crowley se tornou o messias das trevas e sua mensagem ecoaria por gerações.

O cerne da Thelema é encontrar e seguir a verdadeira vontade de cada pessoa, um propósito único que vai além dos desejos comuns. Esse texto ditado por essa entidade espiritual estabelece princípios importantes, como sua premissa central *"Faça o que quiseres será o todo da Lei"*. Esse princípio destaca a importância da liberdade pessoal e da busca pelo caminho verdadeiro, guiado pelo amor, para descobrir o propósito autêntico de cada um. Raul Seixas cantou isso na letra de "Sociedade Alternativa". Vemos aí o princípio explicado da natureza espiritual do sopro de uma melodia em música.

A idéia principal da cosmologia Thelêmica envolve divindades que foram inspiradas na antiga religião egípcia. A divindade mais importante é Nuit, que representa o céu noturno e é simbolizada por uma mulher nua coberta de estrelas, simbolizando a fonte máxima de possibilidades – lembra de Marduque??? Principal deus da Babilônia!?!?. Pois no Egito, Hadit, por outro lado, é representado como um ponto infinitamente pequeno e simboliza a manifestação e o movimento. Ra-Hoor-Khuit, que é uma manifestação de Hórus, incorpora o Sol e as energias ativas da magia Thelêmica.

O conceito central em Thelema é a "Verdadeira Vontade", que se refere ao propósito único e ao chamado de cada pessoa. Crowley acreditava que descobrir e seguir a Verdadeira Vontade era o caminho para alcançar a autorrealização e a realização pessoal, frequentemente chamada de "Grande Obra".

A prática da magia é fundamental em Thelema e inclui uma variedade de exercícios físicos, mentais e espirituais. Essa prática é vista como um meio de descobrir a chamada Verdadeira Vontade e realizar mudanças alinhadas com ela. Rituais, ioga, meditação e outras práticas são usadas para explorar a consciência e alcançar o autodomínio e todas, **abomináveis aos olhos do Senhor**.

Por favor, não entenda isso como uma crítica mas um alerta pois os seminários Cristãos por razões consideradas (por eles) óbvias, muitas vezes não aprofundam o estudo sobre a infiltração do ocultismo na cultura atual e fica claro a razão pela qual muitos pastores não fazem idéia de como instruir as pessoas quanto a práticas dessas “filosofias” que maquiam a verdadeira prática de suas condutas espirituais sob uma “aura” de cuidado com o corpo, da mente e da saúde, porém, na realidade são pontes diretas com as "hostes Thelêmicas" que visam cauterizar a mente humana que na sua ingenuidade concede jurisdição de controle ao exercitar tais práticas. Perpetua-se 2 Coríntios 4:4.

Esse conjunto de pensamentos e práticas desenvolvidos por Crowley foram pontos fundamentais explorados pela chamada elite filosófica que alimentava a fonte das mentes alternativas produtoras de conteúdo dos anos 60. Uma época em que a juventude buscava a libertação do "sistema", da busca pela liberdade sexual ecoando assim, a ideia central do Thelema de Crowley, "Faça o que quiseres será o todo da Lei" que caiu como uma luva nas canções dos grandes nomes da música dos anos 60 e 70!

O guitarrista do Led Zeppelin, Jimmy Page, era um aficionado pela obra de Crowley e o Thelema. Page foi o dono da maior editora de livros esotéricos e ocultistas da Inglaterra e também dono da antiga residência de Crowley, Boleskine House, e ele é conhecido por incorporar símbolos ocultos nas imagens da banda. Algumas letras, como as de "Stairway to Heaven" por exemplo foram inspiradas na Cabala, Esoterismo e ensinamentos de Crowley. O livro The Led Zeppelin Curse, escrito pelo ocultista Lance Gilbert revela com detalhes o quão profundo Page se envolveu com o ocultismo de Crowley e as terríveis consequências espirituais que isso trouxe para os membros da banda, e, ainda traz para quem consome sua música ainda hoje. Falei

no meu canal sobre isso.

Os Beatles tiveram um fascínio pelo misticismo e espiritualidade oriental, e embora a mídia mais conservadora (diga-se de passagem mega fã da banda) neguem conexões entre seu trabalho e as ideias de Crowley, afirmam frequentemente que tais conexões sejam especulativas e por tanto fruto de mentes impregnadas pelo ortodoxismo religioso Cristão, porém é absolutamente público e notório que a banda fez questão de incluir sua homenagem a Crowley incluindo sua imagem no canto superior esquerdo do Álbum Sargent Peppers. Há indícios de que John Lennon apreciava Crowley e sua obra.

David Bowie reconheceu a influência de Crowley em seu trabalho. A capa de seu álbum "Station to Station" de 1976 apresenta a Árvore da Vida Cabalística, e o trabalho de Crowley é referenciado nas letras de Bowie. A música "Quicksand" é frequentemente citada neste contexto.

O vocalista do Iron Maiden, Bruce Dickinson, mostrou interesse nos escritos de Crowley, e algumas das letras e imagens da banda foram associadas a temas ocultistas. Não obstante, Dickson escreveu o filme Chemical Wedding (lançado nos EUA como Crowley) é um filme britânico de terror e fantasia científica baseada em um roteiro original de Bruce Dickinson. O cantor lançou um álbum solo intitulado The Chemical Wedding em 1998, que, apesar de compartilhar o título e a faixa-título da trilha sonora do filme, não tem nenhuma relação. O personagem principal do filme? Aleister Crowley.

Mick Jagger e Keith Richards dos Rolling Stones foram influenciados por vários movimentos de contracultura da década de 1960, incluindo um interesse pelo misticismo e pelo ocultismo. Algumas interpretações conectam certas músicas e capas de álbuns às ideias de Crowley.

Ozzy Osborne, famoso ex-vocalista da Banda Black Sabbath, compôs uma música chamada Mr. Crowley cuja letra, zomba de Crowley e dessa forma, muitos caem na conversa fiada de que Ozzy é apenas um fanfarrão, mas, a isca para seu ouvinte pesquisar quem foi Crowley a ponto de merecer uma canção cantada pelo próprio "Príncipe das Trevas" (como Ozzy é carinhosamente apelidado pelos fãs), foi lançada e certamente muitos enveredaram pelo Thelema de Crowley, fruto da curiosidade lançada por Ozzy nessa música.

No Brasil, Raul Seixas desponta ao lado do seu parceiro de composição Paulo Coelho como os primeiros grandes nomes a disseminarem Aleister Crowley e sua obra! Raul na música, e Paulo em seus livros ligados à bruxaria. Ambos, abrem as

portas para os milhões que consomem seus conteúdos para os caminhos que os distanciam de Deus.

Existem aqueles que desejam diferenciar a Magia Negra, desenvolvida por Crowley, ou a famosa Magia Branca também chamada de Wicca. Wicca na verdade é uma forma moderna de paganismo que acredita e ensina para os seus adeptos que a natureza é sagrada e que os ciclos naturais de nascimento, crescimento e morte observados no mundo que nos rodeia carregam significados profundamente espirituais.

A natureza é humanizada e possui até uma mãe! O conceito da existência da "Mãe Natureza" dissolve na mente do indivíduo o conceito de qualquer suposta maldade espiritual por traz disso, afinal de contas, a "maternidade" é uma dádiva divina, e por tanto, a beleza da natureza como tal, é uma dádiva divina personificada na figura materna de uma mãe. Isso se chama "Animismo" que atribui alma às plantas, objetos inanimados e fenômenos da natureza. A natureza é personificada em deuses, e a Wicca promove o culto a esses deuses da natureza. Por essa razão, segundo eles, "pedras energizadas" são consideradas "protetores espirituais", por isso cristais são fontes de poder, por isso certas plantas são chamadas de sagradas.

Óbvio que isso é frontalmente contrário ao que a Bíblia ensina...pois lemos em Salmo 150:6, tudo que tem "**fôlego**" louve ao Senhor. O ser humano é visto como parte da natureza e a Wicca convida seu adepto a irmanar-se com a criação junto com outros animais, árvores, pedras, plantas e tudo mais que existe nesta terra em um ritual de "entrega". O adepto da chamada Magia Branca é atraído e enganado pela prática esotérica que coloca uma maquiagem desse "apreço ingênuo" pela natureza, mas que coloca a natureza e o cosmos com deuses pagãos em rituais que na verdade são cultos ao mundo das trevas. Pesquise e descubra por si.

Há muito tempo que o ícone de uma "bruxa" vem sendo desconstruído para apagar a idéia de que bruxa é uma velhinha corcunda, desdentada, com uma verruga enorme no nariz e com cara de má entregando uma maçã para Branca de Neve, ou mesmo, aquela bizarra figura voando numa vassoura dando gargalhada e rogando seus feitiços. As bruxas modernas são engajadas em grandes temas da sociedade, ou são grandes personagens da história moderna.

A famosa revista de moda Vanity Fair, na edição de abril 2023, publicou como matéria de capa sobre a declaração da modelo Gisele Bündchen onde diz "It's Not So Black and White": Gisele Bündchen, Self-Professed "Witch of Love," "Talks About It All" (Tradução: "Não é tão preto e branco": Gisele Bündchen, se autoproclamada "Bruxa do Amor", fala sobre isso tudo).

Claramente a matéria exibe um discurso tão atraente de uma

vida plena, rodeada pela linda natureza da Costa Rica e não tem como qualquer ser humano em sã consciência que ler isso e associar a descrição de Gisele com a imagem da Bruxa de Disney, que embora também esteja no contexto de uma floresta, entregue uma maçã envenenada para Branca de Neve "dormir"!

Muito pelo contrário, a matéria descreve romanticamente sua prática de conversar com a natureza, de amar os animais, e praticar um pouquinho de "Reiki" que consiste na transferência de energia de cura através do toque. A palavra Reiki é composta de duas palavras japonesas – Rei que significa "Sabedoria de Deus ou Poder Superior" e Ki que é "energia da força vital". O interessante é que o nome JESUS, nunca aparece! Por que será? A definição da palavra Reiki no fundo esconde em si a prática de magia. No seu amor expresso à mãe natureza, ela se autointitula "a bruxa do amor".

Em vários locais, a mídia noticiou sua resposta incluindo o termo TEORIA DA CONSPIRAÇÃO contra a alegação dela praticar "bruxaria" que é um termo que carrega um peso espiritual enorme em si. Gisele explicou de forma eloquente, elegante e educada que *"Eu acredito no poder da natureza"*. Isso é Wicca. Isso se chama, bruxaria. Lembra de Caim e os povos vagueando, criando e cultuando os deuses da natureza? Nada mudou...a velha mentira continua presente na atualidade travestida de algo excêntrico e intelectualmente libertador!

Detalhe importante...Gisele é absolutamente livre para exercer sua fé dessa forma, e jamais me colocaria no papel de julgá-la, mas a Bíblia deixa bem claro o destino eterno depois da morte de quem o faz, sem antes se arrepender aos pés de Jesus. Escolhas...

A música da Taylor Swift chamada Willow é uma música de bruxaria embora maquiada de uma ingênua poesia de amor em sua letra que exibe pinceladas discretas de usos ritualísticos. Pesquise no YouTube cenas de shows da cantora nessa música e você perceberá a coreografia de um ritual de Wicca (bruxaria)que acontece em um cenário de uma floresta à noite. Por quê? Coincidência ou conjectura infundada de minha parte? Pesquise e tire suas conclusões.

Essa prática de rituais à natureza torna objetos criados como foco central de um culto pagão moderno. Cultuam a criação ao invés do Criador, e esse é o engano. Por isso muitos rituais de bruxaria são feitos na natureza em bosques. Por isso muitos adeptos dessa prática religiosa "ama estar vivendo suas vidas na natureza" e longe de mim dizer que viver junto à natureza seja ruim... de forma alguma! A questão é viver junto à natureza e fazer dela sua firme esperança espiritual... toda música composta debaixo dessa influência espiritual de Wicca tem o intuito de prender a mente da pessoa ainda que essa pessoa ingenuamente não perceba, mas são práticas de rituais espirituais esotéricos de Wicca (bruxaria). Qualquer música que evoca "princípios" de amor à "Mãe Natureza," certamente terá em si, elementos ligados ao mundo espiritual praticado na Wicca (bruxaria). O diabo rouba a cena por feminilizar a natureza criada pela Palavra de Deus. Não existe uma "mãe" na Natureza. Existe um Pai. Deus Pai, Criador do Universo. A vida provém do Pai.

Toda prática de cunho espiritual ou energético que utiliza pedra, meditação, chakras que incorporam em seus rituais elementos da natureza são práticas abomináveis aos olhos de Deus pois são cultos pagãos que direta ou indiretamente deificam demônios sob "disfarces do bem em objetos da natureza".

O povo de Israel foi retirado do Egito onde artes mágicas sempre foram praticadas, haja visto, o famoso confronto de Janes e Jambres com Moisés e Arão na corte de Faraó em Êxodo 7:10-11. O povo de Israel conhecia o poder que havia por detrás das artes mágicas egípcias e não é uma coincidência que Deus faz uma lista de práticas que lidam com o mundo espiritual que são aos olhos dele abominações. Lemos isso em Deuteronômio 18:9-12.

Quando entrares na terra que o Senhor teu Deus te der, não aprenderás a fazer conforme as abominações daquelas nações. Entre ti não se achará quem faça passar pelo fogo a seu filho ou a sua filha, nem adivinhador, nem prognosticador, nem agoureiro (videntes), nem feiticeiro; Nem encantador, nem quem consulte a um espírito adivinhador, nem mágico, nem quem consulte os mortos; Pois todo aquele que faz tal coisa é abominação ao Senhor; e por estas abominações o Senhor teu Deus os lança fora de diante de ti. (ARA).

As práticas abomináveis que o Senhor apontou, todas elas estavam ligadas ao mundo espiritual, ou seja, eram crenças religiosas dos povos que habitavam na terra de Canaã que Israel estava prestes a possuir como herança dada por DEUS. Todas essas práticas eram, e ainda são abomináveis aos olhos de Deus. O culto ao deus Moloque prescrevia o sacrifício ritual de crianças serem jogadas ao fogo e isso, é abominável para Deus. Toda prática de adivinhação seja com cartas, seja com bola de cristal ou qualquer outra prática, é abominável para Deus.

No Novo Testamento, lemos em Atos 19, que livros de magia eram queimados quando as pessoas se convertiam a Cristo, fruto da pregação de Paulo ali. Deus me concedeu a bênção de visitar as ruínas de Éfeso na Turquia (checa no meu canal...) e ali, a quantidade de rituais satânicos era alarmante, não é de se espantar que ele tenha escrito Efésios 6, quanto à revelação do mundo espiritual...principados e potestades deste mundo tenebroso.

Levítico 19:31 é um outro versículo extremamente claro e inquestionável onde DEUS ordena ao seu povo *"Não vos voltareis para os necromantes, nem para os adivinhos; não os procureis para serdes contaminados por eles. Eu sou o Senhor, vosso Deus."* (ARA).

Capítulo 13: Aleister Crowley, legado e influência maligna na música moderna.

Praticar a necromancia, significa submeter-se ao aceite da previsão hipotética do futuro que se efetua supostamente pela comunicação com o espírito de uma pessoa morta. A Bíblia diz que o espírito de uma pessoa que já morreu perde a total possibilidade de voltar a se comunicar com o mundo físico porque o local para onde os mortos irão, assim os impedem. Isso está descrito em Lucas 16:19-31 e é óbvio que o Sr. Kardec deixou isso fora do seu chamado "Evangelho". É claro que ele também deixou de fora a passagem bíblica de Hebreus 9:27, onde diz claramente que o homem está destinado a morrer uma vez só e vindo após isso, o juízo. Muito bem, mas se não são espíritos humanos nas sessões de necromancia, que espíritos são esses uma vez que espírito de mortos e humanos não podem mais se comunicar com o mundo físico?

Essa foi exatamente a busca de Crowley. Ele sabia que os espíritos humanos não podiam se comunicar com o mundo físico, então havia três tipos de espírito que poderiam se comunicar. O Espírito de DEUS, os espíritos ministradores da parte de Deus chamados Anjos, ou os anjos caídos, que a Bíblia denomina de demônios. Certamente, não era o Espírito Santo de DEUS, pois tudo o que Crowley fez em sua jornada era abominável aos olhos do Senhor. Certamente não eram os anjos do Senhor pois a Bíblia diz que *"Deus dá ordens aos seus anjos"* como está escrito em Salmos 91:11-12, *"Porque aos seus anjos dará ordem a teu respeito, para te guardarem em todos os teus caminhos. Eles te sustentarão nas suas mãos, para que não tropeces com o teu pé em pedra."* (ARC)

Esses anjos jamais cometem qualquer tipo de ação que leva o homem pecar contra Deus quebrando qualquer princípio existente da Sua Palavra. Então, restam os anjos caídos, que a Bíblia chama de demônios! Como é possível saber isso?

Facilmente, pela Bíblia. Em Jó 1, a Bíblia revela que o diabo foi à Presença de Deus e ali, o Criador pergunta por onde ele "andava". Ele responde a Deus: de "rodear e passear sobre a terra". No curso desse diálogo, a Bíblia revela algo tremendo pois Deus pergunta para ele... "Viste o meu servo Jó?". E ele em sua resposta ao Criador, responde positivamente, e faz uma análise jocosa das virtudes e características do relacionamento de Jó para com Deus o que desencadeia todo o processo do livro. Meu ponto aqui é simples, o diabo e seus demônios conhecem o ser humano pela criteriosa e atenta observação do seu comportamento. Existem hierarquias de demônios que acompanham famílias por gerações o que explica a repetição de pecados geracionais.

Me permita explanar isso melhor da seguinte forma... a medicina e biologia nos comprovam que existem as chamadas doenças hereditárias que acompanham gerações; digamos que em uma família específica, um tipo de doença se desenvolve por causa da herança genética, ou seja, é como se a pessoa nascesse com uma bomba relógio dentro de si em alguma parte de seu DNA que em algum momento da vida, um gatilho químico de uma natureza específica vai ocasionar a manifestação da mesma doença que um familiar apresentou anteriormente, Isso é um fato conhecido, aceito e inquestionável.

No mundo espiritual ocorre algo semelhante. Nós herdamos de nossos pais um "gene espiritual malígno" chamado **pecado** que está perpetuado desde Adão e Eva.

O pecado é passado de geração em geração e é essa natureza pecaminosa que habita no homem que concede a jurisdição espiritual para o diabo e seus demônios agirem na vida das pessoas até que receba o perdão desses pecados atravês de Jesus, e Jesus intervenha! Por isso, o alcoolismo em algumas famílias é perpetuado de geração em geração, porque existe um demônio destacado para aquela família específica que vai trabalhar com objetivo para perpetuar o vício nas gerações subsequentes. Em outras famílias, são pecados sexuais como adultério, imoralidade sexual em todas as suas vertentes. Em outras famílias é o vicio do jogo. Outras famílias, perpetuam suas gerações no culto a entidades religiosas que nada têm a ver com o Evangelho de Jesus Cristo.

Necromancia, consulta a demônios familiares que conhecem detalhes que só aquela família conhece, demônios que observam e decifram pelo comportamento e respostas ao contexto de seu cotidiano e tratam linhas psicológicas e todo o histórico familiar, é registrado de alguma forma no mundo espiritual. Por um princípio metafísico criado por Deus, todo e qualquer espírito para atuar (leia-me: manifestar ou agir) no mundo físico, precisa de um corpo. A Bíblia chama esse procedimento de possessão demoníaca. O ocultismo chama isso de canalização. A necromancia chama isso de mediunidade. Seja qual for o nome, são essas práticas que Deus abomina segundo Deuteronômio 18:9-12 e quem morre nessa prática, não herdará o reino dos céus e viverá eternamente, apartado de Deus.

Voltando ao contexto de Crowley, pode observar que esse nome está em diversas áreas e curiosamente, existe uma empresa multinacional que "mede" o consumo de música/tráfego de consumo no âmbito mundial, no Brasil, essa empresa possui o nome do protagonista desse capítulo! Coincidência ou eu que sou o louco ortodoxo Cristão? - talvez ambos! Entretanto, não seja ingênuo (a) em achar que é uma simples coincidência.

Tudo o que Crowley desenvolveu, teve como raiz o seu ódio mortal à Palavra de Deus e seus princípios. Toda mensagem do Thelema visa de alguma forma, maquiar essa postura de oposição ao divino com uma mensagem do bem!

Existem aspectos centrais que a Bíblia frontalmente se opõe ao Thelema, por exemplo:

O Thelema promove a idéia de vontade e liberdade

individual, a pessoa é absolutamente livre para escolher seus próprios termos e formas de viver. Deus nos ensina na sua Palavra:

Bem-aventurado aquele que teme ao SENHOR e anda nos seus caminhos. Salmos 128:1. Deus nos propõe uma vida o que o Salmista chama de "seus caminhos". O homem é livre para escolher seguir ou não esse caminho, tanto quanto, é livre para colher os frutos de suas escolhas.

Porque nisto consiste o amor a Deus: em obedecer aos seus mandamentos. E os seus mandamentos não são pesados. 1 João 5:3 A idéia de que Deus está acentado em um trono com um raio pronto para acertar na cabeça de quem pecar é um absurdo proveniente da Mitologia Grega onde Zeus, supremo do Olimpo, fazia isso. O nosso Pai Celestial, YHWH, é um Deus de amor e longânimo que como Supremo Criador, apresentou seus Princípios e Leis, das quais existem para nos oferecer uma vida pautada em princípios que nos dá saúde à alma, na jornada da vida. Obedecer é um ato de amor a Deus.

Deuteronômio 28, possui uma lista enorme de bênçãos relacionadas àqueles que obedecem a Lei do Senhor também, maldições que sobrevirão como fruto de escolher uma vida longe de Deus.

A Bíblia não condena o uso do livre arbítrio. O ser humano é livre para fazer suas escolhas, mas Deus também deixa esse homem a vontade para colher nada diferente daquilo que ele escolheu para si como fruto dessa Liberdade de escolha. Aliás, o termo "livre arbítrio" é um conceito bastante questionável para muitos teólogos principalmente porque ele não consta nas Escrituras. A Vida do Evangelho, certamente não é delineada pelo exemplo do Pai de Aleister Crowley... rigidez doutrinária não é sinônimo de Amor a Deus e não obstante, é muito comum, jovens se desviarem dos caminhos do Senhor por causa dessa rigidez educacional exercida. Deus é um Deus de amor que vela por aqueles que o buscam...e jamais, deixará confundido quem o buscar de todo coração. Embora a mesma Bíblia diga que Deus corrige ao filho que ama, isso jamais será sinônimo de apologia a espancamento infantil ou abuso emocional e verbal.

Segundo a Bíblia, *"Faça o que quiseres"* significa filosoficamente em um primeiro plano desconsiderar a Palavra de Deus por completo nas suas decisões pessoais...e Deus, certamente permite essa conduta pois todo e qualquer relacionamento com DEUS é fruto de uma escolha pessoal. Por isso, Deus, da mesma forma, como um cavalheiro, permite que o resultado das escolhas frutos desse princípio seja exatamente o reflexo dessa mesma escolha e nada diferente.

O Thelema coloca uma forte ênfase na autonomia individual e na rejeição de autoridades externas que limitam a expressão e a vontade pessoal. Esse era o desejo primário do jovem Crowley em rejeitar toda e qualquer autoridade divina. Ou seja, o Thelema de Crowley propõe-se que o conceito de AUTORIDADE seja completamente destruído e/ou relativizado, o que segundo a Bíblia, é chamado de **rebeldia**. Deus nunca foi pego de surpresa, talvez por isso, a rebeldia na Bíblia é considerada como o pecado da feitiçaria. 1 Samuel 15:23 deixa bem claro que *"a rebeldia é como o pecado da feitiçaria"* ... e por tabela já explicita ao leitor que Artes Mágicas, também chamadas de Feitiçaria, é pecado e nasce de um coração rebelde à Sua Palavra mesmo que a infância da prática dessas artes chamadas mágicas, estejam envoltas em uma falsa humildade, ingenuidade e amor ao próximo.

A Bíblia muitas vezes enfatiza a obediência a uma autoridade superior, seja ela representada pelos mandamentos de Deus ou pelas leis morais. A quebra da Lei, tanto a Divina quanto a lei humana, acarreta consequências sérias e eternas que o Thelema simplesmente finge ignorar.

O Thelema tende a rejeitar sistemas de crenças dogmáticas, como a fé Cristã, defendendo a experiência pessoal e a exploração espiritual direta, convidando o seu praticante à busca do seu eu dentro de um sistema oculto. Isso é o mesmo que tornar o homem um deus de si mesmo. Esse foi o convite com que a serpente enfeitiçou Eva... *"você se tornará como Deus"*. Esse continua sendo o mesmo convite, da mesma velha serpente.

Capítulo 13: Aleister Crowley, legado e influência maligna na música moderna.

A Bíblia revelou a frase de Jesus que disse: *"Eu sou o Caminho, a Verdade e a Vida; ninguém vem ao Pai senão por mim"*. Tal afirmação desvenda o fato central humano que sem Cristo, permanece sem resposta para as perguntas "de onde vim, quem eu sou, para onde vou?" A Bíblia responde essas três perguntas com tranquilidade: você veio de Deus! Você foi feito à imagem e semelhança de Deus para ser amado por ele e resgatado do pecado por Cristo. Seu destino eterno é selado em uma simples escolha. Ou você escolhe Cristo, ou você o despreza.

O consumo de conteúdo Thelêmico inserido na música, muito embora possa ser despercebido pelo homem, injeta na alma o sentimento de que pecado não existe...o mal está no mundo...e sendo assim, não existe a necessidade de um salvador. Jesus nada mais foi do que um cara legal, um profeta dos Crentes!

A Bíblia te alerta...vida longe de Deus, significará eternidade longe de Deus.

Crowley influenciou e continua a influenciar os grandes nomes da música e certamente, muitas pessoas ouvem suas bandas/cantores prediletos e nem sonham isso. Não obstante, isso não muda o fato de que, os ensinamentos que Crowley deixou, vão contaminar a mente do homem contra os princípios de Deus. Refutar isso é uma clara evidência do que digo.

Por isso, a frase de Bach, é tão real ainda hoje... *"O objetivo final de toda música não deve ser outro senão a glória de Deus e o refrigério da alma."* J.S. Bach

Mas... quem são aqueles que seguem Crowley? Essa pergunta, respondo a seguir.

Capítulo 14
O ILLUMINATI e o poder dos símbolos na música

O Illuminati é uma seita ou organização (ou ambos)? Isso é verdade ou é uma Invenção da crença popular? Ou será que isso não passa de uma TEORIA DA CONSPIRAÇÃO proveniente de mentes perturbadas de fanáticos religiosos?

Me permita oferecer a você o que eu tenho pesquisado e aprendido sobre como funcionam os símbolos na mente humana em música, o poder que há no ambiente espiritual e o papel do Illuminati dentro desse contexto.

Sem perceber ou até mesmo por puro desconhecimento, muitas pessoas permitem ter suas mentes aprisionadas dentro de uma Egrégora. Termo esse que talvez você nunca tenha lido antes mas certamente, se você curte música assim como eu, você já esteve (ou está) debaixo de uma forte influência. Aqueles que afirmam o contrário, já provam de sua condição e nem percebem.

Os religiosos de plantão inicialmente podem ser avessos e repudiarem a examinar o tema, entretanto, é exatamente conhecendo os esquemas do inimigo que as melhores estratégias contra o mesmo são construídas, mas isso é para alguns sinônimo de confusão e para outros, simples balela de crente neopentecostal indouto nas Sãs Escrituras, certo? Errado.

A própria Bíblia nos mostra que Deus fez questão de nos revelar as artimanhas do inimigo em diversas passagens e muitas são as maneiras como ele trabalha contra você. É mais do que óbvio que Deus fez questão de deixar isso registrado na Palavra. Qual a razão? Apenas para constar? Repito mais uma vez que nada na Bíblia está ali por acaso...e sim, a Bíblia não consta nada sobre illuminati...

Heb 4:13 E não há criatura alguma incógnita aos olhos de Deus. Absolutamente tudo está descoberto e às claras diante daquele a quem deveremos prestar contas. (KJA)

Porém, o governo e o reino das trevas, constam e assim como suas sórdidas artimanhas para corromper a criação de Deus e cegar e enganar o homem em sua busca pelo divino. Não conhecer as estratégias do inimigo é entrar num campo de batalha com uma venda nos olhos, sem nenhuma arma, sem o preparo bélico-espiritual de uma vida aos pés de Jesus. Sim...DEUS é maior, mas Ele nos deu um cérebro pensante e ecoa fortemente na minha mente Mateus 10:6 *Eu os estou enviando como ovelhas no meio de lobos. Portanto, sejam astutos como as serpentes e sem malícia como as pombas.*

No contexto desse trecho, Jesus envia os 12 discípulos em expedições ao povo de Israel para pregar, curar e declarar a chegada do Reino de Deus para os perdidos. Nesse contexto, porque será que Jesus escolheu a metáfora de um Lobo como o animal para representar o ambiente onde os discípulos trafegariam? Se você estudar um pouquinho sobre a vida social de uma matilha de lobos rapidamente você entenderá a profundidade dessa observação de Jesus.

Resumidamente, uma matilha de lobos possui uma complexa estrutura social baseada na hierarquia etária dos animais dominantes. Andam juntos, caçam juntos e devoram suas presas juntos. Perigosíssimos, são predadores mortais em um confronto direto. Espreitam a presa, analisam suas fraquezas e estrategicamente são pacientes até perceberem o momento certo de atacar! Assim atua o inimigo das nossas almas e muitas de suas estartegias contra o homem, nascem nas idéias plantadas na mente desse homem através dos seus súditos, muitos deles, ligados aos illuminati que cantam suas melodias e enfeitiçam multidões.

Jesus deu várias orientações para seus discípulos antes de partirem nessa jornada e isso aponta que o próprio Senhor se preocupou em alertá-los como se portar dentro do contexto de onde eles iriam. Ouso dizer que a orientação de Jesus estava ligada não só ao modo do mundo físico operar, mas também ao contexto espiritual.

Por essa razão, julgo necessário uma análise sobre o Illuminati me força a ir além do mundo físico visível, mas também, do plano imaterial invisível e apresentar fatos que vão além da suposição e da crença popular do que seja essa misteriosa rede de interesses e manipulações.

Depois de você ler esse capítulo, pondere e tire suas conclusões, mas confesso a você nobre leitor (a) que eu jamais investiria tempo da minha vida para escrever essas linhas se não fosse a direção do Senhor: "filho, fale e não se cale".

Tenho que iniciar descortinando um princípio lógico por detrás do termo TEORIA DA CONSPIRAÇÃO que é amplamente utilizado nos dias de hoje. Tenho certeza de que você já tenha se deparado com esse termo em algum debate acalorado na TV, Podcasts, rede social ou talvez até mesmo no seu círculo social.

Os registros históricos mais recentes apontam que a expressão TEORIA DA CONSPIRAÇÃO foi utilizado pela primeira vez no contexto político americano por um autor chamado Charles Astor Bristed que redigiu uma carta ao editor do famoso jornal The New York Times no dia 11 de Janeiro de 1863 denunciando o interesse econômico disfarçado de aristocratas ingleses, com o intuito de enfraquecer o governo americano durante a Guerra Civil e que, esses aristocratas obviamente, almejavam com isso, os seus objetivos comerciais que consequentemente os levariam a um rápido enriquecimento dentro do contexto de uma economia emergente que explodiria mundialmente pouco tempo depois.

Então o termo TEORIA DA CONSPIRAÇÃO passou a ser

utilizado para combater filosoficamente um evento ou situação que afirma a existência de uma conspiração feita por grupos poderosos e sinistros, geralmente de motivação política. Por essa razão, geralmente, sempre que vemos o emprego desse termo em qualquer contexto, temos a nítida percepção de que o intuito da utilização desse termo é enfraquecer ou neutralizar a narrativa de uma pessoa criando um ar de descrédito de conotação tendenciosa e negativa com o objetivo primordial de descredenciar e desautorizar essa pessoa e o seu objeto em referência, baseando-se em suposições tais como preconceito, convicção emocional e, o emprego do contra-argumento de TEORIA DA CONSPIRAÇÃO é fortalecido principalmente quando existe insuficiência de evidências técnicas que comprovem o discurso que está sendo apresentado a despeito de sua legitimidade.

É fato que o emprego desse termo nos dias de hoje ultrapassa as fronteiras da política e percebe-se o seu uso quase que cotidianamente em diversos contextos que vão muito além da política tais como a cultura em suas mais variadas expressões na sociedade que está estampado na boca de diferentes representantes das mais diferentes esferas sociais em debates acalorados em defesa de interesses obtusos e de caráter questionáveis. Mas, o que "Teoria da Conspiração" tem a ver no contexto de um livro sobre música e o mundo espiritual? Tudo! Explico...

Mencione que determinado artista é pertencente aos

illuminati e alguém diz que isso é uma "Teoria da Conspiração" e quase que de imediato, no consciente coletivo, essa afirmativa cai por terra justamente pela suposta premissa de que exista "insuficiência de evidências", na direta atuação e influência desse determinado artista e por consequência, dilui-se o fato de que uma agenda maligna exista.

Entretanto, o disfarce secreto de tempos atrás, está escancarado nos dias de hoje na mídia e a presente influência dessa sociedade secreta Illuminati na indústria da música atual facilmente cai por terra de várias maneiras sejam através dos vídeos Clips abarrotados de simbologia ocultista, seja nas coreografias, cenografia, roupas, nos shows do anual do MTV Video Music Awards que é a tao esperada premiação anual que honra os melhores artistas da música mundial.

É simples descobrir quais os artistas que se envolvem com tais sociedades secretas em suas carreiras em busca de fama, influência e o tão desejado sucesso. Vez por outra, um ou outro participante dessa sociedade expõe publicamente o seu cansaço por causa do compromisso que o sucesso demanda na qual a barganha com suas vidas, os forçaram a se submeter em um sistema quase que escravagista! Dessa forma, descobrem o altíssimo preço a ser pago pela fama perante os olhos do mundo. O diabo cobra um altíssimo preço.

Capítulo 14: O ILLUMINATI e o poder dos símbolos na música

Mas o que é o illuminati? Isso de fato Existe? Verdade ou mentira?

O "princípio" por detrás dessa Sociedade Secreta, vem desde após a queda do homem no Éden, mas como organização sistemática, surgiu no ano de 1776 na Alemanha com o Sr. Adam Weishaup, professor de direito de Universidade de Ingolstadt na Bavaria. Esse homem iniciou uma sociedade secreta chamada, Illuminati com o objetivo de através de seus conceitos e idéias, promover o liberalismo numa era onde o domínio da monarquia e o clero estavam desmoronando em meio à Revolução Francesa. Entretanto, essas idéias liberais desagradaram aos eleitores da época e a sociedade Illuminati foi fechada dez anos depois de criada, porém os seus ideais não foram extintos na mente de seus primeiros fundadores e participantes.

No sec XX, os chamados "Teóricos sobre Conspiração" afirmaram que os illuminati eram uma elite secreta dominada pelas famílias mais ricas da terra empenhadas em dominar o mundo o que para muitos, isso não passa de uma grande bobagem! Mas leia Apocalipse 13 e pondere como poderá os habitantes da terra adorarem a imagem da besta com tanto apreço e convicção se não houver antes, a construção de um sistema através de uma agenda que manipule o consciente coletivo da humanidade de tal maneira, que prostrar diante de um líder mundial será algo normal naquele dia?

É interessante notar que se passaram os anos e, de uma "Sociedade Secreta", o Illuminati se tornou algo normal, público e explícito e de certa forma o mistério desse assunto foi perdendo sua aura misteriosa e diluiu-se o interesse do mesmo principalmente por causa do emprego da mentalidade de que Illuminati, não passa de uma TEORIA DA CONSPIRAÇÃO. E aí reside o verdadeiro perigo.

Existem duas vertentes básicas dessa sociedade que estão intimamente ligadas entre si.

VERTENTE 1: uma agenda de Marketing filosófico cultural. Hoje quando alguém famoso é "identificado" como um membro illuminati, imediatamente parece que uma aura de suspense, empoderamento e glamour envolve tal persona. Pesquise sobre "celebridades símbolos illuminati" e rapidamente você evidenciará esse fenômeno.

VERTENTE 2 Remonta a evolução das manifestações do diabo e o conglomerado de tradições de sociedades ou seitas iniciáticas secretas/discretas ao longo do tempo. Por exemplo, o grau mestre de uma dessas sociedades é chamado de 'illuminati'. Essa é conhecidamente uma sociedade que um dia, foi "discreta e secreta", mas hoje, não mais! Pesquise.

Quando se estuda a evolução do comportamento do reino das trevas na história então entendemos a maneira que a humanidade ao longo do tempo, foi diretamente afetada, manipulada e amaldiçoada pelas potestades, principados e pelo príncipe desse mundo.

Essa sociedade possui regras rígidas que estão contidas em um conjunto de 66 leis que regem o comportamento daqueles que escolhem enveredar por esse caminho. Sim, li as leis para entender do que escrevo aqui. O termo "illuminati" é definido pelo dicionário Webster como uma palavra de origem italiana e latim que denota pessoas que afirmam possuir iluminação especial ou conhecimento de algo. Por essa razão, a abordagem e respectivo convite que eles fazem para as pessoas, sempre tem um discurso de submissão à "iluminação" e está diretamente ligada com a promessa do imenso sucesso, ascendência social, influência, muito dinheiro e o discurso inicial é envelopado de tal forma a mostrar que o "*poder reside dentro de você bastando para isso você conhecer a luz*". O Illuminati, alicia o indivíduo com a premissa que o Criador colocou todos os elementos capazes de alcançar tais objetivos dentro da pessoa que essas características, serão ferramentas para o alcance do seu propósito e destino a ser "iluminado". Se você receber um convite assim de uma pessoa ligada ou ao illuminati ou a qualquer organizacao iniciática, fuja.

Cada uma dessas 66 leis são todas elas distorções sutis de princípios bíblicos que em um primeiro momento, parecem até se alinhar com as escrituras, mas na verdade são semelhantes a um navio cargueiro que ao sair do Porto, erra sua rota por apenas 0,001 graus. No início da navegação esse erro é imperceptível, mas depois de algum tempo a rota está tão distante da proposta do seu objetivo inicial que é praticamente impossível corrigir.

Para quem está cego pela busca do estrelato e os seus efêmeros benefícios, qualquer rota que leve esse indivíduo ao sucesso, é não só atraente como, altamente desejável. Afinal de contas, quem não quer ser bem-sucedido? Quem não quer estar num patamar social melhor? Que mal há em usar o seu talento como plataforma para fama, riqueza e sucesso? O palavreado dessas leis é tão encantador que a primeira página da Lei Illuminati e seu código de conduta, é quase que uma paráfrase de vários versículos bíblicos levemente manipulados e distorcidos, e o interessante é que, a pessoa do "Criador" é sempre citada como uma mera coadjuvante e o nome sobre todo nome, JESUS, obviamente, omitido.

Na Bíblia, lemos na primeira página em Gênesis 1 que o primeiro grande ato do Criador foi lançar luz sobre o caos das trevas e fazer separação entre eles. Na Bíblia, a luz não é somente uma metáfora da verdade em Deus e de sua imutabilidade. Andar sob a Sua Luz, é andar em comunhão com o Pai, o Criador do Universo. Jesus é a luz do mundo João 1:4 A vida estava nele (Jesus) e a vida era a luz dos homens.

No ser humano, existe trevas quando esse, anda longe de Deus.

1 João 1:5-7 "Ora, a mensagem que, da parte dele, temos

ouvido e vos anunciamos é esta: que Deus é luz, e não há nele treva nenhuma. Se dissermos que mantemos comunhão com ele e andarmos nas trevas, mentimos e não praticamos a verdade. Se, porém, andarmos na luz, como ele está na luz, mantemos comunhão uns com os outros, e o sangue de Jesus, seu Filho, nos purifica de todo pecado.

Segundo esse trecho, se alguém diz que tem um relacionamento com Deus, mas em sua vida é trilhada sob a direção daquilo que não condiz com Deus, essa pessoa mente, e não pratica a verdade. Então a definição Bíblica de Luz, sempre apontará a pessoa à Jesus e este, ao Pai.

No illuminati, as leis propõem com veemência que a luz tem que residir dentro do ser humano, como se a luz fosse um ser inanimado e com a capacidade de transformar todo o potencial dentro de nós, para o nosso próprio benefício, sucesso e riqueza mas, para isso há leis a serem cumpridas.

Por exemplo, demonstre amor para aqueles que te amam, e zele por aqueles que zelaram por você. Respeite aqueles que te odeiam, agradeça e seja elevado ao referir-se a eles, seja sempre superior. Deseje o bem aqueles que te odeiam. Faça planos para sua vida e sempre, cumpra com sua palavra. Pague suas dívidas, Preserve a vida a todo custo… quais desses princípios confrontam a Bíblia? Nenhum deles! E esse é o grande truque! Apresentam-se como algo do bem! Mas vamos lá, qual é a fonte da Luz que tanto falam?

Jesus disse ***"Eu sou a luz do mundo;*** *quem me segue não andará em trevas, mas terá a luz da vida."* ou seja, qualquer outra fonte de iluminação é fake news!

A luz de Jesus te leva pra Deus. A luz pregada pelo Illuminati te faz um deus.

A música do mundo não tem nenhum compromisso em te levar para Deus.

"Quem é o mentiroso, senão aquele que nega que Jesus é o Messias? Este é o Inimigo de Cristo: aquele que rejeita tanto o Pai quanto o Filho. Todo o que nega o Filho de igual forma não tem o Pai; quem confessa publicamente o Filho tem também o Pai." 1 Joao 2:22-23 (KJA)

Todo processo de iluminação proposto pelo Illuminati leva a pessoa a construir em si um deus e eleva sua autoestima a tal ponto que essa pessoa se convence ser um deus de si mesma e por isso, o caminho para receber adoração de sua audiencia é o próximo passo dentro do contexto.

Como em qualquer "seita iniciática", muitos são convidados a fazer parte. Não foram poucas as vezes que eu recebi convites para adentrar tais seitas com a promessa de sucesso, influência e dinheiro via midia social. Sempre respondi educadamente com um versículo *"Adorarás ao Senhor teu Deus, e somente a Ele prestarás culto"*. Com respeito, obviamente, sou dispensado na hora sempre!! Fica a dica: Não servirei às trevas!

Aqueles que cantam em nome dos princípios do illuminati ainda que camuflados na aura de sua persona, sempre terão em seu discurso a incessante busca da iluminação do seu eu interior em busca de um patamar de iluminação maior para servir a humanidade.

O processo de "auto-iluminação", nunca é suficiente e demanda um constante processo de "aperfeiçoamento" e talvez seja por isso que vemos tais "estrelas da fama" executarem tanta obra de caridade, por isso, tanta necessidade de ter a mídia cobrindo benfeitorias públicas e que aos olhos da sociedade, se tornam "exemplos" de seres humanos "iluminados". O discurso parece ser profundo, intelectualizado e permeia o religioso, mas no fundo é apenas uma maquiagem para a verdade que se esconde por de trás do brilho da fama.

Sempre, a idéia de "luz" estará associada com os pertencentes a essa comunidade! Sempre! Essa é uma antiga ordem iniciática da antiga ordem do deus Egípcio de Rá. Crowley contribuiu grandemente para aperfeiçoar os ritos de magia associados a essa seita.

Nos anos 80, a artista (hoje convertida a Cristo) Baby

Consuelo, hoje conhecida como Baby do Brasil, apareceu na mídia naquela época declarando o símbolo de Rá em todas as suas entrevistas. Em todas suas aparições, levantava a mão e gritava *"Rá pra vocês"* como se estivesse lançando algo positivo sobre a audiência. Como ela era tida como uma figura emblemática e sempre controversa por causa do seu visual e comportamento extravagantes...a grande massa achou engraçado e entendeu isso como sendo "mais uma idéia doida da Baby" e absorveu esse gestual sem maiores repercussões. Posteriormente, após sua conversão a Cristo, Baby pediu perdão à nação publicamente pois ela confessou que inconscientemente, achou "legal o lance", mas não sabia que tal gestualidade jogava encantamentos demoníacos sobre o público.

Ela foi apenas mais um fantoche na indústria da música manuseada pelo mundo das trevas por causa da sua ignorância espiritual naquela época. Mas, bastou Jesus entrar em sua vida, e isso acabou. Por que isso? A venda posta por satanás em seus olhos como descrita em 2 Coríntios 4:4 foi levantada e ela enxergou a verdadeira Luz de Cristo expresso na Glória de Deus. Simples assim. Complexo assim.

O que são e o que fazem os encantamentos jogados sobre a audiência?

O olho de Horus é um dos principais símbolos usado pelos adeptos Illuminati e esse, é um deus egípcio que simboliza o poder da luz e o seu conhecimento nessa e na próxima vida. Na religião egípcia, Horus era adorado com o deus da guerra e protetor de seus seguidores, ele era tido como aquele que observava do céu todas as coisas, e observava a vida de todos os egípcios. No contexto do ocultismo, o olho de Horus é um símbolo muito presente na indústria da música e amplamente utilizado por diversos artistas. Um notório símbolo que os artistas fazem que remonta a Horus é ocultar um dos olhos em fotos e/ou filmagens, você tambem verá em estampa na roupa, ou gesticulado ao público em um triângulo formado com a junção dos dedos indicadores e polegar das duas mãos, tatuagens etc.

Pesquise em Inglês no Google os termos "Eye of Horus music industry" e veja a enormidade de artistas que usam esse simbolismo. Coincidência? Óbvio que não!!!

Vamos para um exemplo mais explícito ainda...? Pesquise o álbum "Eye in the Sky" de Alan Parsons Project. Se for curioso como eu, apenas traduza a letra da faixa título e tire suas próprias conclusões! A melodia é tão maravilhosa que dribla sua mente para conhecer o seu real significado enquanto a música fica martelando na sua mente! Para ajudar no processo, segue a tradução do coro da música para sua rapidamente referência...

Eu sou o olho no céu

Olhando para você

eu posso ler sua mente

Eu sou o criador das regras

Lidando com tolos

Eu posso te enganar cegamente

E eu não preciso ver mais nada para saber disso

Eu posso ler sua mente (olhando para você)

A capa desse álbum é o símbolo egípcio do olho de Horus numa alusão de que voce é observado! Isso me traz a lembrança do diálogo do diabo e Deus em Jó 1:7 *"[7] Então, perguntou o Senhor a Satanás: Donde vens? Satanás respondeu ao Senhor e disse: De rodear a terra e passear por ela.... Viste o meu servo Jó?"*

Porque será que todas as capas de álbuns da banda Earth Wind & Fire são repletos de simbologias egípcias? Porque será que a Katy Perry tem explicitamente o clip da sua música Dark Horse com a temática egípcia? São tantas bandas e cantores com essa temática...por que será que o Egito tem tanta presença nos álbuns de tantas bandas? coincidência? Claro que não!

O olho de Horus no contexto do ocultismo é uma direta alusão ao diabo. Toda vez que você identifica um artista apresentando de alguma maneira um olho, seja tapando um deles, seja com imagens icônicas em roupas, ou telas de palco...sempre, essa referência está ligada a obediência de uma lei Illuminati de ter que exibir um símbolo e esse símbolo é propositalmente utilizado no subconsciente das pessoas como um gatilho de aceitação e obediência subconsciente coletivo.

Outro famoso símbolo das trevas utilizado por artistas é a mão chifrada que tantos artistas fazem. Existe uma disputa entre quem criou...Gene Simmons do Kiss ou o falecido vocalista Ronnie James Dio. Não importa o fato de quem criou tanto quanto o que significa a sua simbologia no mundo espiritual.

Os símbolos em música são mensagens em um código imagético que são armazenadas do cérebro humano e carregam em si significados ligados a uma enormidade de idéias e pensamentos que levam o indivíduo a um comportamento e perspectiva de mundo.

Em seu livro The Dark Path, Isaac Weishaupt aponta o livro de *"John Milton "Paradise lost" onde o autor descreve a queda do homem com a legião de anjos caídos de satanás. Um desses anjos é chamado de Moloque, que é representado por uma deidade com chifres. Esse é discutivelmente a mesma inspiração para a deidade pagã da Bíblia do deus Moloque que era adorado nas culturas pagãs no berço da Civilização onde crianças eram sacrificadas no Vale de Hinnon. O simbolismo que vemos hoje relacionados com Moloque na indústria do entretenimento é utilizado como uma forma de comunicação no inconsciente coletivo e a psique humana.*

Em algumas culturas o símbolo da mão chifrada é utilizado para espantar o mal mas, seguidores do WICCA (bruxaria), acreditam que o uso desse símbolo eles trocam energia com a suposta entidade espiritual que ela representa. O Autor, Isaac menciona algo interessante que foi explicado pelo Psicanalista Carl Jung que disse que *"o lado obscuro da mente existe no subconsciente onde os símbolos falam conosco. Isso eh o local onde a criatividade reside na mente humana."*

Então, no contexto do ocultismo, o contato com o mundo das trevas para destravar a criatividade acontece com o uso das simbologias místicas que destravam o mundo espiritual onde a criatividade oculta reside, ou seja, nas mãos de satanás.

Isaac declara em seu livro ainda... *"Um dos artistas que popularizou o símbolo de Moloque foi, Ronnie James Dio" e tal afirmação foi baseada em uma entrevista do cantor em um site chamado o Metal-Rules.com*

O cantor Dio declarou *"Eu usei isso (a mão chifrada) tanto, em todo tempo, que isso se tornou uma marca minha até que os fãs de Britney Spears decidiram usar isso também. Então isso meio que perdeu o seu significado. Mas eu estava no (Black) Sabbath naquela época. Isso era um símbolo que eu pensava que refletia exatamente o que a banda significava. Isso não é o símbolo do diabo como se estivéssemos com se ele estivesse aqui ao nosso lado. Isso (o símbolo) é uma coisa italiana que eu aprendi da minha avó chamada 'Malocchio'. Isso é para espantar mau olhado ou conceder um mau olhado dependendo da forma que você exibe esse símbolo. Isso e só um símbolo, mas isso tinha encantamentos mágicos e atitudes quanto a isso e eu sentia que isso funcionava muito bem no Black Sabbath. Então eu fiquei muito conhecido por causa disso e então todo mundo começou também a fazer esse gesto e assim foi. Mas eu nunca diria em ter o crédito por ser o primeiro a fazer esse gesto. Eu digo isso porque eu fiz isso tanto que isso de alguma maneira virou o símbolo do rock n roll."*

A dualidade de aferir uma ingenuidade a um símbolo oculto é comum a eles pois obviamente não veem esse uso como algo ruim! Mas ainda assim...por que o uso? Essa troca de energia, é real? A resposta mais simples para isso é: sim, e, existe uma real troca de energia espiritual. Explico.

No ocultismo, os símbolos são utilizados para a construção e solidificação de uma EGRÉGORA na mente de uma audiência. Como uma chave espiritual invisível.

Capítulo 14: O ILLUMINATI e o poder dos símbolos na música

No ocultismo, uma Egrégora é o conjunto de idéias e pensamentos do consciente coletivo criado para manter a mente da massa em acordo a uma linha racional de existência e conduta obtida de uma força espiritual que resulta da soma das energias mentais, físicas e emocionais proveniente de duas ou mais pessoas reunidas em grupo. Os símbolos, abrem as portas espirituais de uma EGRÉGORA.

Uma EGRÉGORA é comandada por uma alta casta espiritual do reino das trevas que manipula o "condutor" dessa energia.

Trocando em palavras simples, eis a maneira do reino das trevas de usar os artistas "pactuados" para manipulá-los como fantoches e plantar na mente da audiência o encantamento que a cegará quanto a luz do evangelho de Cristo.

E para que isso existe? Para formatar e reprogramar a mente humana a pensar de uma maneira que essa obedeça aos comandos de forma a sedimentar todo pensamento existente dentro de uma Egrégora e dessa forma, criar uma mentalidade de repulsa e expurgar todo e qualquer ensino contrário ao conteúdo dentro da Egrégora.

Por exemplo, eu vou sair do âmbito espiritual e adaptar o princípio de uma EGRÉGORA a um conceito dentro do esporte.

Pense em uma marca esportiva que tem como objetivo

IMPULSIONAR sua audiência a praticar esportes e vender seus produtos. Agora, mentaliza o ícone dessa marca na sua mente. Observe que naturalmente associado a essa marca, existem conceitos que orbitam em torno desse símbolo imagético impresso na sua mente. Algumas dessas mensagens que estão armazenadas no seu subconsciente são "Esporte é saúde", "pratique esporte e isso melhora sua saúde", "pratique o seu esporte e use a nossa marca", "compre roupas dessa marca", "consuma tudo que esteja associado com essa marca" "use o modelo de tênis dessa marca pois melhora seu desempenho", "Você vai ficar mais bonito (a) e emagrecer", "Viva essa marca" e seja um "embaixador dos nossos princípios", "tragam pessoas para o nosso universo"!

Muito bem...agora, imagine que você seja um profundo adepto dessa marca e um dia, em uma reunião de atletas, entra uma pessoa com uma bandeja distribuindo sanduíches maravilhosos de pão com carne, bacon fritura pura... com refrigerante e batata-frita!!! Imediatamente dentro do seu íntimo, você tem uma repulsa natarual diretamente contra aquilo e aquela pessoa com a bandeja! Por quê? porque a sua mente está programada para defender o princípio da EGRÉGORA de esporte que você participa, representa e defende. A sua imediata repulsa aquilo reforça o sistema de pensamento da qual você está preso repelindo aquela possibilidade de violar os princípios do que você acredita!

Por favor...não se ofenda se você for um adepto do

esporte... usei o esporte apenas como um exemplo! Poderia usar qualquer coisa...tecnologia, ciência e acredite, até religião.

Agora, entenda que o ocultismo na música, faz exatamente isso! Cria uma fortaleza na mente do ser humano. Isso é uma EGRÉGORA! Naturalemente, qualquer pessoa presa espiritualmente em uma egréegora repudiará qualquer forma de contraposição as idéias ali. Essa revelação, nos mostra o poder da *"Palavra de Deus que é viva, eficaz e mais afiada que qualquer espada de dois gumes e ela, penetra a ponte de divider alma e epírito, juntas e medulas e é apta para julgar os pensamentos e as intenções do coração"*. Hebreus 4:12 (NVI)

Note, que no exemplo que usei, o ícone de uma marca estava impresso no seu subconsciente e continha mensagens que lhe dirigiram a um comportamento de aceite e repulsa uma vez o gatilho da lembrança de um símbolo, ativou o seu subconsciente.

No reino espiritual da música, a simbologia utilizada pelos artistas associados com as trevas (conscientes ou inconscientes) geram um sistema de pensamento coletivo na mente das pessoas. Os fãs inconscientemente sentem-se parte de algo que está diretamente associado a figura do artista e sua arte. Por isso, o artista precisa se tornar um ídolo e dessa forma, uma vez que esse artista apresenta um símbolo, aquela imagem é uma energia espiritual estará impressa na mente da pessoa assim como o conteúdo espiritual associado a esse símbolo. Por quê? Porque a pessoa recebeu aquele conteúdo e aprovou aquilo em ser armazenado na sua consciência e passou com isso a "compactuar" com a mensagem sendo impressa em seu subconciente.

Quando Jesus diz em Mateus 15:18-20 *"Mas o que sai da boca* ***vem do coração****, e é isso que contamina o homem. Porque do coração procedem maus desígnios, homicídios, adultérios, prostituição, furtos, falsos testemunhos, blasfêmias."*

Note a lista de coisas que procedem do coração do homem ditas por JESUS!!! Não foi dita por mim... mas por JESUS, e confronte esse versículo com as letras e o conteúdo dos 10 principais artistas contidas na playlist que você possui!

Se um desses temas ali existirem, sua mente está contaminada. São esses os temas a procurar: *"maus desígnios, homicídios, adultérios, prostituição, furtos, falsos testemunhos, blasfêmias."*

Pode observar que todos esses temas, sem exceção, são temas nas músicas atuais em diferentes estilos. Se houver um pequeno "E" ao lado do título de uma música, tenha certeza, é conteúdo que carrega em si elementos que ferem a Palavra de Deus.

Toda música que ferir um dos 10 Mandamentos, conduz você a pecar contra Deus. Veja por exemplo, a lista que Jesus nos deu!

Maus desígnios. No grego, esse termo significa debates e racionalizações que condenam e contradizem os princípios da Palavra de Deus perante a audiência, ou seja, qualquer música que difamar, distorcer e se opor a Palavra de DEUS em seu conteúdo, entra na lista.

Homicídios. Essa temática diz respeito apologia a crime de morte. Matar por amor, é crime. Apologia a isso em música, é pecado mesmo que seja coloquialismo regional. Com morte não se brinca. Devemos lembrar dos inúmeros casos de seriais killers que confessaram praticar tais atos hediondos sob influência de bandas que fazem apologia à ideia da morte ou o ambiente espiritual de morte. Isso sem contar a enormidade de músicas de hip-hop que fazem confissões diretas a crimes cometidos ou contam histórias de seriais killers em suas letras. O que será que isso infunde na mente humana? Não precisa ser muito inteligente para perceber. A Bíblia não se adapta a cultura do homem. A cultura do homem é redimida pela mensagem da Bíblia.

Adultério e prostituição caem dentro do mesmo balaio! A música sertaneja por exemplo, infelizmente descambou para contaminar o homem com suas letras com intensa apologia a sofrência fruto de adultério ou relacioamentos mau resolvidos. Da mesma forma, pagode e funk, nao são incomuns a fazerem extensa apologia a imoralidade sexual em suas letras sendo algumas delas descrições explícitas de uma relação sexual. Claro que aqui, discorro sobre exemplos na música brasileira, mas extrapole para âmbito mundial, e voce encontrará esse tema em diversas culturas musicais da terra.

Furtos. Não necessariamente você precisa cometer o ato de roubar, mas a cobiça em si é uma forma de roubo não consumado que acontece na sua mente. A pessoa possui o desejo de possuir algo que não lhe pertence. Onde isso acontece? Toda vez que um vídeo clip exibe a ostentação pura e simples. Músicas que falam de ostentação levam sua audiência a desejar possuir o que está sendo mostrado. Na sua imensa maioria, regado a mulheres seminuas, muita bebida, festas, orgias e drogas.

Está escrito e não é atoa: "*Não ameis o mundo nem o que nele existe. Se alguém ama o mundo, o amor do Pai não está nele. Pois tudo o que há no mundo: as paixões da carne, a cobiça dos olhos e a ostentação dos bens* ***não provém do Pai****, mas do mundo.*" 1 João 2:15-16.

Falso Testemunho, diz respeito a mentira e a perpetuação de falsas verdades e princípios. Existem letras de músicas que intencionam lançar meias verdades na mente das pessoas que as condicionam a acreditar que tal perspectiva pode ou não pode ser reprovável. A relativização de uma verdade também é mentira. E por falar nisso, está aqui o principal ingrediente para formar a mentalidade do *"não é bem assim"* que muitos Cristãos usam para defender prontamente o seu artista predileto e assim se justificarem a ouvir tais músicas. Muitos deles frequentam a igreja e são sérios com relação a Deus, mas a esses convido apenas ponderar se tais músicas/artistas/bandas estarão em seus playlists no dia de Apocalipse 21:27. Aliás, essa é a mesma mentalidade proposta a Eva no Éden! Relativizar a Palavra de Deus...

Blasfêmias. Nao são poucas as bandas de rock, principalmente trash metal, death metal e extreme metal que escrevem suas letras para serem uma direta blasfêmia contra Deus e contra a igreja. Embora muitas delas possam tentar dizer o contrário, as capas, as letras e o visual, falam por si. O que dizer da podridão de Lil Nas X?

O BLASFEMO LIL NAS X

Quando a letra de uma música e seu conteúdo imagético repleto de simbologia das trevas é repetida por você ou mesmo o simples cantarolar, está estabelecido uma troca de energia e, a essa troca de energia, constrói-se a EGRÉGORA na mente da pessoa. Isso é Jurisdição Espiritual em música, fato que falei em meu canal de Youtube.

JURISDIÇÃO ESPIRITUAL

Era isso o que Jimmy Page do Led Zeppelin fazia espiritualmente ao usar os símbolos nas roupas, e entoar as músicas na platéia que foram inspiradas dentro da Egrégora que ele pertencia (e ainda pertence). Milhões de fãs respondendo ao conteúdo espiritual das músicas apenas potencializavam o poder energético dos símbolos e da música e sedimentavam (e ainda sedimenta) na mente dos fãs idéias, pensamentos e formas de ver o mundo que em nada se alinham com a Palavra de Deus. Por isso, um show de música se torna um culto! Experimente argumentar isso com um fã? Experimente explicar que isso é uma simbologia diabólica que a única coisa que faz é cauterizar a mente da pessoa a não receber, não aceitar ou não desejar inclusive largar aquilo por Jesus. Note que em nenhum momento questiono a qualidade da música e não se trata de gosto! Muito pelo contrário! A excelência da música é um grandíssimo trunfo para desviar a atenção do ouvinte quanto a realidade espiritual por detrás da obra.

Cada estilo músical e suas principais bandas representando tais estilos, são formadoras de uma Egrégora. Simples e complexo ao mesmo tempo.

Porque será que rodas de samba e pagode são sempre repletas de bebida alcoólica? Porque as entidades espirituais que controlam essa Egrégora, demandam plantar na mente de seus ouvintes o consumo do álcool! É uma grande incoerência propagandas de TV que estimulam você a não dirigir alcoolizado, mas não existe nenhum controle nos maciços shows sertanejos que vendem ácool inescrupulosamente! October Fest, Festas de Peão, Carnaval...

Pergunte a opinião disso para as famílias que perderam familiares em acidentes onde o consumo em excesso de álcool foi um fator decisivo ou, aquelas famílias com histórico de entes queridos cativos no alcoolismo extremo. Pergunte as famílias cujos casamentos foram destruídos pelo adultério etc!

Por essa razão, torna-se ainda mais valiosa a orientação do Apóstolo Paulo em 2 Coríntios 10:5 "*Destruímos todas as opiniões arrogantes que impedem as pessoas de conhecer a Deus. Levamos cativo todo pensamento rebelde e o ensinamos a obedecer a Cristo."*

Aos olhos do mundo, esse versículo é uma afronta ao seu direito de exercer a sua livre escolha de como conduzir a sua vida, certo? Aos olhos de Deus, esse é o principal antídoto contra as artimanhas de Satanás que afagam a mente humana com o seu veneno mortal. Quantos versículos a Bíblia nos orienta a pensar nas "coisas de cima", focar nossa mente nas coisas de Deus...de nos abster das coisas do mundo. Paulo não estava brincando ao ordenar *"não vos conformeis com esse mundo, mas transformai-vos pela renovação da vossa mente" Romanos 12:1-2!* Atoa? Coincidência?

Porque será que a música é um dos PRINCIPAIS conduintes para contribuir com o distanciamento do homem a Deus?? Porque o príncipe desse mundo, o diabo, que governa a música desse mundo, conhece todos os princípios aplicados e aplicáveis ao controle da mente humana.

A editora dos Illuminati publicou uma série de livros no formato de uma carta aberta para grandes artistas da música mundial como Justin Bieber, Chris Brown, Drake, Jay-Z, Beyonce, Miley Cyrus, Queen Latifah, Kanye West e outros, que fizeram alusões direta aos illuminati em letras de suas músicas.

Muito embora esses livros sejam uma forma de exercer uma educada repreensão pública contra esses artistas, há quem aponte para o fato de que eles acabam levantando uma bandeira vermelha a nominalmente expor quem são seus "missionários". Esses livros dos quais um deles eu possuo, exibe uma resposta pública de agradecimento por esses artistas exporem os Illuminati entretanto, no fundo, esses livros acabam se tornando uma maneira deles atraírem os fãs desses artistas e de forma muito sagáz, conclamam esses jovens leitores a conhecerem sua doutrina de maneira mais profunda.

Através desses livros, os jovens são seduzidos a entender que os illuminatti não estejam ligados as trevas, e ao contrário, o nome, denota...o caminho da Luz. Os esforços de seus representantes é tamanho que os próprios artistas escrevem para tentar dissuadir o público a não cair no conto da "Teoria da Conspiração" contra os Illuminati.

Isso é absolutamente patético e apenas evidência quem é quem no jogo da fama. Você acha que eu estou exagerando? Então, vá no Google, pesquise a letra da música da Madonna entitulada: illuminati. Copie a letra, e cole no tradutor gratuito do Google e leia a letra no seu idioma!

O único problema disso tudo é que jamais é explicado que em 2 Coríntios 11:14 está escrito que "*E não é de admirar, porque o próprio Satanás se transforma em anjo de luz.*" Isso significa que ele tem poder de dissuadir a pessoa a crer que a luz que ele porta, é proveniente do próprio Deus, mas terrível engano de quem acredita nessa mentira.

Um dos melhores livros que jamais li sobre o descortinamento do illuminati na música foi escrito por Isaac Weishaupt sob o título The Dark Path. A capa é horrível, mas o conteúdo, uma jóia preciosa que revela tesouros profundos para quem quer conhecer mais de perto o assunto. Muito antes de eu tentar balbuciar qualquer frase desse livro, Isaac ja mapeava quem é quem nesse jogo e como são as regras! O interessante é que como autor, eu pesquisei muito sobre esse tema, li muito livro sem nexo, mas o Isaac abordou o aspecto que particularmente eu sempre achei extremamente contundente: a guerra para conquista da mente do ser humano.

E nesse campo, a linguagem subconsciente dos símbolos do illuminati tem um importante papel para agregar um conteúdo de manipulação e domínio a mente da massa consumidora de seus missionários-cantantes.

Desde o Éden como lemos em Gênesis 3:4-5, o plano do

diabo é destruir a imagem de Deus na mente humana e fazer do homem um ídolo de si mesmo possibilitando esse homem torne um deus autosuficiente. Jamais darei crédito para o inferno de um poder ilimitado que eles apregoam ter e não tem. Talvez seja por essa razão que o próprio Criador fez questão de nos revelar no perigo que existe na mentalidade emu ma unidade demoníaca na mente do homem!

Eis que o povo é um, e todos têm a mesma linguagem. Isto é apenas o começo; agora não haverá restrição para tudo que intentam fazer. Gênesis 11:6

O império das trevas milita para construir a "mesma linguagem" pois sabem que existe um poder enorme contra o Reino de Deus e o avanço da malignidade sobre a terra. Por isso a música, é tao importante no contexto mundial do fim dos tempos. Existe TOTAL COMPREENSÃO por detrás de atitudes intencionais da indústria da música e quem está aliançado com as trevas SABE o que está fazendo. Não existe zona desmilitarizada no Reino Espiritual. Não existe neutralidade e muito menos imunidade. O diabo é legalista e não respeita a ingenuidade das pessoas. Louco é aquele que se acha imune porque não entende a língua de uma música internacional e pior ainda, despreza o fato de que música é uma experiência espiritual. É ingenuidade defender a idéia de que você "curte só o instrumental" de uma música e não se importa com a letra e muito menos o aspecto espiritual que nela existe!! Isso é o mesmo que dizer, "bebo refrigerante, só pelo sabor ...o açúcar ali presente não afeta em nada minha saúde!"

Esse tema é extremamente extenso e seria necessário um livro inteiro para cobrir esse tema. Aqui, compartilhei o que julgo ser o básico para qualquer pessoa que quiser discernir a fonte daquilo que ouve, e ser capaz de perceber as astutas ciladas do diabo sobre sua vida.

É absolutamente inevitável a pergunta "e agora, ouço o que?" Exato! Esse foi o meu maior dilema que eu me deparei. A única resposta plausível que encontrei, li em Mateus 16:24-26.

"Se alguém deseja seguir-me, ***negue-se a si mesmo****, tome a sua cruz e me acompanhe. Porquanto quem quiser salvar a sua vida, a perderá, mas quem perder a sua vida por minha causa, encontrará a verdadeira vida. Pois que lucro terá uma pessoa se ganhar o mundo inteiro, mas perder a sua alma? Ou, o que poderá dar o ser humano em troca da sua alma"* (KJA)

Aliás, o versículo 26, foi dito publicamente por Daddy Yankee em Dezembro de 2023 diante de 18,000 pessoas no que foi supostamente o seu último concerto negando o mundo e declarando um seguidor de Jesus! Deixemos que o fruto de sua vida fale por si.

No que diz respeito a essa pergunta de Jesus, *Pois que lucro terá uma pessoa se ganhar o mundo inteiro, mas perder a sua alma?*

O Illuminati, não tem resposta.

A Bíblia tem a resposta: Não há nenhum lucro! O destino é o lago de fogo, longe de Deus. Tô for a disso… e você?

Capítulo 15

E agora, ouço o que? Respostas às perguntas frequentes.

Possivelmente esse parágrafo de abertura desse capítulo devesse estar na introdução do livro, mas achei que seria interessante você ponderar tudo o que escrevi até aqui e antes de terminar, deixar que o Espírito de Deus trabalhe em seu coração.

Digo isso porque um grande amigo que amo muito, em uma de nossas conversas durante o processo de escrever esse livro amorosamente me abordou perguntando "o que você está se propondo resolver nesse livro?"

Minha reposta foi uma palavra apenas: nada. Eu não me sinto no direito de me colocar no papel de resolver absolutamente NADA. A razão disso é bastante simples: eu não posso e não irei me assentar em uma cadeira que pertence a Deus. Julgar você pelo que você ouve e as consequências espirituais disso não cabe a mim, mas a Deus. A mim cabe alertar e convidar você a ponderar se biblicamente aquilo que você ouve está em acordo ou desacordo com a perspectiva do Senhor e esse sim, é o objetivo final desse livro.

Diversas passagens da Bíblia nos alertam a não julgar o ser humano, mas sim julgar e condenar as obras das trevas como por exemplo: *"E não vos associeis às obras infrutíferas das trevas; pelo contrário, condenai-as; pois é vergonhoso até mesmo mencionar as coisas que fazem às escondidas."* Efésios 5:11-12 *(KJA)*

Desconfio que alguns curiosos vão pular todo o livro e ler somente esse capítulo! Se essa é a sua intenção ao fazer isso, tenha absoluta certeza de que você terá uma perspectiva bastante superficial do assunto e se privará de conhecer alguns aspectos que talvez lhe sejam desconhecidos.

Honestamente eu me sinto desencorajado e de certa forma envergonhado toda vez que me deparo com vídeos sobre espiritualidade em música sem qualquer embasamento bíblico ou, mas apenas se valendo de experiências pessoais. E é claro que aqui me refiro a vídeos daqueles que professam a fé Cristã!

Se você leu esse livro e chegou até aqui, tenho certeza de que você, leitor, entende que a minha perspectiva está sedimentada em ambos: Bíblia e experiência pessoal.

A série SATANISMO NA MÚSICA em meu canal do YouTube me mostrou claramente três tipos de comportamentos distintos em relação à música. Existem aqueles que concordam com as perspectivas que apresento mesmo que por vezes existam sinceras e honestas ressalvas e nesse grupo, existem aqueles que são surpreendidos com o tema! Também, há os que discordam e nesse grupo, existem diversas ramificações, tais como os que zombam, desprezam, xingam, ignoram, rebatem e/ou todos esses aspectos juntos. Na verdade, eu vejo isso como algo absolutamente normal e de certa forma, esperado e desejável, uma vez que vejo essa série como um instrumento de evangelismo e despertar espiritual.

Existem aqueles que mesmo se intitulando cristãos, rebatem duramente em defesa de seus artistas, por vezes, desrespeitosamente. Para esse grupo, recomendo meditar em Isaías 5:20 - *"Ai dos que ao mal chamam bem, e ao bem mal; que fazem das trevas luz, e da luz trevas; e fazem do amargo doce, e do doce amargo!"*

Mas um aspecto que é absolutamente comum a todos eles, a famosa pergunta que todos fazem a si mesmo (e a mim) "e agora, ouço o que?" e ainda, "como me proteger espiritualmente se eu não falo o idioma da letra da música que eu ouço?"

Não é possível responder essas e outras perguntas sem apresentar princípios bíblicos a você. A razão é simples, a Bíblia é a base e o alicerce para nossas vidas e a fonte que eu tenho usado para responder as minhas próprias dúvidas ao longo de mais de 35 anos que estudo esse assunto.

A Bíblia nos ensina que: *"Todas as coisas me são lícitas, mas nem todas as coisas convêm. Todas as coisas me são lícitas; mas eu não me deixarei dominar por nenhuma delas." 1 Coríntios 6:12* (PJFA)

Capítulo 15: E agora, ouço o que? Respostas às perguntas frequentes.

"Todas as coisas me são lícitas, mas nem todas as coisas convêm; todas as coisas me são lícitas, mas nem todas as coisas edificam." 1 Coríntios 10:23 (ARC)

Segundo a Bíblia, se aplicarmos esses versículos à prática de ouvir música, aquilo que você ouve, jamais deve te "dominar" e obrigatoriamente, deve edificar sua vida. Domínio nesse contexto é sinônimo de escravidão e se o desejo de ouvir uma música, ou banda, ou ritmo, ou estilo te domina a tal ponto que você não consegue parar, é um claro sinal de que isso tomou o lugar de Deus em seu coração.

O seu tempo dedicado á música versus o tempo dedicado a Deus lhe diz quem tem a preeminência em seu coração! Se você conhece mais sobre seus músicos prediletos, compositores e/ou bandas do que você conhece Jesus e as Escrituras Sagradas, lamento lhe informar, mas Deus não ocupa o primeiro lugar em sua vida e existe uma grande chance de que o ato de ouvir música, dominou o seu coração de tal forma que e o local de maior honra ali se chama "música". Esse é o alerta de Paulo a nós nesses dois versículos! Cuidado! Atenção no tempo gasto em ouvir música.

Edificar, significa "construir", mas "construir" o que? Jesus nos respondeu *isso "Todo aquele, pois, que escuta estas minhas palavras, e as pratica assemelhá-lo-ei ao homem prudente, que edificou a sua casa sobre a rocha; E desceu a chuva, e correram* *rios, e assopraram ventos, e combateram aquela casa, e não caiu, porque estava edificada sobre a rocha." Mateus 7:24-25 (*ARC)

Casa é o local onde se vive, onde as relações mais íntimas do que chamamos de família acontecem, por isso Jesus quis dizer que nesse contexto, a Palavra casa aqui significa sua vida! O interessante é que nesse trecho Jesus nos ensina que o crescer no conhecimento de Cristo e praticar a Palavra de Deus é sinônimo de "edificar", ou seja, construir a nossa vida OUVINDO e colocando em PRÁTICA as palavras dele, Jesus.

Ouvir qualquer música proveniente de uma fonte (leia-me artista e/ou compositor) que contradiz a todo ou parcialmente qualquer princípio de que Jesus nos ensina, significa que você está emprestando o seu ouvido àquilo que não te edifica. O oposto de edificar é destruir. Qualquer coisa que você ouve que não te edifice sob a ótica bíblica, te destrói. Isso não é "achismo" meu, mas se trata de um Princípio Bíblico inegociável.

Outro importantíssimo versículo para te orientar é Romanos 8:5-7

Quem vive segundo a carne tem a mente voltada para o que a carne deseja; mas quem vive de acordo com o Espírito tem a mente voltada para o que o Espírito deseja. A mentalidade da carne é morte, mas a mentalidade do Espírito é vida e paz; a mentalidade da carne é inimiga de Deus porque não se submete à Lei de Deus, nem pode fazê-lo. (NVI)

O diabo trabalha na mente humana para cegá-la de enxergar a Glória de Deus! Procurei deixar isso mais do que claro ao longo desse livro, mas de qualquer maneira, novamente lhe afirmo as palavras do Apóstolo Paulo em 2 Coríntios 4:4.

Quantos artistas que a mídia de manipulação de massa posiciona como "formadores de opinião", exercem uma tremenda influência sobre a sua audiência? Nesse versículo de Romanos 8:5-7, Paulo nos alerta de que uma mente guiada pela carne desenvolverá uma mentalidade que será insubmissa à Lei de Deus que é a sua Palavra, e por essa razão, esse tipo de mentalidade é inimiga de Deus. Todo e qualquer artista que com sua música infundir na sua mente conceitos que relativizem ou, que sejam contrários à Palavra de Deus, inequivocamente é um veneno espiritual na sua vida. Isso é o que a Bíblia nos ensina a despeito da sua e da minha opinião! Concorde você ou não.

Eu propositalmente deixei de ouvir muitos artistas que admirava profundamente, porque com o tempo, me descobri minimizando conceitos e comportamentos que as Escrituras condenam. Isso foi penoso no início principalmente porque alguns desses artistas são tremendos compositores os quais sempre admirei, mas essa escolha pessoal de deixar de ouví-los foi na verdade, uma decisão consciente de aplicar 2 Coríntios 10:5 que nos ensina a "destruir" argumentos contra tudo aquilo que se levanta contra a possibilidade de eu conhecer quem Deus é. Isso é negar-se a si mesmo.

Essa decisão de parar de ouvir o que você sabe que deve parar de ouvir, é parte do processo de levar a mente cativa à obediência de Cristo (2 Co 10:5). Isso é uma demonstração do seu amor a Deus. Sabe por quê? Porque isso é agradável aos olhos de Deus e tudo o que você faz que agrada a Deus é uma atitude que demonstra o seu amor a Ele, comprovando assim que você se importa com aquilo que é importante para Ele.

Lemos isso em Romanos 12:1 *"Portanto, caros irmãos, rogo-vos pelas misericórdias de Deus, que apresenteis o vosso corpo como um sacrifício vivo, santo e agradável a Deus, que é o vosso culto racional."* No Antigo Testamento, o termo "Sacrifício" significava uma "oferta substitutiva de aproximação e acesso ao Criador", então Deus instituiu que por causa do pecado, um animal morreria em substituição ao homem para perdão do seu pecado. Essa era uma "oferta de substituição de aproximação e acesso" à presença de Deus. Havia um sacrifício que demandava morte. No Novo Testamento, Jesus se torna a "oferta de substituição de aproximação e acesso" que foi oferecida por Deus a nós. Nenhum animal precisa morrer mais! Agora, a morte de Jesus, nos trouxe a vida! Entretanto aqui em Romanos 12:1, Paulo fala que devemos nos apresentar como sacrifício vivo… e isso significa a nossa DECISÃO de fazer morrer a nossa natureza terrena que corre para o pecado todos os dias.

"Fazei, pois, morrer a vossa natureza terrena: prostituição, impureza, paixão lasciva, desejo malígno e a avareza, que é idolatria; por estas coisas é que vem a ira de Deus [sobre os filhos da desobediência]. Ora, nessas mesmas coisas andastes vós também, noutro tempo, quando vivíeis nelas. Agora, porém, despojai-vos, igualmente, de tudo isto: ira, indignação, maldade, maledicência, linguagem obscena do vosso falar. Não mintais uns aos outros, uma vez que vos despistes do velho homem com os seus feitos e vos revestistes do novo homem que se refaz para o pleno conhecimento, segundo a imagem daquele que o criou; no qual não pode haver grego nem judeu, circuncisão nem incircuncisão, bárbaro, cita, escravo, livre; porém Cristo é tudo em todos." Colossenses 3:5-11. (ARA)

O culto racional é isso! É fazer com sua vida, o que de fato, agrada a Deus. Quão fantástico é ter a certeza de que a nossa vida é uma música que agrada a Deus, que somos poema vivos de Sua Criação!

O seu corpo é o local da habitação de Deus e o que você ouve, é uma porta de entrada para o mundo espiritual. Ou você recebe Deus ou você recebe o mundo. Não há meio termo.

Jesus disse em Apocalipse 3:20 *"Eis que estou à porta e*

bato: se alguém ouvir a minha voz e abrir a porta, entrarei em sua casa e cearei com ele, e ele comigo!" (ARA)

Note bem! O OUVIR abre uma porta para o mundo espiritual que entra na sua vida. Ou você abre a porta para Jesus ou você abre a porta para satanás.

Existe uma porta que DEUS abre para o ser humano e a Bíblia diz que é uma porta estreita.

Entrai pela porta estreita, pois larga é a porta e amplo o caminho que leva à perdição, e muitos são os que entram por esse caminho. Porque estreita é a porta e difícil o caminho que conduz à vida, apenas uns poucos encontram esse caminho! Mateus 7:13-14 (ARA)

Porta estreita é um sinônimo de que a vida com Cristo muitas vezes será uma vida de renúncias. Renúncia aos deleites desse mundo que está destinado a chegar a um fim. Ele advertiu, é um caminho difícil, mas no final conduz à vida! Conduz à vida eterna.

Se você deseja, sonha, almeja um dia a entrar nos portões da Nova Jerusalém, questione se a sua playlist é condizente com o que acontece depois daqueles portões! Se você desconhece o que ali haverá, permita que a própria Bíblia lhe mostre:

Apocalipse 21:27 Nela jamais entrará qualquer coisa impura, tampouco, alguém que pratique ações vergonhosas ou mentirosas, mas unicamente aqueles cujos nomes estão gravados no Livro da Vida do Cordeiro!

"Qualquer coisa impura" também fala de música que aos olhos de Deus seja impura. Não interessa a sua ou a minha opinião quanto a sacralidade ou impureza de uma música! Essa peneira será feita por Deus e não por você ou por mim.

Nessa cidade, somente entrarão aqueles cujos nomes estão gravados no Livro da Vida. A Bíblia faz uma clara explicação de que para existir tal registro nesse Livro, a pessoa deve ter lavado suas vestes no Sangue do Cordeiro.

Bem-aventurados todos os que lavam as suas roupas no sangue do Cordeiro, e assim ganham o direito à árvore da vida, e podem adentrar na Cidade através de seus portais. Apocalipse 22:14.

O que significa isso? Lavar a roupa suja segundo a Bíblia, significa extinguir o pecado de sua vida. Pode parecer meio estranho o uso de sangue!! Mergulhe qualquer roupa em uma bacia com sangue e essa roupa estará ainda suja, certo? Certo, porém, o sangue a que a Bíblia se refere, é o sangue de Jesus, morto numa horrenda cruz para lavar, extinguir, purificar a vida daqueles que recebem o seu perdão. Lavar a roupa no sangue de Jesus é sinônimo de ser perdoado, restaurado à condição de paz com Deus. Nenhum outro método espiritual é capaz de realizar isso.

Capítulo 15: E agora, ouço o que? Respostas às perguntas frequentes.

Se confessarmos os nossos pecados, Ele é fiel e justo para nos perdoar todos os pecados e nos purificar de qualquer injustiça. Se afirmarmos que não temos cometido pecado, nós o fazemos mentiroso, e sua Palavra não está em nós. 1 João 1:9-10.

Só assim, o nome de alguém é escrito no Livro da Vida. Uma vez esse nome ali, a entrada será permitida. Por essa razão, quando lemos o termo "qualquer coisa impura" não entrará na Nova Jerusalém, devemos entender que a referida "impureza" se trata de "impureza espiritual e moral" aos olhos de Deus e Sua Palavra. Ele é quem definiu o que é puro ou impuro. Lembre-se sempre de Moisés mergulhado nas densas nuvens da Presença de Deus que teve a revelação da corrupção espiritual do povo cantando e dançando para o bezerro de Ouro. Josué estava "perto" da Presença, mas não mergulhado nela, por isso não pôde discernir o que acontecia no arraial! Leia Êxodo 32.

Lamento informar que suas convicções pessoais nesse momento não importam e sequer são levadas em consideração pelo Senhor.

Capítulo 15: E agora, ouço o que? Respostas às perguntas frequentes.

PERGUNTAS NO YOUTUBE

Reproduzo a seguir algumas perguntas feitas em meu canal do ***YouTube.com/MarcioTeixeira*** que são genuinamente sensatas e entendi que talvez pudessem ser comuns ao leitor desse livro.

Como me proteger da tal influência da música se não conheço a letra ou o idioma? Música russa por exemplo?

Atmosfera espiritual em música é semelhante à Lei da Gravidade. Embora você não a veja, embora você talvez não entenda a origem ou até mesmo, você nem acredita que ela exista, é fato de que em qualquer lugar do planeta terra em que você se encontrar, você estará sujeito a ela.

Não seja ingênuo de pensar que você está ileso à atmosfera espiritual de uma música só porque você não conhece o idioma do que você ouve ou mesmo, que você não acredite que isso exista. Pense comigo! Você tomaria um gole de um líquido contido em uma garrafa com um rótulo que você não consegue ler? A aparência da garrafa pode lhe conotar que aquele líquido seja um maravilhoso vinho daquele lugar, mas suponha que você traduza o seu rótulo e descubra que os seus ingredientes na verdade, lhe revelam que aquela garrafa é um poderoso veneno! Você ainda assim tomaria um gole daquela garrafa? Claro que não! Música é igual, porém, no mundo espiritual!

O diabo é legalista e não está nem um pouco interessado no

seu bem-estar, pelo menos, a longo prazo (leia-me vida após a morte no inferno).

Adendo exclusivo para o leitor aqui: certa vez, conheci um missionário que estava em um país asiático e ele não falava a língua daquele país. O cristianismo ali era não só minoria na população, mas fortemente combatido e perseguido. Em uma de suas visitas a templos de religião daquele lugar para conhecer a tradição, ele subiu em um alto monte para avistar toda a cidade. Ali havia um enorme templo com dezenas de camelôs vendendo produtos relacionados com a fé daquela religião predominante. Um desses camelôs vendia CDs de um determinado artista local e tocava uma música com um ritmo aparentemente simples, mas uma melodia absurdamente atraente, cativante e gostosa aos ouvidos. Ele não entendia absolutamente nada do que era cantado por causa da língua nativa daquele país. Ele contou que aquela música foi gradualmente entrando em sua mente e aquilo o agradava. Aquela música envolvia sua mente como uma serpente envolve uma presa antes de estrangular e matar! E no meio daquela atmosfera de encantamento musical, ele ouviu a voz do Espírito Santo: *"Cuidado, essa música é um chamado espiritual para a casta de demônio que cuida do templo nessa montanha onde você está agora!"* Imediatamente ele sentiu fortes espasmos no seu estômago e deixou aquele lugar. Mas aquela música ainda permanecia em sua mente até que depois de orar, aquilo se "dissipou" e sumiu de sua lembrança. Os espasmos cessaram instantaneamente.

Essa é uma história real pois eu conheço essa pessoa de perto e sei sua trajetória de vida com Deus. Entretanto, isso significa que toda música de outros países terá esse mesmo propósito? Jamais posso afirmar isso! Porém posso afirmar que o Espírito Santo de Deus alertará aqueles que se dispuserem a ouvi-lo e serem obedientes à sua voz!

A Bíblia diz que somos selados pelo Espírito Santo de Deus (Efésios 1:13-14) e que somos guiados por Ele a toda verdade (João 16:13). Se o Espírito de Deus nos guia a toda verdade, o diabo que é o Pai da Mentira, faz absolutamente o contrário, guia pelo caminho da mentira! Então é você quem escolhe qual caminho seguir e a qual "voz" você dará ouvidos e qual música embalará a sua alma.

O Espírito Santo trabalha como um escudo de alerta em ambientes de música que você desconhece a procedência e origem! Cabe a você tomar a sua dose diária do Espírito Santo que se chama: leitura da Palavra, oração e comunhão com Deus! Tenha absoluta certeza de que Deus fará a parte dele no contexto por amor a você! A pergunta certa a se fazer é: "você está sensível e disposto a ouvir a voz do Espírito Santo e pronto para obedecer a sua voz?"

Posso continuar a ouvir as músicas de que gosto?

Esse livro é a minha contribuição para te ajudar nessa resposta. Se você o leu e Deus lhe dá paz para continuar a ouvir o que você ouve, quem sou eu para dizer o oposto? Porém, lembre-se de que um dia, Ele nos trará à lembrança as consequências de nossas escolhas e como isso impactou o crescimento (ou não) do Seu Reino nesse mundo bem como o seu galardão eterno.

Então, ouvir música do mundo é do diabo, e por tanto, pertenço ao diabo e meu destino é o inferno?

Não. A Bíblia não diz isso. A Bíblia nos ensina que *"Porque pela graça sois salvos, por meio da fé; e isso não vem de vós; é dom de Deus. Não vem das obras, para que ninguém se glorie."* Efésios 2:8-9.

Ou seja, NADA do que você faz ou deixa de fazer te leva para o céu ou para o inferno, do contrário haveria poder de salvação e condenação nas obras que você faz ou deixa de fazer. O que te leva para o céu é confessar Cristo como seu Senhor e Salvador, supremo Deus em sua vida e o único que pode perdoar pecados. Da mesma forma, negar conscientemente a Cristo, é o que leva o ser humano para o inferno. No inferno, haverá música sim pois para lá é que a música de Lúcifer foi enviada! Segundo a Bíblia, nesse local também haverá outros sons que são o som do choro de arrependimento e o ranger de dentes que fala sobre o medo durante o tormento eterno.

E os artistas Gospel que enriquecem? E as músicas que são antibíblicas?

A Bíblia diz em 1 Pedro 4:17 que o julgamento começa pela casa de Deus. A mesma Bíblia nos ensina claramente que o primeiro a ser expulso do céu foi um grande músico que fazia comércio na Presença de Deus (Ezequiel 28, Isaías 14). Então, isso já nos concede uma boa perspectiva do que será o juízo???? Aqueles que usurparam e corromperam o altar onde "ministravam" ao povo em nome de Deus, prestarão contas de suas atitudes e decisões.

Quanto às músicas antibíblicas, Deus também trará seus compositores e cantores a juízo. Mas, como discernir? Simples, o estudo da Palavra e a comunhão com Deus, te levarão a discernir o joio do trigo. Aprofundar-se no conhecimento de Deus lhe permitirá discernir o lixo do luxo. Luxo é fechar os olhos na Presença de Deus e ouvir a Ministração do Espírito Santo através de uma música que te levará a lavar a sua alma... Lixo é você se encher da música antropocêntrica (onde homem é o centro) que encherá você de tudo aquilo pelo qual Jesus morreu: o pecado humano. Ou seja, quanto mais do homem em você, menos de Deus...entende?

Capítulo 15: E agora, ouço o que? Respostas às perguntas frequentes.

Eu não acredito em Deus e nem no diabo. Por isso, essa coisa de música satânica é uma grande baboseira de crente!

Esse é um discurso genuíno comum de um ateu!

De onde vem a perspectiva do que é certo ou errado? De onde vem a perspectiva de que "música satânica" é um "mal" que vem de conjecturas infundadas de quem crê em Deus. Certamente a habilidade do homem de discernir o certo do errado tem que estar fundamentada em algo ou alguém. Por que por exemplo, um ateu não mata alguém? Porque talvez matar seja errado! Mas... de onde vem essa convicção? Vem de Deus que colocou isso no ser humano.

Por exemplo, entendo que um ateu ético e moral, abomine a idéia de jamais trair o seu cônjuge porque sua moral, assim não o permite. Mas, de onde vem essa moral e ética? Vem de Deus que colocou isso no ser humano.

Essa talvez seja uma das oposições mais comuns e mais difíceis de serem respondidas porque você escolhe se fechar para Deus! Mas o ateísmo termina no instante seguinte em que o avião dá uma pane e começa a cair! O piloto avisa, "orem a Deus, o fim chegou".

Os alicerces do ateísmo são violentamente balançados na sala do médico com o diagnóstico de uma doença incurável e com o relógio contando rapidamente para o fim! A razão é que o ateísmo não responderá jamais o outro lado do fim! Nem a ética, nem a moral, nem as boas obras e o sincero bom coração.

Existem aqueles que genuinamente rejeitam a idéia da existência de Deus e diabo e por isso não aceitam a perspectiva espiritual em música e tem aqueles cheios de arrogância que destilam sua raiva ao dizer tais palavras como essa pessoa que escreveu essa afirmação.

Para ambos, sempre respondo: Deus não se explica, se experimenta.

"*Tudo fez Deus formoso no seu devido tempo; também pôs a eternidade no coração do homem, sem que este possa descobrir as obras que Deus fez desde o princípio até ao fim.*" Eclesiastes 3:11

O homem jamais descobrirá Deus em sua busca. Deus é quem se revela ao homem se esse, de inteireza de coração, por ele procurar. Esse princípio é anterior a você entender o mundo espiritual em música.

Todo e qualquer ateu pode passar a sua vida inteira negando e vorazmente advogando o fato de que Deus não existe, até o instante seguinte a sua morte.

Hebreus 9:27 "*E, assim como aos homens está ordenado morrerem uma só vez, vindo, depois disto, o juízo.*"

A Bíblia nos ensina o quão perigoso é entrar nesse tribunal sem Cristo.

Capítulo 15: E agora, ouço o que? Respostas às perguntas frequentes.

Salmo 14:1 "Diz o insensato no seu coração: Não há Deus."

Etimologia (origem da palavra insensato). A palavra insensato deriva do latim "insensatus", que significa irracional. Entretanto o termo em hebraico no original é tolo, que o dicionário define como alguém desprovido de inteligência, de instrução e conhecimento; ignorante.

Às vezes eu tenho a inclinação de discordar dessa definição do dicionário, dado ao profundo conhecimento intelectual que percebo em muitos ateus. Muitos são profundamente estudados com um altíssimo grau de intelectualidade, mas dado às Palavras do próprio Deus, a mesma intelectualidade que os alicerça, será o principal argumento injustificável contra ele no tribunal celeste após a morte.

A música que eu ouço é de um músico ou banda altamente intelectualizado e político! Só gosto do som...então não tem problema!

Gosto de entrar no mar, mas não sou impactado pelas ondas e muito menos, meu corpo fica impregnado com sal, só gosto da temperature da água! Tal afirmação é absurda pois qualquer ser humano que entra no mar é exposto a todos esses elementos. Essa afirmação é a mesma coisa que dizer que "não tem problema" ... mesmo porque de fato, essa pergunta no fundo quer dizer, "não existe influência espiritual pela forma que aprecio música e pelo conteúdo da letra dessa banda (que aliás, essa pessoa omitiu!)." Isso é um grande engano pois certamente essa pessoa está mergulhada em uma atmosfera espiritual. A natureza da pergunta se esquiva da verdade das Escrituras o que denota uma mente não submissa à obediência de Cristo. Simples assim.

Como me liberto das músicas que eu ouço?

O processo de libertação está explícito em Salmo 40:2-3.

"Tirou-me de um poço de perdição, de um tremedal de lama; colocou-me os pés sobre uma rocha e me firmou os passos. E me pôs nos lábios um novo cântico, um hino de louvor ao nosso Deus; muitos verão essas coisas, temerão e confiarão no SENHOR." (ARA)

O primeiro passo é entender o local espiritual onde você se encontra: um poço de perdição, um lamaçal. A imundícia da música desse mundo aliado à cegueira de satanás, ali acorrentou a sua mente e possivelmente, lhe condicionou a comportamentos ilícitos aos olhos de Deus.

Reconhecido esse estado, o próximo passo é entregar sua vida a Jesus que ele mesmo nos ensinou que significa *"nascer de novo"*. Sem isso, não há libertação. Jesus pelo Seu imenso amor e graça, nos remove do lamaçal em que nos encontramos. Então, Colossenses 1:13-14 acontece na nossa vida *"Ele nos tirou da*

potestade das trevas e nos transportou para o Reino do Filho do seu amor, em quem temos a redenção pelo seu sangue, a saber, a remissão (perdão) dos pecados". (ARC)

Se você realmente deseja ser liberto (a), o próximo passo é o mais difícil deles pois é imperativo trabalhar em um processo de abstinência musical da alma. Isso mesmo! PARE de ouvir. Você precisa desacostumar sua alma do prazer do som que você curtia! Lembra do ciclo de prazer causado pela dopamina em seu cérebro? Você precisa treinar o seu cerebro que o prazer que nele acontecerá a partir de agora, nao mais virá da música e sim, da meditação na Lei do Senhor de dia e de noite...como nos ensina o Salmo 1:2 e beba da água que vem do trono do Senhor.

Essa é a parte mais difícil do processo porque aqui, você descobre o quão aprisionada sua mente estava e quão dependente seu corpo é - música afeta o corpo. Aqui você se depara com a realidade de quão profundas são as cadeias espirituais da alma de onde Jesus te tirou (ou deseja tirar caso você não seja ainda liberto)!

Depois, é preciso você fazer uma escolha consciente do que você quer fazer com as músicas que te prendiam. A música que acorrenta a mente de uma pessoa é o seu elo com o mundo espiritual. Quebrar esse elo seria semelhante a pegar os seus discos de vinil ou CDs e destruir um a um. Outros deletam de seus playlists.

Capítulo 15: E agora, ouço o que? Respostas às perguntas frequentes.

O próximo passo é viver Romanos 12:2

E não vos conformeis com este século, mas transformai-vos pela renovação da vossa mente, para que experimenteis qual seja a boa, agradável e perfeita vontade de Deus.

Só existe uma maneira de você renovar a sua mente! Através da leitura e estudo da Palavra de Deus

Pergunta do YT... sobre o filme CROSSROADS

Olá, tudo bem? Só não entendi uma coisa, como que a própria Hollywood que fez um filme desse e "colabora" com essas músicas do diabo e com a narrativa do diabo, faz um filme pra traçar um paralelo com a Bíblia e mandar mensagens bíblicas subliminares através do filme???

Indagação absolutamente válida para quem desconhece Cristo.

Recebo com muito apreço e respeito os comentários dos vídeos em meu canal. Leio quase tudo e toda mensagem e a participação de forma educada e ponderada eu dou atenção especial! Acho isso sensacional. Embora eu não esteja no papel de Advogado de Defesa de Deus, eu tenho também minhas convicções pessoais.

Ao estudar a história desse filme, percebe-se que desde a sua concepção, roteiro até a sua finalização, o tema sempre foi o mistério por detrás do pacto de Willie Brown feito com o diabo e a música no meio disso tudo! Coincidência ou só criatividade? Como o próprio autor afirma, esse filme é uma obra de “semificção" o que significa que existem liberdades criativas sobre fatos verídicos e outros, ficcionais para construir uma história. Em nenhum momento no relato dos bastidores da produção do filme eu me deparei com uma menção sequer à palavra “Bíblia” ..., entretanto, é inequívoco que o autor tenha misturado a “lenda” de um pacto (que existe na Bíblia) com o diabo feito por Robert Johnson no contexto do filme. Isso, talvez me permita lhe afirmar que eu não acredito que “Hollywood” tenha colaborado com absolutamente nenhuma mensagem subliminar com o intuito de traçar um paralelo com a Bíblia. Muito pelo contrário eu diria que Hollywood NÃO TEM essa intenção... pois não é incomum os inúmeros filmes de natureza antibíblica ou, corroborando abertamente com o que a Bíblia chama de “mundo das trevas”. Entretanto, eu também tenho que admitir e o faço em humildade, que eu nunca vi ninguém ter o “estalo” de perceber o papel que o Lightning Boy tem no filme e que eu procurei apresentar no meu vídeo no meu canal de YouTube.

Concordemos que no final das contas... o filme fala de REDENÇÃO DO HOMEM...goste sua audiência ou não, isso é um fato. Devo também apresentar o aspecto intrínseco na pessoa do Criador que aprendemos nas Escrituras que respeitosamente lhe exponho (me perdoe se minha percepção é errônea sobre a sua convicção teológica e conhecimento bíblico) que Deus, concede ao homem o direito de exercer o seu livre arbítrio, e assim, trazer a existência a criatividade dentro de si, aliás, dada por Ele. Da mesma forma, usei a liberdade interpretativa bíblica que tenho de "ligar os pontos" entre a REAL experiência da redenção humana através do sacrifício de Jesus na cruz, com o paralelismo do plano Redenção que vemos nesse filme em que alguém vem e paga um preço do qual o protagonista não podia pagar. Simples assim.

Quanto a sua afirmativa sobre a sua blindagem no que diz respeito à indústria do entretenimento... eu posso concordar de forma parcial apenas.

1. Como não conheço você, jamais posso afirmar tal fato sobre a sua pessoa e nem me atreveria em fazê-lo.
2. Tenho que discordar de uma blindagem spiritual de 100% porque a neurociência assim endossa que a indústria do "entretenimento", seja Hollywood (filmes) seja LA, NY, Miami e Nashville (música) existem para falar ao seu coração, e imprimir no seu cérebro (subliminarmente ou não) princípios de vida e visão de mundo que muitas vezes se apresentam contrários à proposta de Deus ao homem claramente expostas na Bíblia. Música NUNCA foi somente entretenimento...em primeiro lugar, sempre foi e sempre será uma experiência espiritual.... (isso está explicado nesse

livro amplamente, mas pode ser verificado na Bíblia também). Agora, também concordo com você que o nível de influência e as consequências disso, dependem de pessoa para pessoa. E sim… enquanto você não vê "nenhum problema" por causa da sua experiência pessoal, generalizar que isso não existe é no meu ver absolutamente ingênuo e incoerente haja visto que outras pessoas podem ser fortemente influenciadas e viverem "John Wick" (usando o seu exemplo…) …creio muito nisso…,mas minha opinião! Aliás... saem na CNN algumas atrocidades de vez em quando e em muitas delas vemos a música um coparticipante na construção da maldade na mente desses loucos! Algumas bandas foram trazidas à justiça, mas inocentadas pelo "sistema".

Encerro esse capítulo (e livro) dizendo que o fato de eu escrever esse livro, não me credencia como o Dono da Verdade, Jesus é a única Verdade por isso, sua Palavra é a Suprema fonte de referência e saber. Tudo o que aqui coloquei, tenho absoluta paz em lhe dizer que aprendi com os estudos que fiz, experiência pessoal e revelação do Senhor.

Capítulo 15: E agora, ouço o que? Respostas às perguntas frequentes.

No final…você continua livre a exercer o seu direito de ouvir o que bem você entender. Esse livro é um alerta apenas para te convidar a ponderar onde será a sua eternidade após essa vida.

Se o próprio Deus, entregou a Jesus as cartas das Sete Igrejas e esse, publicou-as em Apocalipse, existe um poderoso valor em prestar atenção ao que lemos:

"Quem tem **ouvidos, ouça** o que o Espírito diz às Igrejas" e ele diz o seguinte:

1. Ao vencedor, dar-lhe-ei que se alimente da árvore da vida que se encontra no paraíso de Deus.
2. O vencedor de nenhum modo sofrerá dano da segunda morte.
3. Ao vencedor, dar-lhe-ei do maná escondido, bem como lhe darei uma pedrinha branca, e sobre essa pedrinha escrito um nome novo, o qual ninguém conhece, exceto aquele que o recebe.
4. Ao vencedor, que guardar até ao fim as minhas obras, eu lhe darei autoridade sobre as nações.
5. O vencedor será assim vestido de vestiduras brancas, e de modo nenhum apagarei o seu nome do Livro da Vida; pelo contrário, confessarei o seu nome diante de meu Pai e diante dos seus anjos.

6. Ao vencedor, fá-lo-ei coluna no santuário do meu Deus, e daí jamais sairá; gravarei também sobre ele o nome do meu Deus, o nome da cidade do meu Deus, a nova Jerusalém que desce do céu, vinda da parte do meu Deus, e o meu novo nome.
7. Ao vencedor, dar-lhe-ei sentar-se comigo no meu trono, assim como também eu venci e me sentei com meu Pai no seu trono.

Louvado seja o Nome do nosso Deus, o Todo-Poderoso que nos concedeu em Amor nosso amado Jesus Cristo que derramou sobre nós, o doce Santo Espírito do Pai! Cante em louvor ao Pai.

Obrigado por você ter lido esse livro. Espero que tenha abençoado a sua vida de alguma forma. Compartilhe, presenteie-o comprando uma cópia para irmãos e irmãs pois, me ajudará a publicar o próximo título que será sobre Louvor e Adoração. Evite piratear. Isso é pecado e errado diante de Deus.

Deus te abençoe. Fraterno abraço em Cristo,

Marcio.

Pedido de perdão e uma súplica aos Editores da Bíblia

O termo **Música** é um substantivo que engloba o conceito

abstrato ou não e, todos os elementos e subprodutos dessa arte. Segundo Solon Michaelides, author da magnifica obra The Music of Ancient Greece, An Encyclopaedia , London 1978, esse termo, nasceu na Grécia pagã dentro do contexto da adoração das musas aos deuses do Olimpo, e segundo a própria mitologia, as musas eram as deidades espirituais que cuidavam da arte de combinação dos sons, daí a origem do nome dessa arte (musa – música), mas também, elas velavam pelas poesias e "guardavam" (*mesma função do ex-querubim da guarda – interessante coincidência não?*) a pureza de tais obras intelectuais no contexto de adoração aos deuses do Olimpo. "Musa" é um termo derivado de "conhecimento" proveniente do verbo "perguntar para" pôr isso música na essencia desse termo é um diálogo com o mundo espiritual desde a Grécia antiga no século quinto onde o homem, atraves das musas e suas poesias cantadas dialogavam com os deuses e esses, seculos depois, "descem" do mundo espiritual e dialogam com o homem! Lembra do que narrei sobre o deus Pan?

Daí a associação do termo Musa, à artistas da música que no sentido etimológico dessa plavra já na raíz da sua existência e propósito, tal arte era usada para cultuar divindades espirituais na Grécia. Sim, você deve estar pensando "e quanto a palavra Diva" que tambem é associada às cantoras. Essa é uma palavra do Latim que significa "deusa".

Até a própria história da mitologia, corrobora e endossa o

que proponho nesse livro: *"Música é uma experiência espiritual em primeiro plano, antes de ser um entretenimento para sua alma."*

Por isso, eu peço perdão a você leitor (a) mas, tive que usar esse termo no livro para associação direta à arte e no meu ver, não usar esse termo seria um erro que poderia gerar uma grande confusão semântica ao leitor, mas quão interessante é notar que na Bíblia esse substantivo não é aplicado a arte que Deus criou e por isso, **NÃO** existe no texto original das Sagradas Escrituras!

Isso mesmo, **a palavra música (e músicos) não existe no texto original da Bíblia** e se a sua versão contiver essa palavra, pare de usar e compre qualquer outra que não inclua.

Não faço disso uma cruzada pessoal contra qualquer editora Cristã mas, se nem o Criador menciona esse termo no texto, então, Sua Palavra impressa tão pouco deveria exibir...nem em subtítulos de Salmos. Então exorto a todo e qualquer editor que cometeu esse equívoco técnico, a corrigir sua versão urgentemente e da mesma forma, corrigir Ezequiel 28:13 onde deve constar as palavras "pífaros" e "tambores" e não "ornamentos" ou qualquer outro termo que oculte a verdade do leitor.

Eu sei que tradução das Escrituras é algo sublime e Santo, tanto quanto o texto em si e deixo aqui todo meu respeito e gratidão a quem trabalha nessa magnífica tarefa, mas, como estudioso do tema e autor desse livro, humildemente intercedo em prol do Corpo de Cristo em conhecer esses importantes detalhes do texto que estão diretamente associados a arte do Criador.

Quem desejar, pode conferir o fato de que a palavra música não existe na King James Version, em Inglês (use um aplicativo e pesquise)...e talvez, posso apenas imaginar que Deus sabia que um dia satanás levaria o homem a corromper essa arte sagrada com o pecado do culto pagão e o pecado em sua obstinação de se tornar um deus para as massas do mundo.

Talvez seja essa uma das muitas razões pelas quais Jesus nos ensina em Joao 4:23, o Pai procure **adoradores** em Espírito e em Verdade, e não por músicos, cantores talentosos e ou mesmo, a tal música do homem.

Nisso, há uma grande pista para entendermos Amós 9:11-15...

...a seguir no próximo livro... ☺

Bibliografia

Esse conjunto de livros abaixo, foram vitais na jornada de escrever esse livro para você. Geralmente, um autor não discorre sobre isso apenas deixa a lista para quem desejar conhecer. Porém, o Senhor colocou em meu coração algo importante. Alguns podem erroneamente me julgar como um ocultista pelo fato de eu listar livros de ocultismo aqui. Não sou ocultista, mas respeito quem é. Aliás, reafirmo que eu respeito o ser humano seja a origem de fé que for, mesmo que seja diferente do que eu creio.

Então, além de estudar o tema por vários anos apenas por curiosidade própria, devo ressaltar que toda base de fé que propus explicar nesse livro demandava de mim conhecer a um nível de profundidade na qual o Senhor me guiou até o limite de não comprometer as minhas próprias convicções pessoais e o que considero, minha integridade espiritual.

Sendo assim, não recomendo a leitura de livros de natureza espiritual profundas no ocultimo àqueles que não estejam alicerçados na Palavra de Deus e que não sejam diretamente guiados pelo Espírito de Deus. A minha leitura dessas obras foram de caráter unicamente investigativo e instrutivo com o intuito de produzir o texto desse livro embasado e apto para ensinar e descortinar o mundo espiritual por detrás das músicas.

Deixo aqui nessa área do livro, a minha contribuição àqueles que como eu, desejarem estudar ou mesmo, checar aquilo que escrevi e por essa razão fiz questão de organizar os livros tematicamente e facilitar assim o entendimento do conteúdo bibliográfico.

TORAH, BÍBLIAS, TEOLOGIA, COMENTÁRIOS E ESTUDOS.

MEYER, R. E-Sword Bible Software. KJV+ King James Version with Strong's Number. Heber OT+ (Tanach) w/ Strong's Numbers.

MELAMED, M. Torah - A Lei de Moisés e as Haftaróot (5 Edição) Templo Israelita Brasileiro, São Paulo SP, Brasil 1996

BÍBLIA. Portugues. Bíblia King James Atualizada, Edição Original de Estudo 400 anos. Sociedade Ibero Americana. Abba Press editora e Divulgadora. São Paulo Brasil. 2002

BÍBLIA. Portugues. João Ferreira de Almeida, Revisada. Imprensa Biblica Brasileira Rio de Janeiro RJ 1988

BÍBLIA. Portugues. João Ferreira de Almeida, Revista e Corrigida. Sociedade Biblica do Brasil, 4 Edição 2009

BÍBLIA. Portugues. Nova Versão Transformadora. NVT Tradução da Bíblia em língua portuguesa com base nos textos originais em hebraico, aramaico e grego. Editora Mundo Cristão, São Paulo, SP 2016

BÍBLIA. Inglês. The New King James Version. Thomas Nelson. Grand Rapids Michigan, 1982

BÍBLIA. Portugues. Bíblia de Estudo NAA Nova Almeida Atualizada, Sociedade Biblica do Brasil, Barueri SP Brasil. 2018

Bibliografia

BÍBLIA. Inglês. ESV Study Bible, Crossway Bibles Wheaton Illinois, 2007

BÍBLIA. Inglês. Thompson Reference Chain, New International Version (NIV) B.B Kirkbride Bible Co, Inc Indianapolis Indiana. Zondervan Publishers 1973

BÍBLIA. Inglês. The Scriptures Institute for Scripture Research, Northriding South Africa 2009

MacArthur, J. The MacArthur Bible Commentary. Thomas NelsonNashville, Tennessee USA 2005

Matthew Henry's Commentary on The Whole Bible. Complete and Unabridged. Hendrickson Publishers Marketing LLC Peabody, Massachusetts, USA 1998

JOHNSON, K. Thd. Ancient Post- Flood History. Historical Documents That Point to Biblical Creation. United States 2010

WENHAM, G. The Book of Leviticus. The New International Commentary on the Old Testament Wm B Eerdemans Publishing Co. Grand Rapids, Michigan USA 1979

OTIS, G. The Twilight Labyrinth - Why Does Spiritual Darkness Linger Where It Does.Chosen Books. Grand Rapids, Michigan USA 1997

KALLEB, D. O Caminho de Lúcifer A Revelação da Trajetória de um anjo. Editora Maná, São Paulo SP, Brasil 2000

MUNROE, M. The Purpose and Power of Power and Worship. Destiny Image Publishers, Inc Shippensburg PA 2000

MUNROE, M. The Purpose and Power of Power of God's Glory. Destiny Image Publishers, Inc Shippensburg PA 2001

Bibliografia

DYKSTRA, P. Creation and the Consequence of Satan's Fall. An exposition of the Controversial "Gap Theory" as found in Genesis 1:1 and Genesis 1:2. Pieter Dykstra 2012

SCHROEDER, G. Genesis and the Big Bang. The Discovery of Harmony Between Modern Science and the Bible. Batan Book New York NY 1990

SCHROEDER, The Science of God, The convergence of Scientific and Biblical Wisdom. The Free Press, New York NY 1997

COLLINS, F A Scientist Presents Evidence for Belief the Language of God. Free Press a Divsion of Simon & Shuster Inc. New York, NY. 2006

CHILDS, B. The Book of Exodus a Critical, Theological Commentary, Great Britan 1974

BUSH, G. Commentary on Exodus. Kregel Publications, Grand Rapids MI 1993

MARTINS, J. Pre-Historic Pre-Adamic Theology. Xulon Press. United States 2016

LANGFORD. J, The Gap Is Not a Theory! An Examination of the First Chapter of Genesis. Xlibris Corporation, United States 2011

ESTUDOS CIENTÍFICOS

FÓZ, A. A Cura do Cérebro. A educadora que Reabilitou o Cérebro após um AVC por meio de plasticidade Emocional. São Pauo, SP Brasil. Novo Século Editora Ltda. 2014.

LEVITIM, D. This is Your Brain On Music. The science of a Human Obsession.New York NY. Pinguin Group Inc. 2006

SULZER, David. Music, Math and Mind. The Physics and Neuroscience of Music. New York NY. Columbia University Press 2021.

MONTAGUE, M. The Science of Music and The Music of Science. How Music Reveals Our Brain, Our Humanity and the Cosmos. S.t Louis, MO. Cosmic Music LLC. 2019.

SACKS, O. Musicophilia. Tales of Music and the Brain. Alfred A. Know, INC and Alfred A. Knopf. Canada. 2007.

Compiled and edited by CRITCHLEY, M, HENSON R.A. Music and the Brain, Studies in the Neurology of Music. London England. William Heinemann Medical Books Limited. 1977

Compiled and edited by PERETZ. I and Zatorre. R. The Cognitive Neuroscience of Music. Oxford NY. Oxford University Press 2003.

AYALA, F. and CONDE, C. Processes in Human Evolution. The Journey from early hominids to Neanderthals and modern humans. Oxford University PressOxford, United Kingdom 2017.

HISTÓRIA, ARQUEOLOGIA E ANTROPOLOGIA.

Mesopotamia, Babilônia, Egito, Grécia e Roma

OAKES, L and GAHLIN, L. Ancient Egypt. An Illustrated reference to the myths, religions, pyramids and temples of the land of the pharaohs. Annes Publishing Ltd and Barnes & Noble Publishing Ltd. New York, NY 2006

PINCH, G. Egyptian Mythology. A Guide to the Gods, Goddesses, and Traditions of Ancient Egypt. Oxford University Press. Oxford NY. 2002

RIVERS, C. The Cult of the Apis Bull. The History and Legacy of Ancient

Bibliografia

Egypt's Most Famous Animal. Charles Rivers Editors, 2022

WILKISON, R. The Complete Gods and Goddesses of Ancient Egypt. Thames & Hudson Ltd London 2003.

RIVERS, C. Memphis the History and Legacy of the Capital of Ancient Egypt. Charles River Editors. Orlando FL 2023

ROHL, D. Pharaohs and Kings, A Biblical Quest. Crown Publishing, Inc. New York NY 1995

GRIMAL, N. A History of Ancient Egypt. Blackwell Oxford UK & Cambridge USA. Blackwell Publishers.Oxfork UK 1992

GOELET, O. FAULKNER, R. ANDREWS, C. GUNTHER, J. WASSERMAN, J. The Egyptian Book of the Dead. The Book of Going Foth by Day. revised edition. Chronicle Books. San Francisco, CA. USA. 1994

MILLARD, A, The World of the Pharaoh. Peter Bedrick Books. New York New York NY, USA. 1998

BABYLON, Captivating History, Copell TX USA, 2022

SANDARS N.K. Poems of Heaven and Hell from Ancient Mesopotamia, London England. Pinguin Books Group 1971

AMRHEIN. A, FITZGERALD C, KNOTT E. A Wonder to Behold, Craftsmaship and The Creation of Babylon's Ishtar Gate. Institute for the Study of the Ancient World, New York University. 2019

BEAULIEU, P. A history of Babylon 2200 BC-AD75. John Wiley & Sons Ltd. Toronto, Canada 2018

KOLDEWEY R., The Excavations at Babylon Macmillina and Co, Limited. London England 1914

Bibliografia

GILL, A. Gateway of the Gods, The Rise and Fall of Babylon, o autor Anton Gill Quercus Publishing Plc. London England. 2008.

ANDREWS, M. By The Waters of Babylon - The Psalm Series. Mc Pherson Publishing. Sparta WI, USA. 2017.

KOLDEWEY, R. The Excavations at Babylon.Macmillan and Co, Limited London England. 1914

THE EPIC OF GILGAMESH, London, Pinguin Books, 1972, pages 44 e 45

WOOLEY, L. Ur of the Chaldees. InExile Publications. Quebec Canada, 2012

CHARLES Rivers Editors. Legends of the Ancient World: The Hanging Gardens of Babylon 2013

ZETTLER, R. HORNE, L. Treasures from the Royal Tombs of Ur. University of Pennsylvania Museum of Archaeology and Anthropology

IAMBLICHUS & Taylor T. Iamblichus' life of Pythagoras Orlando FL 2021

LOWEN, N. Zeus Greek and Roman Mythology. River Front Books Capstone Press. Canada 1999

FUTRELL, A. The Roman Games. Historical Source in Translation. Blackwell Publishing Malden, MA USA 2006

GUAITOLI, M. Rome History and Treasures of An Ancient Civilization. White Star Publishers. Vercelli Italy 2006

RUSSO, L. Uncovering World Mythology. Lucas Russo 2020

HAMILTON, E. Mythology Timeless Tales of Gods and Heroes. Black God Leventhal Publishers. New York NY 1942

PAPAGIANNI, D & MORSE, M. The Neanderthals Rediscovered. Third

Edition. Thames & Hudson Ltd, London, England 2022

REICH, D. Who We Are and How We Got Here. Ancient DNA and he New Science of the Human Past.Pantheon Books, New York NY, 2018

HARARI, Y. Sapiens Brief History of Humankind, Harper Perennial, Harper Collins Publishers, 2015

LUBENOW, M. Bones of Contention A Creationist Assessment of Human Fossils Baker Books. Grande Rapids Michigan IL, USA 1992

MÚSICA E OCULTISMO

WARDLOW, G; CONFORTH B. Up Jumped the Devil, The Real Life of Robert Johnson. Chicago Illinois. Chicago Review Press Incorporated, 2019

GUSSOW, A. Beyond the Crossroads, The Devil and the Blues Tradition. The University of North Carolina Press, 2017

SIMMONS, G. The Legend & Mithology of the 27 Club. Powerhouse Books and Simmons Books, Brooklyn New York NY, 2018

MILNE, S. The Curse of 27 Pillar Box Red Publishing Ltd, United Kingdom, 2011

MICHAELIDES, S. The Music of Ancient Greece - An Encyclopedia Faber and Faber Limited London 1978

TARUSKIN, The Oxford History of Western Music Vol 1 e 2. Oxford New York, Oxford University Press. 2005

GILBERT, L. The Led Zeppelin Curse. Jimmy Page and The Haunted Boleskine House. Published by Lance Gilbert. 2017

Bibliografia

WALL, M. When Giants Walked the Earth. 50 Years of Led Zeppelin A fully revised and updated Biography.

SALEWICZ, C. Jimmy Page the Definitive Biography. Harper Collins, London 2020.

AINSLEY, R. The Encyclopedia of Classical Music. The Carlton Books Limited, London, England. 1995

SCOTT, C. Music and Its Secret Influence Throughout the Ages. Rochester Vermont. Toronto Canada. Inner Traditions, 1963.

BECK, J. Encyclopedia of Percussion. Routledge New York NY 2014

OWEN, M. The 27 Club Why Age 27 is Important. Kahurangi Press, Tauranga, New Zealand 2018

SOUNES, H. 27 A History of the 27 Club through the Lives of Brian Jones, Jimi Hendrix, Janes Joplin, Jim Morrison, Kurt Cobain and Amy Winehouse. Da Capo Press Boston MA 2015

EDWARS, C. The 27 Club Curse or Coincidence? The Incredible True Stories Behind the World's Most Enduring Urban Legend.y Nysa Media LLC. Los Angeles CA 2021

TAME, D. O Poder Oculto da Música. São Paulo SP, Brasil. Editora Pensamente Cultrix Ltda, 2004.

SCOTT, R. How and Why the Illuminati Took Over Hip-Hop. Middletown, DE. Rebecca Scott. 2010

CHURTON, T. The Spiritual Meaning of the Sixties. The Magic, Myth & Music of the Decade that Changed the World. Rochester, Vermont. Inner Traditions 2018.

Bibliografia

TAYLOR, T. A Song of Dance and Death, Magic, Murder, Mayhen and the Diabolical Notes of the Devil's Music. Jacksonville, Illinois. Published by the author and American Haunting Ink 2019.

CHAILLEY, J. The Magic Flute Unveiled. Esoteric Symbolism in Mozart's Masonic Opera. Rochester Vermont. Inner Traditions International Ltd 1971

Huckvale, D. The Occult Arts of Music. An Esoteric Survey from Pythagoras to Pop Culture.Jefferson, North Carolina and London. Mc Farland & company, Inc. Publishers.2013

COLEMAN, R. Lennon The Definitive Biography Updated and with a new introduction. Harper Perennial, A division of Harper Collins. New York 1985.

NIEZGODA, J. The Lennon Prophecy - A New examination of the death clues of the Beatles. New Chapter Press, 2008

SPITZ, B. The Beatles, The Biography. Little Brown and Company, New York, NY 2005

ROGO, D. A Psychic Study of the Music of the Spheres Vol2. San Antonio, Texas. Anomalísticas Books Editions 2005

MINK, L. The Supernatural Power of Music. A Quantum Leap Into Worship.Tulsa Ok. Published by Len Mink

Letter to Jay-Z, Justin Bieber, Chris Brown and Drake Signed by The Illuminati. The Home of Illuminati and Creative Works Holdings LLC. Washington DC USA 2014

LACHMAN, G. Aleister Crowley - Magic, Rock and roll, and the Wickedest Man i the World. New York NY. Pinguin Group Inc. 2014

CAMPBELL, C. Thelema. An Introduction to the Life, Work and Philosophy of Aleister Crowley. Llewellyn Worldwide. Woodbury, Minnesota 2018

CROWLEY, A. The Writings of Aleister Crowley. Copyright Anubis Books, 2018

BEBERGAL, P. Season of the Witch. How the Occult Saved rock and Roll. Jeremy P. Tarcher. Penguin Group. New York NY USA, 2014

DICE, M. Iluminatti In the Music Industry. The Resistance San Diego CA, USA. 2013

WARWICK, T. The Principles of Sonic Occultism. Sound as Magic. Orlando FL

WEISHAUPT, I. The Dark Path - Conspiracy Theories of Illuminati and Occultism in Pop Culture, The New Age Alien Agenda & Satanic Transhumanism. The Illuminati Watcher 2017

WEISHAUPT, I. Sacrifice: Magic Behind the Mic. The Illuminati Watcher 2016

CROWLEY, A. The Book of the Law. Entreacacias. King Solomon. Asturias Spain, 2021.

The Sixty-Six Laws of the Illuminati. The Secrets of Success. House Publishing, 2013.

SMITH, J. Music in Religious Cults Of The Ancient Near East

ABRAHÃO, J. Curso de Magia. Prefácio Rita Lee. Editora Supervirtual Ltda. São Paulo, SP Brasil, 2000

Bibliografia

Se você se interessar, convido você a conhecer os louvores que compus para o Senhor, aqui abaixo está o link para o meu canal do YouTube, mas, você também pode pesquisar o meu nome em todas as plataformas digitais de música.

Deus te abençoe.

MT.

Made in the USA
Middletown, DE
10 May 2024